EL PODER

DE UNA

AMIGA

POSITIVA

Karol Ladd y Terry Ann Kelly

CASA
CREACIÓN
A STRANG COMPANY

La mayoría de los productos de CASA CREACIÓN están disponibles a un precio con descuento en cantidades de mayoreo para promociones de ventas, ofertas especiales, levantar fondos y atender necesidades educativas. Para más información, escriba a CASA CREACIÓN, 600 Rinehart Road, Lake Mary, Florida, 32746; o llame al teléfono (407) 333-7117 en Estados Unidos.

EL PODER DE UNA AMIGA POSITIVA por Karol Ladd y Terry Ann Kelly
Publicado por Casa Creación
Una compañía de Strang Communications
600 Rinehart Road
Lake Mary, Florida 32746
www.casacreacion.com

Originally published in English under the title:
Power of a Positive Friend, The
by **Karol Ladd and Terry Ann Kelly**
Copyright © **2004** by **Karol Ladd and Terry Ann Kelly**
Published by **Howard Publishing Co.,**
3117 North 7th Street,
West Monroe, LA 71291-2227

All non-English rights are contracted through:
Gospel Literature International
P.O. Box 4060, Ontario, California 91761-1003 USA

Traducido y editado por: PICA Y 6 PUNTOS con la colaboración de Salvador Eguiarte D.G.
Diseño interior por: Hilda M. Robles

Library of Congress Control Number: 2006939911
ISBN: 978-1-59979-035-0

07 08 09 10 * 9 8 7 6 5 4 3 2 1
Impreso en los Estados Unidos de América

A nuestras madres, Jo Ann Thompson y Barbara S. Kinder, quienes nos mostraron a través de su ejemplo piadoso el poder de las relaciones positivas.

Contenido

Principio poderoso #4: El poder de la lealtad

Principio poderoso #5: El poder de los lazos espirituales

Principio poderoso #6: El poder de la honestidad

Principio poderoso #7: El poder del perdón

Agradecimientos

Un sentido agradecimiento a Philis Boultinghouse, a Michele Buckinham, a Susan Wilson y a todos nuestros amigos en Howard Publishing por el trabajo excelente que llevaron a cabo para hacer de este libro una bendición. Y, finalmente, queremos agradecerles a nuestras hermanas (Karen, Tracy y Julie) y a nuestras numerosas amigas que hayan inspirado muchas de las ideas y anécdotas de este libro y que nos hayan animado a lo largo del camino. Ustedes son un regalo de Dios para nosotras.

Para que sean consolados sus corazones, unidos en amor, hasta alcanzar todas las riquezas de pleno entendimiento, a fin de conocer el misterio de Dios el Padre, y de Cristo, en quien están escondidos todos los tesoros de la sabiduría y del conocimiento.

—Colosenses 2:2-3

Introducción

Tesoros del cielo
El alto valor de una amiga positiva

De todas las cosas que la sabiduría da para hacer que la vida sea
completamente feliz, una de las mayores es la amistad.

—Epicúreo

¡Es un milagro! Después de tantos años de hablar acerca de escribir un libro juntas, finalmente lo hicimos. No podría haber un mejor tema para nosotras que la amistad. Empezamos a ser mejores amigas desde el primer año en la universidad. A medida que nuestra amistad creció a lo largo de los años, también nuestra lista de "Cosas divertidas que podemos hacer juntas". Aunque no lo creas, escribir un libro siempre encabezó la lista.

El poder de una amiga positiva trata acerca de ser una influencia positiva en la vida de otras personas. No es una celebración cursi de relaciones alegres. Más bien, es una obra atrayente diseñada para inspirar y equipar a todas y a cada una de nosotras para desarrollar amistades más profundas y significativas.

Escribir este libro nos llevó a considerar con seriedad el valor de la amistad en nuestra propia vida. Estudiamos la Escritura y examinamos principios que afectan el potencial de las relaciones duraderas. Durante el proceso, hubo una cosa que se volvió clara como el cristal: el valor de una buena amiga no tiene precio. La amistad es un tema que merece nuestra consideración y nuestra atención.

La dura realidad es que la mayoría de la gente (¡incluyéndonos!) hace juegos malabares con miles de responsabilidades y, por lo tanto, se le hace difícil darle a sus amistades la importancia que se merecen. Incluso, cuando comenzamos a escribir este libro, tuvimos dificultades para encontrar un espacio en nuestras apretadas agendas para las primeras sesiones de lluvia de ideas. Lo difícil que fue programar una simple reunión nos hizo comprender que las exigencias de la vida pueden desgastar nuestras relaciones importantes. ¡Desarrollar y alimentar las amistades en el vertiginoso estilo de vida actual es un verdadero desafío!

Pero sin importar que estés demasiado ocupada o que lleves una vida relativamente sencilla, los principios poderosos de ser una amiga positiva siguen siendo verdaderos. Son fundamentales y permanentes, no porque nosotras hayamos decidido que sean importantes, sino porque están basados en la Palabra de Dios. En las páginas siguientes, te mostramos como operaron estos principios en la vida de Jonatán y David, de Rut y Noemí, de Pablo y Bernabé y de muchas otras parejas de amigos de la Biblia. Te referimos los poderosos consejos de Salomón acerca de las relaciones en el libro de Proverbios. Sobre todo, resaltamos las relaciones de Jesús con sus discípulos y con sus seguidores como el ejemplo perfecto de cómo ser una amiga positiva.

Además, te compartimos anécdotas de otras épocas y de la vida moderna para que desarrolles una imagen rica y vibrante de las cualidades que son necesarias en las amistades positivas. También hemos incluido frases célebres y versículos bíblicos a lo largo de las páginas del libro. Nuestra esperanza es que este libro enriquezca tus amistades actuales y te animen a procurar el potencial de amistades nuevas y permanentes. Si estás casada, esperamos que estos principios para las relaciones humanas incluso te ayuden a hacer más profunda tu conexión emocional con tu cónyuge. Después de todo, ¿qué no la esposa y el esposo deben ser los mejores amigos?

Un plan de fácil lectura

A medida que pases las páginas, vas a descubrir que *El poder de una amiga positiva* está escrito en un formato de fácil lectura. Los capítulos breves te ayudan a leer un bocadillo estimulante aquí y allá de acuerdo a lo que tu tiempo te permita. Lleva este libro contigo en tu cartera y léelo mientras esperas en la fila para entrar a la vía rápida de cuota o en la sala de espera del médico. Ponlo en tu mesa de noche y lee un capítulo o dos antes de apagar la luz. Las palabras de ánimo y las ideas inspiradoras van a poner una sonrisa en tu rostro cuando recuestes tu cabeza en la almohada para dormir plácidamente.

Por supuesto, leer este libro por tu cuenta te reportará beneficios poderosos, pero quizá también disfrutes avanzar por los capítulos del libro con una amiga o un grupo. ¡Estudiar este libro con otras personas puede convertirse en un detonador de amistades por sí solo! La sección de Punto de Poder al final de cada capítulo provee un catalizador maravilloso de conversaciones. Cada Punto de Poder ofrece la lectura de un pasaje bíblico que se aplica al tema del capítulo, y algunas preguntas para reflexionar o para responderlas en grupo. También sugiere una oración de muestra y un versículo clave para memorizar.

Finalmente, el Punto de Poder recomienda una acción a tomar para poner en práctica lo que has aprendido del capítulo. Leer un buen libro está bien; pero cuando nos tomamos el tiempo de aplicar sus principios a nuestra vida, se vuelve todavía más valioso para nosotras. Queremos que este libro sea para ti más que una colección de palabras lindas. Queremos que sea una exhortación para hacer lo que el apóstol Juan dice: "Hijitos míos, no amemos de palabra ni de lengua, sino de hecho y en verdad" (1 Juan 3:18).

Puro resplandor de Dios

Tomás de Aquino dijo: "La amistad es la fuente de los mayores placeres, y sin amigos incluso las empresas más placenteras se vuelven tediosas".[1] Las amigas positivas son un verdadero placer. Le añaden luz y calidez a nuestra vida. Las amigas negativas, por el contrario, producen un efecto oscuro y congelante. Cuando las amigas negativas nos desaniman, chismean detrás de nuestra espalda o discuten continuamente con nosotras, nos agotan y nos drenan el gozo y la fuerza.

Es importante entender que cuando nos referimos a amigas positivas no estamos hablando de individuos alegres y sonrientes que solo nos dicen tópicos lisonjeros. A lo que nos referimos decir con *amigas positivas* es a personas que nos influencian para fortalecernos y animarnos. Nos levantan. Nos alientan a hacer lo que es correcto y nos corrigen cuando nos salimos del camino. Somos mejores individuos gracias a ellas.

Este es mi mandamiento: Que os améis unos a otros, como yo os he amado. —Juan 15:12

Quizá nunca te has sentido como una persona positiva. Quizá tú eres de las que ven "el vaso medio vacío". ¿Puedes llegar a ser una amiga positiva? ¡Por supuesto! ¿Cómo? Por medio de permitirle al Espíritu Santo que obre en tu vida. Él puede desarrollar cualidades positivas dentro de ti que van a enriquecer todas tus amistades. En Gálatas 5:22-23 leemos: "Mas el fruto del Espíritu es amor, gozo, paz, paciencia, benignidad, bondad, fe, mansedumbre, templanza; contra tales cosas no hay ley". ¡Esas sí son cualidades positivas! Y tenemos la garantía de que van a crecer en nuestra vida a medida que permanezcamos diariamente en Cristo y permitamos que el poder de su Espíritu Santo fluya a través de nosotras.

Se reduce a una decisión. ¿Le vamos a permitir a Dios obrar en nosotras y a través de nosotras para afectar nuestras relaciones de una manera positiva? ¿O vamos a rendirnos y a regodearnos en el egoísmo, tratando de interactuar con otros a nuestra manera, en nuestro propio poder y en nuestra propia fuerza? Finalmente, nuestro amor por los demás es un reflejo del amor de Dios por nosotras. Entre más reconozcamos y disfrutemos el hecho de que somos abundantemente amadas y perdonadas por Dios, será más fácil para nosotras amar y perdonar a otros. Como Jesús dijo: "Este es mi mandamiento: Que os améis unos a otros, como yo os he amado" (Juan 15:12).

¡Así que acompáñanos en este viaje lleno de gozo! A medida que camines con nosotras, empieza a creer que el amor de Dios a través de ti puede producir un impacto positivo y poderoso, no solo en tus amistades, sino en tu mundo. Disponte a resplandecer con fuerza con su amor, para que permitas que se derrame por medio de ti a la gente que Él ponga en tu camino. Después de todo, nuestro mundo está lleno de relaciones rotas y fracturadas. La gente a nuestro alrededor necesita experimentar el poder de una amiga positiva. ¿Serás tú esa amiga?

EL REGALO DE UNA AMIGA POSITIVA

Un amigo es un obsequio que te das a ti mismo.
—Robert Louis Stevenson

Como en el agua el rostro corresponde al rostro, así el corazón del hombre al del hombre.

—Proverbios 27:19

Una verdadera amiga
La bendición y la belleza de los espíritus afines

Un amigo fiel es la mayor de todas las bendiciones.

—François de LaRochefoucauld

¿Alguna vez te has sentido solitaria o con la necesidad de tener amigas? No te preocupes, no eres la única. Todas hemos pasado por lo mismo.

Quizá fue cuando te mudaste a una ciudad distinta, comenzaste un nuevo empleo o asististe a una escuela nueva, que todos los rostros que veías eran desconocidos. Quizá fue un momento en que estabas rodeada de gente pero que aun así te sentiste sola porque no tenías a alguien a quien pudieras llamar tu amiga del alma. Probablemente fue cuando algo salió mal en tu vida y al parecer todos te abandonaron.

Cuando comenzamos a escribir este libro, nos dimos cuenta de que casi todas las mujeres, incluyéndonos, hemos sentido ese tirón familiar de anhelar una amiga íntima.

Terry Ann reflexiona: Hace unos años, me senté en los antiguos ladrillos estilo Chicago de los escalones que llevaban a la puerta principal de nuestra casa en Grapevine, Texas. Fue un momento extraño porque mi esposo, Jay, que acababa de llegar a casa después de haber estado fuera de la ciudad durante varios días, estaba conmigo y ninguno de nuestros cinco hijos estaba a la vista. Jay percibió que no estaba en mi humor usual despreocupado y activo. Lo había estado ignorando a él y a todos en nuestra ocupada casa toda la mañana.

Amistad es la palabra que de solo verla impresa hace que el corazón se sienta cálido. —Augustine Birrell

Pero, por supuesto, respondí (como cualquier otra mujer): "Nada. Lo que pasa es que no tengo nada que decir",

Ahora bien, créanme que cuando estoy callada, desconectada, tranquila e inexpresiva es porque estoy extremadamente enferma, profundamente ofendida o sumamente deprimida (no clínicamente). Pero ustedes saben como somos las mujeres. Realmente queremos que nuestra familia sepa que no nos sentimos bien, pero queremos que nos lo saquen a la fuerza. Queremos hacernos las occisas durante una cantidad de tiempo significativa, mientras nos ruegan que les digamos por qué estamos tan tristes.

Así que Jay me dijo:

—Sé que algo no está bien. ¿No quieres decírmelo?

Yo sabía que estaba a punto de irse a jugar béisbol con sus amigos, así que esta era mi última oportunidad para obtener lo que quería: compasión.

—¡No tengo amigas! –dije.

Eso era lo único que Jay necesitaba para reírse a carcajadas. Pero se contuvo, e hizo lo que cualquier buen marido haría. Me dedicó cerca de tres minutos para decirle lo que había en mi corazón. Pero se rehusó a asistir a mi "fiesta de autolástima" y me dijo:

—Tú tienes más amigas que nadie que yo conozco. Para ti es sumamente fácil conocer gente y hacer amigas.

Eso fue todo. *¿Entonces, por qué me estaba sintiendo así? ¿Por qué me estaba sintiendo abrumada y deprimida? ¿Por qué sentía que no tenía amigas?*

Al comenzar a recordar, lo obvio se hizo evidente. Solo mira mi agenda del día anterior a que me dijera a mí misma, *¡nadie me ama, todos me odian, creo que me voy a comer unos gusanos!*

6:00	Despertar, y hacer que cinco niños estén listos para salir.
7:30	Llevar a los cuatro mayores a la escuela.
9:30	Llevar al más pequeño al jardín de infancia.
9:45	Tratar de llegar a tiempo a la cita con el médico.
11:30	Recoger a la hija mayor, Katelin, de la escuela para llevarla a casa a estudiar

12:00   Ver que Katelin comience a hacer su tarea y recordarle que se vaya caminando a la clase de piano a las 14:00.

13:00   Llegar al doctor para una segunda cita.

14:30   Recoger al niño más pequeño de la escuela.

14:45   Recoger a Katelin de la clase de piano.

14:55   Recoger a los otros tres de la escuela.

15:20   Llevar a Colt a clase de piano.

15:30   Llevar a Katelin a clase de canto.

15:35   Llevar a Clay a su cita con el ortodoncista.

16:00   Recoger a Colt de su clase de piano.

16:15   Recoger a Katelin de su clase de canto.

16:30   Recoger a Clay del ortodoncista.

Fue en este punto, en el estacionamiento del ortodoncista, que lloré un poco. Pude haber llorado más, pero no tuve tiempo. Dos de mis hijos tenían que llegar a casa, y cambiarse para ir al entrenamiento de béisbol en dos campos distintos; otro hijo tenía juego de béisbol; y Katelin, si mi memoria no me falla, tenía entrenamiento de básquetbol.

Esa noche, cuando por fin llegué a casa, supervisé tareas, duchas y oraciones antes de enviar a todos a dormir. Estoy segura de que en algún momento cenamos. También lavé la ropa, lavé los platos, firmé circulares de la escuela, alimenté dos perros y los saqué a pasear; en todo ese tiempo no podía quitarme de la mente que Jay, cuyo trabajo le exige viajar, estaba relajándose en un hotel en alguna parte, cambiándole de canal a la televisión con el control remoto.

Podría haber culpado a mis cinco hijos de mantenerme tan ocupada. Pero siento con toda seguridad que sin importar cuáles sean las circunstancias de nuestra vida, la mayoría de nosotras seguimos ocupadas en *algo*. Seas soltera trabajando a tiempo completo, una abuela criando a sus nietos, una mamá que trabaja lejos de casa o una ama de casa, es igual: ¡estamos ocupadas!

Así que cuando mi marido trató de consolarme en el porche del frente de la casa, cuando me escuchó llorar diciendo que no tenía amigas, él habría tenido que discernir que lo que necesitaba era tiempo con una de mis "amigas del alma". Porque en realidad, lo que estaba mal no era que no tuviera amigas; era que no había pasado tiempo significativo de corazón a corazón con ninguna de ellas en *toda la eternidad*.

❂ ❂ ❂

El anhelo de tener amistades íntimas

Las amistades profundas y permanentes son sumamente importantes para las mujeres. Así es como estamos hechas. En su libro *La búsqueda de estima de la mujer*, la Dra. Deborah Newman señala el relato de la creación de la primera mujer como la clave para comprender nuestro deseo por relacionarnos: "La creación del hombre y de la mujer fueron distintas. Después de que el hombre fue creado, abrió sus ojos, y lo primero que vio fue a Dios; lo segundo que vio fue el huerto. Cuando la mujer fue creada, abrió sus ojos y lo primero que vio fue a Dios; lo segundo fue a Adán".[1]

La Dra. Newman continúa diciendo que la primera mujer fue creada en el contexto de las relaciones: como la ayuda idónea del hombre. Esa primera mujer, Eva, también fue maldecida en el aspecto de las relaciones, como leemos en Génesis 3:16 después de la mordida fatal al fruto prohibido: "A la mujer dijo: Multiplicaré en gran manera los dolores en tus preñeces; con dolor darás a luz los hijos; y tu deseo será para tu marido, y él se enseñoreará de ti".

Desde el principio, las mujeres han necesitado relacionarse. Y desde el principio, hemos tenido dificultades con ello.

En lo profundo del corazón de toda mujer esta el deseo de conectarse con otro individuo. El problemas es que vivimos en una sociedad que avanza a un ritmo tan rápido que pocas veces tenemos tiempo de desarrollar y mantener relaciones significativas con otras. "Vamos a comer" y "Nos llamamos" son frases que decimos a menudo pero que pocas veces ponemos en práctica. La sociedad nos presiona bastante para ser las mejores: lucir lo mejor, sentir lo mejor, trabajar lo mejor, decorar lo mejor, comprar lo mejor, ser las mejores madres y las mejores esposas. Luego, después de que hemos estado trabajando en lo mejores que podamos ser, nos sentimos impulsadas a asegurarnos de que nuestros hijos o nietos tengan las mejores oportunidades de éxito en la escuela y en el campo de juego. *Tenemos* que llevarlos a los entrenamientos de fútbol, de fútbol americano, de béisbol, de básquetbol y de gimnasia. ¿Mencioné las clases de piano, de canto, de danza y de teatro? Además de que deberíamos hacer espacio también para las actividades en la iglesia.

¡Ay, ay, ay! Después de todo eso, ¿quién tiene tiempo para tomarse una relajante taza de café sobre la barda trasera con la vecina? ¡Quizá incluso ni siquiera sabemos como se llaman nuestras vecinas! No obstante, muchas de nosotras suspiramos por el tipo de relación que la Tía Bee tenía con Clara en el *Andy Griffith Show*. Nuestros maridos quizá sean maravillosos, pero no pueden adoptar el papel de la Tía Bee. Anhelamos visitar el tranquilo pueblo de Mayberry, donde vivían Clara y Bee. Pero la mayoría de nosotras vivimos en un lugar llamado Villa Correteada, donde tenemos:

- Revelado de fotografías en 45 minutos.

- Cambio de aceite en 10 minutos.

- Tintorería instantánea.

- Comida rápida.

- Platos y cubiertos desechables (¿quién tiene tiempo de lavar los platos?).

- Hornos de microondas.

¡La verdadera amistad positiva no se puede cocinar en un microondas! Debe de cocinarse a fuego lento en baño maría. Los ingredientes de calidad de la amistad necesitan este tipo de cocción lenta para mezclarse e integrarse juntos. El resultado es el alimento que nutre el alma de una relación verdaderamente significativa.

El nacimiento de una amistad

Nuestra propia amistad se ha estado cocinando durante veinticinco años. Comenzó en el otoño de 1978 cuando estábamos en el primer año de la universidad de Baylor en Waco, Texas. Nos conocimos en el dormitorio Collins; yo, Terry Ann, vivía en el sexto piso y yo, Karol, en el cuarto. A medida que nos íbamos conociendo comenzamos a sentirnos identificadas. Pero no fue hasta que comimos juntas en el restaurante de pizza Crystal's Pizza Palace, durante las vacaciones de primavera de ese primer año en la escuela, que reconocimos el potencial de una amistad de por vida.

Mientras conversábamos comiendo pizza, empezamos a darnos cuenta de que teníamos algunas experiencias comunes en la vida. Nuestros papás se dedicaban al negocio de los seguros, y nuestras mamás eran mujeres dulces, generosas y piadosas. Ambas solo teníamos hermanas. Excepto nuestros afortunados papás, no había hombres en la casa. Nuestras travesías espirituales también eran bastante similares; ambas nos hicimos cristianas y dedicamos nuestra vida a servir a Cristo a una edad temprana.

Una nueva amistad nació ese día en el restaurante Crystal en Irving, Texas. ¡Dos espíritus afines se habían descubierto entre sí! Ambas nos fuimos de esa comida con un sentimiento cálido en el corazón, sabiendo que teníamos el potencial de convertirnos en amigas para toda la vida. En nuestro segundo año, nos volvimos compañeras de habitación en el dormitorio Alexander; y desde ese punto en adelante se concretó nuestra "amistad del alma".

Terry Ann reflexiona: Karol me enseñó a ser más relajada, y al mismo tiempo, por raro que parezca, a llevar una vida extremadamente disciplinada. Recuerdo el año en que Karol entrenó para correr un maratón y al parecer nunca faltó a un entrenamiento ni se le olvidó comer sus "carbohidratos". Y nunca voy a olvidar la mañana en que me desperté temprano y no podía encontrar a mi compañera en todo el departamento, la busqué por todos lados y comencé a preocuparme. Finalmente, abrí la puerta de su vestidor de par en par y allí estaba ella, de rodillas, con la cara entre sus manos. Estaba orando. Hasta hoy ese es mi recuerdo más querido y más impactante de Karol. Ella verdaderamente ejemplificaba las disciplinas de la vida cristiana que han sido la columna vertebral de mi Amistad más importante.

Karol reflexiona: En Baylor, todos conocían a Terry Ann. Fue la reina del baile de ex alumnos, representante de grupo, y toda una Señorita Personalidad. ¡Una verdadera sanguínea! Me enseñó cosas como la importancia de usar lápiz labial, cómo utilizar una lámpara de rayos ultravioleta hasta el punto de tener los párpados tan inflamados que no pudiéramos abrir los ojos y como hacer el peinado abultado que ha hecho famosas a las mujeres tejanas.

Siempre me sorprendía cómo Terry Ann podía entrar a un salón y resolver un examen sin haber estudiado. Cuando le preguntaba cómo lo había logrado, siempre me contestaba: "¡Ay, es solo cosa de sentido común!". Terry Ann había sido bendecida con una gran cantidad de sentido común y sabiduría. Era el epítome de una mujer que teme al Señor y que sigue su voluntad; incluso al punto de consultar con Dios a qué muchacho invitar a una reunión de la fraternidad.

Un momento en particular se quedará para siempre grabado en mi memoria. Terry Ann le quería pedir a un joven llamado Mark (el rompecorazones de prácticamente todas las niñas de la escuela) que la acompañara al baile de la fraternidad Pi Phi, pero no estaba segura si debía hacerlo. Siempre tuvo cuidado de con quién salía y de escuchar la voz de Dios en esos asuntos. Así que me pidió que me arrodillara y que orara con ella. "Si se supone que debo pedirle a Mark que vaya conmigo al baile", le imploró al Señor, "entonces, haz que Mark me llame y me pida salir con él primero".

Ahora, para tu información, Mark y Terry apenas se conocían cuando ella hizo esta oración. Tengo que reconocer que mi fe era débil. Pero no la de Terry Ann. Ella era firme en su determinación de someter este asunto a Dios.

¡Rrrrrring! No habían pasado ni cinco minutos de que habíamos orado cuando sonó el teléfono. Adivina quién era. ¡Adivinaste! Mark llamó para invitar a salir a Terry Ann. ¡Ay de mí, mujer de poca fe! En los años que siguieron me seguí maravillando de la fe total que tenía Terry Ann en Dios y de su completa disposición a someterse a su obra en su vida. Su fe es un testimonio para mí hasta el día de hoy.

Qué tipo de amiga soy

Cuando nos reunimos para la lluvia de ideas de este libro, comenzamos a ver con mucha mayor claridad cuán importante era y es nuestra relación para nosotras. Reconocimos que nuestros estilos de

Habiendo purificado vuestras almas por la obediencia a la verdad, mediante el Espíritu, para el amor fraternal no fingido, amaos unos a otros entrañablemente, de corazón puro. —1 Pedro 1:22

vida apresurados a menudo fomentan amistades superficiales pero que dejan poco espacio para amistades de calidad que nos nutran. En una cultura caracterizada por estilos de vida hiperveloces y conexiones cibernéticas, las amistades verdaderas, profundas y positivas son todo un lujo.

¿Cuál es la solución? ¿Será desacelerar nuestra vida y utilizar mejor nuestro tiempo? Si la clave para tener relaciones perdurables y significativas fuera tan simple como la administración del tiempo, entonces todas podríamos leer un libro sobre cómo organizar nuestro tiempo y ¡"voilà"!, incrementaríamos el número de amigas. No obstante, todas conocemos a mujeres que son sumamente organizadas pero que todavía se lamentan en las profundidades de la soledad. Igualmente, conocemos mujeres con agendas atiborradas que al parecer tienen relaciones fructíferas. Aunque siempre deberíamos reexaminar nuestros horarios sobrecargados y cortar lo que no es necesario, desacelerar no siempre es la respuesta.

Para algunas mujeres, estar demasiado ocupadas nunca ha sido un problema. Su lucha es con la falta de confianza en sí mismas o con el temor de acercarse demasiado a los demás. Algunas tienen asuntos dolorosos del pasado que afectan sus relaciones presentes, Otras anhelan tener relaciones de calidad, pero no están seguras de cómo hacerlo.

¿Entonces, cuál es la clave para hacer contacto? Quizá tus padres. Como los nuestros, te enseñaron desde que eras muy joven que para tener una amiga, primero debes ser una amiga. Eso es la verdad. ¿Pero qué quiere decir ser amiga? ¿Cómo es una amiga? ¿Y cómo te describirías a ti misma en el contexto de las relaciones?

Antes de que sigas leyendo, toma una pluma, prepárate una taza de té caliente, acomódate en un sillón cómodo y tómate unos momentos para completar a detalle la siguiente valuación de la amistad. (Hazlo: ve por la pluma y por el té. Aquí te esperamos hasta que lo hagas). Conforme llenes el cuestionario, tienes que ponderar dos preguntas importantes: "¿Soy amiga?", y: "¿Qué tipo de amistades tengo?". No te preocupes; no hay respuestas correctas o incorrectas. El cuestionario tiene el propósito de ser introspectivo. Solo responde honestamente, basándote en tu experiencia y en tu opinión sobre la amistad.

El cuestionario de valuación de la amistad

1. Mi definición personal de amistad es: _____

   _____

   _____

   _____

   _____

   _____

2. Basándome en mi definición personal de amistad actualmente tengo (selecciona una encerrándola en un círculo):

   Tres amigas o menos.

   Entre cuatro y diez amigas.

   Entre once y veinticinco amigas.

   Entre veintiséis y cincuenta amigas.

   Entre cincuenta y una y cien amigas.

   Más de cien amigas.

3. Desarrollar amistades es:

   Fácil para mí.

   Algo en lo que me tengo que esforzar.

   Difícil para mí.

4. ¿Por qué me está costando trabajo en esta etapa de mi vida encontrar tiempo para mis amigas? _____

   _____

   _____

5. Hoy creo que:

   Tengo amistades importantes de calidad.

   Que me gustaría tener más amistades importantes.

   Que necesito aprender cómo ser una mejor amiga.

   Que una fuerte relación con Dios y con mi familia es todo lo que necesito.

6. Las características que añoro en una amistad son: _____

_____

_____

7. La forma en que les demuestro una amistad positiva a las demás es: _____

_____

_____

Muy bien, no fue tan difícil, ¿o sí? Esperamos que esta valuación haya hecho salir a flote tus pensamientos y tus sentimientos acerca de la amistad que hayas tenido guardados dentro de ti. Sería muy bueno que te haya llevado a pensar en las relaciones de una manera fresca y nueva. Después de todo, la mayoría de nosotras nunca hemos tomado un curso de amistad positiva. Simplemente hemos aprendido a relacionarnos con las demás en la Escuela de los Golpes Duros y por medio de nuestras experiencias.

A medida que viajemos juntas por el resto de este libro, vamos a explorar cualidades positivas que nos hacen a cada una de nosotras mejores amigas. En el proceso esperamos que tú, junto con nosotras, comiences a enriquecer las amistades que ya tienes, incluso cuando descubras maneras para desarrollar nuevas amistades. Nuestra oración es que antes de que voltees la última página, hayamos aprendido juntas a ser amigas positivas que traigan bendición a la vida de las demás.

Punto de Poder

⚙ **Lee:** Génesis capítulos 2 y 3. ¿Qué ves en la creación de la mujer que la hace única? Menciona algunas cualidades sociales que veas principalmente en las mujeres.

♡ **Ora:** Maravilloso y amoroso Padre celestial, gracias por la manera en que me creaste como mujer. Gracias por las amistades que has puesto en mi vida. Bendice mis relaciones y ayúdame a ver más claramente mi papel como amiga. Permíteme desarrollar las cualidades de una buena amiga positiva. Solo tú eres el ejemplo de un amigo verdadero y perfecto. Que tu Espíritu Santo ame y viva por medio de mí. Te lo pido en el nombre de Jesús, amén.

💡 **Recuerda:** "Amados, amémonos unos a otros; porque el amor es de Dios. Todo aquel que ama, es nacido de Dios, y conoce a Dios" (1 Juan 4:7).

😊 **Practica:**Tómate unos momentos para pensar en una de tus amigas más queridas y lo que ha significado para ti. En una tarjeta escribe un recuerdo muy querido que tengas de ella, y envíasela. ¡Vas a poner una sonrisa en dos caras: la tuya y la de ella!

2

La esencia de la vida
Reconoce los distintos tipos de amistades
que Dios pone en tu vida

*Bienaventurados los que tienen el don de hacer amigos, porque es
uno de los mejores regalos de Dios. El cual conlleva muchas
cosas, pero sobre todo, el poder de salir de uno mismo
y apreciar lo noble y amable en otro.*

—Thomas Hughes

La palabra *amiga* se parece a la palabra *amor,* porque la utilizamos para decir muchas cosas distintas. Cuando decimos que amamos a Dios, por ejemplo, le estamos dando un significado diferente a la palabra *amor* que cuando decimos que amamos las papas fritas. Así que, ¿qué es lo que realmente queremos decir cuando le damos a alguien el título "amiga"?

Quizá te preguntaste exactamente lo mismo cuando resolviste El cuestionario de valuación de la amistad en el primer capítulo. Mucha gente entra y sale de nuestra vida, y la mayoría nunca se va a convertir en nuestras amigas verdaderas y permanentes: el tipo de amigas con las que nos conectamos, de corazón a corazón. ¿Entonces quienes son todas estas personas con las que interactuamos a diario, y qué factores determinan si van a llegar a ser o no nuestras amigas?

La influencia de la personalidad

Todas conocemos a alguien que parece conocer a todos. Es la mujer que puede estar de vacaciones cruzando el estado de Idaho y cuando se detiene en una estación de servicio en medio de la nada para llenar el tanque de la SUV, reconoce al encargado de la estación y puede recordar que fueron juntos a la escuela media-superior en Kentucky hace treinta años. ¡Esta mujer parece tener un número interminable de amigos! Por otro lado, todas conocemos a alguien que es el opuesto total; es la mujer que parece contentarse con relacionarse con solo un puñado de amigas. ¿Qué es lo que hace la diferencia?

Una buena parte de la respuesta se encuentra en el hecho de que Dios nos ha dado a cada quien una personalidad maravillosa y única. Nuestras personalidades, o temperamentos, influyen en la manera en que hacemos amigas. Tim LaHaye, en su libro clásico, *Temperamentos controlados por el Espíritu,* identifica cuatro tipos de personalidad básica que más o menos nos describen a cada una de nosotras.

1. Colérica: De voluntad fuerte, determinada, independiente, optimista, práctica, productiva, decisiva, segura de sí, una líder. Sus debilidades incluyen: enojona, cruel, sarcástica, dominante, desconsiderada, orgullosa, indiferente.

2. Sanguínea: Parlanchina, extrovertida, entusiasta, cálida, amistosa, compasiva, despreocupada. Sus debilidades incluyen: voluntad débil, inestable, indisciplinada, inquieta, poco confiable, egocéntrica, gritona, tiende a exagerar.

3. Melancólica: Talentosa, analítica, sensible, perfeccionista, con sentido estético, idealista, leal, autosacrificada. Sus debilidades incluyen: egoísta, voluble, negativa, antisocial, criticona, vengativa y rígida.

4. Flemática: Calmada, relajada, confiable, eficiente, conservadora, práctica, diplomática, con sentido del humor. Sus debilidades incluyen: avara, temerosa, indecisa, pasiva, defensiva, individualista y desmotivada.[1]

¿Te puedes identificar con alguna de estas descripciones? ¿Puedes ver cómo el número de amigas que tienes puede estar influenciado por el temperamento que Dios te dio? Por ejemplo, una mujer sanguínea puede tener cientos de amigas, pero muchas de esas amistades con mucha probabilidad son superficiales. Por otro lado, una mujer melancólica quizá tenga un puñado de amigas, pero esas relaciones probablemente son probadas y verdaderas.

Terry Ann reflexiona: Karol dice que soy la típica sanguínea. No hace mucho tiempo estaba haciendo ejercicio en un gimnasio y voltee a ver a un hombre que estaba levantando pesas junto a mí. Estaba segura de que lo conocía de algún lado. Has escuchado el dicho: "La curiosidad mató al gato", bueno no podía soportar no saber por qué me parecía tan familiar.

Dentro de mi cabeza podía escuchar a mi marido decir: "Terry Ann, no te acerques a un extraño, especialmente a un hombre, y le digas: '¿Te conozco de alguna parte?', porque esa es la frase más vieja de la historia para comenzar a coquetear con alguien". Pero yo sabía que mis motivos eran puros. Además, estaba segura de haber ido a la escuela con él en algún momento. O posiblemente comprábamos la despensa en la misma tienda de abarrotes en 1984.

Hice un poco más de ejercicio, todo el tiempo esperando que me mirara para poder decirle algo. Finalmente, me aventuré. Sabía que mi marido no estaría de acuerdo, pero mi naturaleza insistente prevaleció.

"Sé que suena como una frase para coquetear", le dije, "pero créeme que no es nada de eso, porque tengo cinco hijos, y por cierto, dos de ellos están allá abajo en la zona de juegos para niños, y estoy felizmente casada, y, realmente no debería estar diciendo esto, pero ¿no te conozco de algún lado?".

Se me quedó viendo tratando de reconocerme. Después de que finalmente dejé de hablar y traté de tomar aire, me dijo: "No, vengo de visita. Soy de Arkansas". ¡Qué barbaridad!

Muchas veces cuando comienzo una conversación con extraños en presencia de mi marido, me da un pequeño codazo y me dice: "Terry Ann, guarda silencio. A ellos no les importa eso". Como puedes ver, él tiene un tipo diferente de personalidad, y él está bastante contento con las amistades que tiene actualmente. ¡Él no ve ninguna necesidad imperiosa de iniciar una amistad con nuevas personas, ya que siente que está demasiado ocupado como para pasar tiempo con los amigos que ya tiene!

¿Extrovertida o introvertida?

Otro aspecto de la personalidad que influye en nuestras amistades es si somos extrovertidas o introvertidas. Las empresas estadounidenses utilizan un instrumento llamado *Indicador de tipos psicológicos Myers-Briggs* para medir, entre otras cosas, la tendencia de la gente hacia ser extrovertida o introvertida. A los participantes se les pide que respondan una cantidad de preguntas de un cuestionario basándose en sus preferencias en diferentes situaciones de la vida. Lo interesante de esto es que la escala de extroversión-introversión de una persona no se basa en si la persona es tímida o sociable. Más bien, se basa en la manera en que la persona recarga su energía. ¿La persona recibe fuerzas al estar con otras personas? ¿O encuentra renovación en la soledad y en la introspección?

Tomemos como ejemplo a Etel Aextro Vertida. Parece conocer a todos en la ciudad (o en el estado). Le encanta estar con otras personas, porque piensa que su vida es interesante y estimulante. Siempre les está preguntando acerca de su familia, su trabajo y otras circunstancias. Cuando va a una fiesta vuelve a casa revigorizada.

Por otro lado, Irene Lintro Vertida, asistir a la misma fiesta y volver a casa exhausta, quizá abrumada. Hablar de cosas sin importancia es laborioso para Irene. Por esta causa, ella no se siente cómoda en la mayoría de las situaciones sociales que incluyen un gran número de personas. Para recargar su batería vital, Irene prefiere que la dejen sola con un buen libro y con música tranquila. Estar a solas es lo que la levanta y la prepara para enfrentar el día.

A lo largo de su vida, Etel va a conocer y va a interactuar con cientos y posiblemente miles de personas más que Irene. ¡Y eso está bien! Así es la manera en que Dios las hizo a cada una de ellas.

En Salmos 139:13-14, la Palabra de Dios nos dice: "Porque tú formaste mis entrañas; tú me hiciste en el vientre de mi madre. Te

Nunca podremos reemplazar a un amigo. Cuando un hombre es lo suficientemente afortunado para tener varios, encuentra que todos son diferentes. Nadie tiene dos amigos iguales. —Friedrich von Schiller

alabaré; porque formidables, maravillosas son tus obras; estoy maravillado, y mi alma lo sabe muy bien". Necesitamos tener confianza en que Dios nos creó, personalidad y todo, de la manera en que quiere que seamos. Demasiado a menudo le tenemos envidia a la mujer que parece tener una mejor personalidad. Más bien, necesitamos reconocer y honrar el hecho de que Dios nos creó de tal manera que estemos totalmente equipadas para hacer la obra que preparó para nosotras. Él ya sabía de antemano, desde el principio de los tiempos la cantidad de personas que traería a nuestra vida. Él sabía exactamente a quienes quería que bendijéramos y de quiénes quería que aprendiéramos. No obstante, el hecho de que Dios nos haya equipado de manera única para nuestra tarea no significa que debamos estar satisfechas con estar en los extremos de la escala introvertida-extrovertida. Todas deberíamos procurar el equilibrio. Las Irenes del mundo, después de pasar tiempo de calidad a solas en oración, realmente necesitan forzarse a buscar oportunidades para estar con gente y compartir su vida con otros. No deben asumir: "Como me siento más cómoda a solas, entonces no debe ser mi responsabilidad servir a los demás".

Mientras que las Eteles necesitan forzarse a estar a solas y tranquilas con Dios antes de salir a estar con los demás. Las Eteles no deberían permitir que su inclinación natural de relacionarse y comunicarse las lleve a conversaciones ociosas inútiles y a relaciones innecesarias. Las extrovertidas como Etel pueden terminar desperdiciando su tiempo con personas a las que Dios nunca quiso que ministraran o sirvieran. Deben aprender a buscar a Dios a solas y a confiar en Él para guíe sus amistades.

Los círculos de la amistad

Como hemos dicho, el número de amigas que tengamos depende bastante de la personalidad que Dios nos dio. ¿Pero de qué *tipos* de amigas estamos hablando? Volviendo a la pregunta al principio de este capítulo: ¿qué es lo que queremos decir cuando decimos que alguien es nuestra amiga?

El siguiente diagrama de círculos concéntricos nos ayuda a definir la importancia de las relaciones que tenemos en nuestra vida. Como puedes ver, hay tres niveles básicos de amistad:

En nuestra vida vamos a tener un círculo mucho más amplio de conocidos que de buenas amigas, nuestro círculo de buenas amigas va a ser mucho mayor que el de amigas del alma. ¿Por qué? Tomemos algunos momentos para considerar las características de cada grupo.

Conocidos

El círculo externo representa un grupo grande de personas con las que tenemos contacto. Estas son las personas que conocemos, pero no íntimamente ni bien, como la mujer que se sienta detrás de nosotras en la iglesia, la vecina del otro lado de la calle, el encargado de la tintorería. En general, un conocido es una persona con la que interactuamos superficialmente. No escogemos a nuestros conocidos, simplemente aparecen, según a donde nos lleve nuestro diario vivir.

Para las introvertidas extremas, su círculo de conocidos puede incluir tan pocas como veinte personas o menos. Para las extrovertidas extremas, el círculo podría incluir literalmente miles. Lo importante que debemos recordar es que el número de conocidos de una mujer no determina si es o no una buena amiga. Solo refleja su tipo de personalidad.

Y también refleja un segundo factor: su grado de participación en actividades fuera de casa. Por ejemplo, ¿trabaja en una oficina? ¿Va a la escuela? ¿Lleva a los niños a la escuela? ¿Qué tanto participa en su iglesia y en su comunidad?

Karol reflexiona: En un año cualquiera, Terry Ann tiene muchas más oportunidades que yo para conocer gente. La razón principal es que ella tiene cinco hijos, yo tengo dos. La ley de la multiplicidad simplemente entra en acción.

Cada año a causa de las actividades de sus hijos, Terry Ann conoce un promedio de catorce o quince entrenadores de equipos deportivos, de quince a veinticinco maestras y entre cinco y diez maestras de escuela dominical. Yo, por otro lado, llego a conocer entre cinco o seis entrenadores, diez a doce maestras y entre dos y cuatro maestras de escuela dominical.

El hecho es que algunas de nosotras participamos más en actividades fuera de casa que otras. Y entre más profunda sea nuestra participación, lo natural es que tengamos más conocidos. ¿Pero estas amistades a nivel de conocidos realmente importan? ¡Sí, si creemos que las personas son importantes para Dios!

El Señor Jesús tuvo muchos conocidos. Él reconoció el valor de cada persona que conoció. Él entendía que su responsabilidad era señalarle el camino al Padre a cada persona que entrara en contacto con Él, sin importar lo breve del momento. Esa era su misión, su pasión, su llamado. Recuerda, Jesús no solo era Dios en forma humana; Él también era completamente humano. Él tuvo padres, hermanos, hermanas. Tuvo un empleo. La carpintería fue su oficio hasta que comenzó su ministerio a tiempo completo a la edad de treinta años. Asistió a bodas, a funerales y fue al mercado. Llevó una vida humana que hizo que con toda naturalidad interactuara con los demás todos los días.

En el proceso interactuó con diferentes personas con quienes no había planeado de antemano pasar un tiempo íntimo con ellas. Por ejemplo Zaqueo, "el hombre pequeñito" como dice la canción de niños, que deseaba poder ver al famoso maestro. Zaqueo no tenía los mismos valores que Jesús. De hecho, leemos en Lucas 19:7 que la multitud murmuró cuando vio que Jesús iba a ser convidado por un pecador. No obstante, Jesús tomó ese encuentro con Zaqueo como la oportunidad para señalarle la Verdad.

¿Zaqueo llegó a ser más que un conocido para Jesús? No lo sabemos. Pero si sabemos esto: la gente contaba para Jesús... toda la gente. Él veía los encuentros "fortuitos" con las personas como citas divinas para acercarlos al Padre.

¿Somos como Jesús con los conocidos que Dios trae a nuestro camino? ¿Somos sensibles al Espíritu de Dios dentro de nosotras para reconocer las oportunidades de ministrar la verdad de Dios, digamos a la señora que nos encontramos en la fila de la tienda de abarrotes o al cajero del banco? Nuestros conocidos nos deberían de importar, ¡porque le importan a Dios!

Buenas amigas

Las buenas amigas provienen de nuestro círculo de conocidos. ¿Quién es una buena amiga? Imagínate por un momento que vas a sorprender a tu marido con una fiesta sorpresa. ¿A quién invitarías? Estás celebrando los cuarenta años de casados de tus padres. ¿Quién estaría en la lista de invitados? Decides tener una reunión navideña y un intercambio de regalos en tu casa. ¿Quién estaría presente? Estas personas "selectas" son tus buenas amigas.

Otra palabra para "buena amiga" es *compañera*. Una compañera, por definición, es una persona que se relaciona con otra o que la acompaña. ¿Quiénes son las personas que están dispuestas a acompañarnos en la vida? Suelen ser las personas que piensan de manera semejante a nosotros en los asuntos importantes. Son aquellas con las que tenemos algo en común que hace que nuestros caminos se crucen de manera regular en el diario vivir. Las compañeras son diferentes de los conocidos en que nos hemos relacionado con ellas "más allá de la superficie". Son un tipo de espíritus afines.

Quizá tú, como nosotras, has descubierto que muchas de nuestras buenas amigas surgieron de entre las madres de las amigas y los compañeros de nuestras hijas. Han compartido con nosotras las bancas incómodas de los campos de béisbol o han cuidado a nuestros hijos para que pudiéramos ir a las temidas citas anuales con la ginecóloga. O quizá tus amistades surgieron de entre tus compañeras de trabajo: a causa de trabajar juntas en algún proyecto descubrieron intereses comunes. De una manera u otra, las circunstancias de la vida te han dado la oportunidad de estar regularmente con otra persona el suficiente tiempo como para descubrir una conexión del corazón.

Jesús mismo tuvo muchos compañeros. Pensamos primero en los doce discípulos, pero también hubo otros; gente como Lázaro, María, Marta, Juan el Bautista y Nicodemo. Lo interesante es que antes de seleccionar a sus discípulos Jesús oró para que Dios lo dirigiera. Él sabía que los buenos amigos se deben de seleccionar con cuidado. ¡No todas tus conocidas tienen potencial para ser buenas amigas! Como dijo Jorge Washington: "Relaciónate con personas de buena calidad si estimas tu propia reputación, porque es mejor solo que mal acompañado".[2] ¿Si el Hijo de Dios vio la necesidad de buscar el consejo de su Padre con respecto a sus amistades, cuanto más nosotras, en toda nuestra humana fragilidad, necesitamos su dirección para escoger buenas amigas?

Proverbios 12:26 nos recuerda: "El justo sirve de guía a su prójimo; mas el camino de los impíos les hace errar". La verdad simple y llana es que nos volvemos como las personas con las que pasamos el tiempo. Pablo estaba bastante consciente del poderoso efecto que los amigos pueden tener entre sí. Les advirtió a los primeros cristianos que no se juntaran mucho con personas que no estuvieran caminando con Cristo: "Más bien os escribí que no os juntéis con ninguno que, llamándose hermano, fuere fornicario, o avaro, o idólatra, o maldiciente, o borracho, o ladrón; con el tal ni aun comáis" (1 Corintios 5:11).

El punto de Pablo es claro. No debemos escoger como buenas amigas a personas que no son sabias o que tienen estilos de vida corruptos. Esto no significa que tengamos el derecho de juzgar a otras; simplemente significa que debemos tener discernimiento para escoger a nuestras compañeras. Ciertamente, deberíamos amar a toda la gente como Cristo. Pero también como Cristo, debemos discernir en el momento en que decidamos con quien vamos a caminar de la mano.

Muchas de nosotras no tenemos dificultades para advertirles a nuestros adolescentes acerca del peligro siempre al acecho de los llamados "amigos" que los pueden guiar a un camino equivocado. ¿Pero qué de nuestras propias compañeras? ¿Son una influencia positiva en nuestra vida? Necesitamos mirar a las mujeres que nos rodean y preguntarnos:

- ¿Nos animan a tomar decisiones sabias?

- ¿Nos ayudan a pensar en lo eterno? Por ejemplo, ¿nos ayudan a quitar nuestro enfoque de lo material y nos alientan a estar satisfechas con los dones increíbles con los que Dios nos ha bendecido?

- ¿Se regocijan con nuestros éxitos, lloran con nuestro dolor, nos motivan en nuestra pereza, confrontan nuestro pecado, consuelan nuestra enfermedad, ríen con nuestro gozo?

Si podemos responder que "sí" a estas preguntas, ¡entonces somos realmente bendecidas! Volney Streamer lo dijo de esta manera: "Heredamos nuestros parientes y nuestras características, y no podemos escapar de ello; pero podemos seleccionar nuestra ropa y nuestras amistades, tengamos cuidado de que ambos nos vengan bien".[3]

Seleccionar y después alimentar una buena amistad requiere esfuerzo. ¿Cuánto esfuerzo? Eso depende. Algunas mujeres parecen tener una habilidad natural para hacer amigas. Otras tienen que estudiar y practicar el arte de la amistad con perseverancia con el fin de hacer que algunas de sus conocidas lleguen a ser compañeras valiosas. Gracias a Dios, cuando hablamos de amistades, cada día es un nuevo comienzo. No importa donde nos encontremos en nuestro peregrinar amistoso; cuando el sol sale cada mañana, nuestra búsqueda de amistades más significativas comienza de nuevo.

Como el poeta romano Horacio dijo: "¡Carpe diem!" (¡aprovecha el día!). Necesitamos programar nuestra mente y nuestro corazón para ver los minutos y las horas que llenan cada día como oportunidades para bendecir a las demás con nuestra amistad. ¿Quién sabe? Quizá hoy sea el día en que tengamos el privilegio de darle esperanza o risa a alguien que se encuentre desalentada. Puede ser el día en que tengamos la oportunidad de animar con una llamada edificante o con una tarjeta de ánimo a alguien que se sienta herida. Posiblemente sea el día en que abramos los ojos de nuestro corazón y descubramos que una conocida se ha convertido en una buena amiga.

Estas cosas no van a "suceder" por sí solas a menos que consideremos que la vida tiene un propósito; a menos que creamos que Dios permite que entre gente y circunstancias en nuestra vida para transformarnos en una persona que se parezca más a Jesús y actúe como Él. Incluso en este momento, Él tiene a alguien esperando a la vuelta de la esquina (o detrás de nosotras en una fila o mirando los estantes de la tienda de videos) con el potencial de llegar a ser nuestra nueva buena amiga.

Amigas del alma

Jesús dijo en Juan 15:13: "Nadie tiene mayor amor que este, que uno ponga su vida por sus amigos". ¡Qué increíble! Esa es una declaración sorprendente. Piénsalo un momento: ¿alguna de las que llamas "amiga" haría eso por ti? ¿Hay alguien (además de tu familia inmediata) por quien tú darías *tu* vida? Esa persona es más que una buena amiga. Ella es una verdadera amiga; una amiga del alma.

Quizá sea difícil para ti pensar en poner tu vida en un sentido físico por alguien más. Incluso a la luz de las nuevas amenazas de terrorismo, Dios, en su gracia, nos ha otorgado a nosotras que vivimos en Estados Unidos un ambiente relativamente seguro y confiable en el cual experimentar la vida. Así que esta es otra manera de hacer la pregunta: ¿hay alguna persona con quien puedas arriesgarte a revelarle cada pensamiento, emoción, falta, deseo y ambición? ¿Alguien a quien siempre le extiendas el tapete de bienvenida en la puerta de tu corazón?

Si es así, entonces has encontrado el nivel más profundo de comunión humana. Las amistades del corazón son raras y valiosas. Pero son algo que todas nosotras podemos tener si estamos dispuestas a pagar el precio. Después de todo, cualquier cosa que valga la pena es costosa. El precio que pagamos por una amiga que, como Proverbios 18:24 dice, es "más unida que una hermana", es alto. Se llama *vulnerabilidad*.

Quizá compartamos nuestra opinión y nuestras creencias con una compañera, pero compartimos nuestros corazones con amigas del alma. Abrir nuestra vida a otra persona a ese grado puede ser atemorizante. Nos arriesgamos cuando extendemos el tapete de bienvenida a nuestro corazón. ¿Irá a terminar desgastado por el paso del tiempo, o va a terminar aplastado? No obstante, vale la pena tomar el riesgo, porque una amiga del alma enriquece nuestra vida de una manera que nadie más puede hacerlo.

Jesús lo sabía. La Escritura indica que aunque Jesús tenía una gran cantidad de conocidos y muchos buenos amigos, compartió su corazón a un nivel más íntimo con tres hombres en particular: Pedro, Jacobo y Juan. Estos amigos del alma fueron escogidos en repetidas ocasiones para participar en los eventos más importantes de la vida de Jesús sobre la tierra, incluyendo la transfiguración (Mateo 17:1-13) y las últimas horas de Jesús en el huerto de Getsemaní (Mateo 26:36-46).

Como Jesús, todas queremos tener amigas del alma que estén con nosotras en nuestros momentos de lucha más negros así como en nuestros momentos de gozo más brillante. Pero las verdaderas amigas del alma son pocas y escasas. ¡Considérate bendecida si cuentas con dos o tres de estas relaciones tan valiosas en toda tu vida! (Por supuesto, si estás casada, tu esposo debería entrar en esta categoría. Tristemente, muchas parejas viven a diario un poco más allá del nivel de conocidos. Si tu cónyuge se ha alejado, o lo has alejado tú, del círculo íntimo de tu vida, usa los principios de la amistad positiva para atraerlo de nuevo).

Las amistades del alma no se dan de noche a la mañana. Así como se lleva tiempo para que las buenas amigas surjan del círculo de conocidos, puede ser que lleve años que se desarrolle una amistad del alma a partir del nivel de compañerismo. No todas las buenas amigas se convertirán en amigas del alma, pero algunas pocas preciosas lo harán. La meta no es coleccionar el mayor número de amigas; es tener las relaciones más significativas que pueda haber.

La definición de amistad

Hace muchos años una revista inglesa ofreció un premio por la mejor definición de "amigo". Estas son algunas de las respuestas entre las miles que se recibieron. Un amigo es:

- Alguien que multiplica el gozo y divide el dolor.
- Alguien que comprende nuestro silencio.
- Un montón de compasión envuelto en ropa.
- Un reloj que siempre está a tiempo y que nunca deja de caminar.

Esta es la definición que ganó el premio:

- Un amigo es el que llega cuando todos los demás se van.[4]

Ahora bien, hay diversidad de dones, pero el Espíritu es el mismo. Y hay diversidad de ministerios, pero el Señor es el mismo. Y hay diversidad de operaciones, pero Dios, que hace todas las cosas en todos, es el mismo. —1 Corintios 12:4-6

Todas necesitamos amigas que lleguen cuando todos los demás se hayan ido. Y todas nosotras deberíamos de luchar por ser esa clase de amiga para las demás. Apreciemos y nutramos la variedad de amistades que Dios traiga a nuestra vida. Al hacerlo, vamos a descubrir el gran poder que reside en tener, y en ser, una amiga positiva.

Punto de Poder

Lee: Salmos 139. Mientras leas estos versículos, regocíjate en el hecho de que Dios te ha hecho única y especial. ¿Qué cualidades te ha dado Dios únicamente a ti que te permiten ser una amiga positiva?

Ora: Querido y maravilloso Señor, ¡no existe un mejor amigo del alma que tú! Estoy tan contenta de que quieras ser mucho más que un conocido en mi vida. Deseo acercarme a ti. Al relacionarme contigo, por favor, desarrolla las maravillosas cualidades de tu Espíritu dentro de mi vida, y usa mi personalidad única, mis dones y talentos para hacer que la vida de otras sea diferente. Ayúdame a descubrir espíritus afines a mi alrededor, y abre mis ojos a aquellas que puedan ser mis potenciales amigas del alma. Que aprecie cada relación que traigas a mi vida. Ayúdame a nutrir y a desarrollar solo las amistades que tú deseas que tenga. Te lo pido en el nombre de Jesús, amén.

Recuerda: Salmos 139:14: "Te alabaré; porque formidables, maravillosas son tus obras; estoy maravillado, y mi alma lo sabe muy bien".

Practica: En una hoja en blanco, dibuja una versión más grande de los tres círculos concéntricos de la amistad que se encuentran en este capítulo. En el círculo de conocidos, escribe los nombres de las personas que recuerdes. No te extiendas mucho; ¡no vas a poder mencionar a todos tus conocidos! Luego llena el círculo de buenas amigas y amigas del alma con los nombres de tus amigas actuales. ¿Hay alguien en la categoría de buena amiga que tiene el potencial de convertirse en amiga del alma? Ora y busca oportunidades para acercarte más a esta persona. Considera llamarle de vez en cuando para saludar o para invitarla a comer.

EL PODER DE LA HERMANDAD

Permanezca el amor fraternal.

—Hebreos 13:1

Mis amigos son los que han escrito la historia de mi vida. En miles de maneras han convertido mis limitaciones en privilegios hermosos, y me han hecho capaz de caminar serena y feliz en la sombra que mi privación proyecta.

—Helen Keller

El lazo que une corazones
Edifica sobre los intereses comunes

Algunas amistades se dan por naturaleza; otras por contrato;
algunas por interés; y otras por el alma.

—Jeremy Taylor

El sonido de vidrios rompiéndose fue casi ensordecedor cuando los tubos de ensayo cayeron de la mesa y se hicieron pedazos en el duro piso de cerámica. Después de eso se hizo un silencio sepulcral. Los cuarenta y dos ojos de los veintiún alumnos y la mirada atónita de la maestra estaban dirigidos a Marianne.

Era su primer año en una nueva preparatoria y Marianne estaba teniendo problemas con su autoimagen. Era ya bastante duro estar pasando por la adolescencia; pero ser la extraña "niña nueva" hacía que la vida fuera todavía más difícil. Solo seis semanas en la escuela le habían ya ganado la reputación de ser torpe y de no tener coordinación. Solo la semana anterior había echado la sustancia equivocada en el matraz y había arruinado el experimento de química de su grupo. La semana anterior, se tropezó al entrar al salón y aterrizó hecha una pelota frente al escritorio del instructor. ¡Y ahora esto! Tres tubos de ensayo rotos y un salón lleno de miradas acusadoras era más de lo que una niña de catorce años sin amigas podía soportar.

De pronto, la niña que estaba a su lado dijo: "Discúlpeme, señorita Thompson. No fue mi intención tirarlos. Fui una torpe".

Marianne no podía creer que Hailey, una de sus compañeras de laboratorio, se hubiera echado la culpa por su error. Cuando la señorita Thompson se agachó a limpiar todo y el resto de los alumnos

Un verdadero amigo es un regalo de Dios, y solo el que hizo los corazones los puede unir. —Robert South

regresaron a seguir trabajando, todo lo que Marianne pudo decir fue un agradecido susurro de "gracias".

"No te preocupes. No importa", fue la respuesta.

Durante seis semanas Hailey había observado con angustia como Marianne seguía avergonzándose a sí misma con accidentes fruto de estar demasiado consciente de sí misma. Hailey conocía el dolor que Marianne estaba sintiendo porque ella también había sido "la nueva" más veces de las que podía recordar. ¡Incluso se había mudado tres veces durante un mismo año escolar! Hailey conocía el sentimiento de desear tanto adaptarse que comienza una a esforzarse demasiado.

Cuando la clase terminó y sonó la campana, las niñas salieron juntas al pasillo poseyendo algo mucho más valioso que tres tubos de ensayo de vidrio. Tenían un lazo común. Descubrieron las semillas de una amistad que con el tiempo florecería y crecería hasta llegar a ser una fuerza positiva en su vida, ayudándolas a ambas a atravesar por los difíciles años de la escuela media-superior.

Todas las amistades del alma tienen algo en común: el primer hilo que unió ambos corazones. Piensa en este momento en tu amistad más importante. ¿Qué fue lo primero que las atrajo entre sí? ¿Fue un pasatiempo común o el gusto por el mismo tipo de música? ¿Fueron circunstancias similares de la vida, por ejemplo, que sus maridos trabajaran para la misma empresa, o que sus hijos asistieran al mismo jardín de infancia? ¿Estaban juntas en algún comité escolar, cívico o de la iglesia? Es posible que se hayan conocido en la fila de la tienda de abarrotes y que simplemente comenzaran a conversar acerca de las alegrías de la maternidad. O probablemente una compañera de trabajo se convirtió en tu amiga de por vida gracias a que su amistad se fortaleció fuera del trabajo.

Necesitamos mantener los ojos bien abiertos para reconocer los hilos que nos conectan con otras mujeres. Quizá te identificaste muy bien con Marianne y Hailey: continuamente echas raíces pero, una y otra vez, te desarraigan y te lanzan a un nuevo ambiente; te gustaría tener una amiga, pero no estás segura de querer arriesgar tu corazón una vez más; tienes los ojos cerrados, principalmente en defensa propia.

O quizá has vivido en la misma comunidad durante años y por eso no sientes la necesidad de hacer nuevas amigas, porque estás a gusto con la vida tal y como está. Quizá tienes cosas en común con otras personas, pero no te das cuenta porque no estás interesada en nuevas amistades potenciales.

En ciertos momentos, todas nosotras llegamos a un tope. La cantidad de actividades, nuestras rutinas habituales y las experiencias del pasado pueden provocar que estemos ciegas a nuevas relaciones que el Señor tiene para nosotras y que pueden darnos vida.

El nacimiento de una hermandad

¿Alguna vez has tenido un "momento ajá"; ese instante en el que te das cuenta de que tienes una conexión, un interés común o un lazo con alguien? Digamos que te encuentras a una conocida; alguien que conoces pero no muy bien. Comienzan a conversar en el típico nivel superficial.

—Hola, ¿cómo estás?

—Bien, ¿y tú?

—Qué bonito día, ¿no?

Y entonces algo cambia; alguna pequeña vuelta en la conversación revela una muestra de potencial para una conexión o un entendimiento más profundo, y nace una nueva amistad.

Karol reflexiona: Las frías bancas en los juegos de fútbol de mi hija me dieron el escenario para un "momento ajá". Sally, Reeve y yo estábamos sentadas envueltas en abrigos, viendo a nuestras hijas en edad preescolar jugando fútbol. La temporada acababa de comenzar, así que apenas nos conocíamos. Pero en algún punto entre "¡corre Sarah!" y "dale a la pelota, *¡dale a la pelota!*", tuvimos un "momento ajá".

Comenzó con una pregunta sencilla. Sally me preguntó: "¿Vas a inscribir a tu hija en las Scouts?". Coincidentemente, acababa de leer un artículo en una revista cristiana que expresaba preocupación por la organización de los Scouts. Sally había leído el mismo artículo. Nuestros ojos comenzaron a brillar cuando compartimos una conexión o un entendimiento mutuo. Reeve se unió a la conversación y expresó preocupaciones similares.

Mientras las tres veíamos correr por la cancha a nuestras hijas, hablamos acerca de lo que podríamos hacer como una alternativa para el programa scout. Al final del juego, ya estábamos bastante avanzadas en armar todo un nuevo programa para niñas en la escuela de nuestras hijas. Y cuando terminó la temporada de fútbol, nos habíamos convertido rápidamente en amigas durante el proceso de planeación.

Al siguiente año escolar estábamos listas para lanzar juntas nuestro nuevo programa. Lo llamamos "Sonshine Girls" (Niñas que resplandecen con el brillo de Jesús). Resolvimos los muchos problemas del primer año. Oramos para vencer múltiples desafíos y nos unimos más en nuestra amistad. Sonshine Girls todavía se sigue reuniendo (nueve años después), y numerosos clubes han surgido a lo largo de la comunidad. En esos campos helados de fútbol nació una nueva organización, pero sobre todo, una hermandad entre Reeve, Sally y yo.

Los "momentos ajá" suceden todo el tiempo a nuestro alrededor. Nuestra responsabilidad es reconocerlos como oportunidades para tener amistad y edificar sobre ellos. Busca "momentos ajá" cuando te ofrezcas como voluntaria para un servicio o ministerio. Sé sensible a ellos cuando asistas a un grupo de estudio bíblico. Reconócelos cuando tomes clase de manualidades o de cocina. Búscalos cuando pasees por tu barrio. Mantente vigilante para encontrar las nuevas amistades potenciales cuando vayas a la excursión de tus hijos, ayudes con la obra de teatro escolar, compartas responsabilidades para llevar y traer niños o trabajes como madre responsable en la escuela de tus hijos. No todas las conexiones que hagas se van a convertir en lazos de por vida, pero nunca sabes cuando esté por nacer una verdadera hermandad permanente.

La Biblia nos relata la historia de dos mujeres que desarrollaron una maravillosa amistad a través de su lazo común de la fe en Cristo. Quizá sus nombre te sean familiares: María Magdalena y María la madre de Jacobo y José. ¿Pero alguna vez te has puesto a meditar en la belleza de su hermandad? Estas mujeres fieles experimentaron juntas los eventos más importantes de su vida (y de la historia).

María Magdalena fue la primera persona que vio la tumba vacía de Cristo y la primera en reportar la resurrección a los discípulos. Fue la primera en hablar con el Jesús resucitado. ¡Qué honor tan alto! Los comentaristas bíblicos desde la edad media hasta nuestros días han tratado de identificarla con la mujer del pasado pecaminoso que ungió a Jesús con perfume en Lucas 7:36-50, pero no hay evidencia que lo apoye. El nombre "Magdalena" se deriva de Magdala, su pueblo natal al sur de la planicie de Genesaret. Lo más probable es que María Magdalena haya sido una de las mujeres influyentes de Magdala. Lo que sí sabemos es que fue una devota seguidora con el corazón lleno de profunda gratitud, ya que se nos dice en la Escritura que Jesús la liberó de siete demonios (Marcos 16:9).

María la madre de Jacobo y de José era otra de las seguidoras fieles de Jesús. Se menciona por primera vez en Mateo 27:55-56: "Estaban allí muchas mujeres mirando de lejos, las cuales habían seguido a Jesús desde Galilea, sirviéndole, entre las cuales estaban María Magdalena, María la madre de Jacobo y de José, y la madre de los hijos de Zebedeo". Esta segunda María (también llamada la esposa de Cleofas en Juan 19:25) sirvió a Jesús en la hora de su mayor necesidad. Trajo especias dulces a la tumba de Cristo para ungir su cuerpo (Marcos 16:1), y junto con María Magdalena, encontró vacía la tumba y reportó las buenas noticias a los apóstoles.

No sabemos cuando se conocieron estas mujeres, pero sabemos qué fue lo que las unió: un lazo común de fe en Jesús. Una meta común de servirlo. Un dolor común en su muerte. Un gozo común en su resurrección. Sin duda su hermandad estuvo cimentada en los eventos que experimentaron juntas. Es lindo pensar en cómo estas mujeres se han de haber animado entre sí en su fe, especialmente después de que Jesús ascendió al cielo. A pesar de sus diferentes trasfondos y estilos de vida, estas dos Marías descubrieron y alimentaron una conexión significativa y llena de propósito.

Edificando sobre intereses comunes

¿Cuáles son algunas de las maneras en que nos conectamos con otras personas? Pensemos por un momento en los lazos comunes que pueden llevar a una relación de conocidas al siguiente nivel. Ciertamente, los lazos espirituales, como los que conectaron a las dos Marías, son la primera opción en toda circunstancia. De hecho, los lazos espirituales son tan importantes, que hemos escrito un capítulo completo (capítulo12) acerca de ellos. Estos son algunos otros intereses comunes sobre los que podemos edificar las amistades.

Pasatiempos

"¿Qué? ¿Te encanta llenar libretas con recortes y recuerdos? ¡También a mí! Vamos a juntarnos para trabajar en nuestras libretas de recortes". ¡Una amistad potencial acaba de nacer! Los pasatiempos ofrecen una maravillosa base no solo para la amistad, sino para la diversión. Sea que te encante la alta cocina o hacer colchas de retazos o pintar cerámica, mantén los oídos y los ojos abiertos para ver quien comparte lo que te gusta. Anímate y sé tú quien comience la amistad. Programen un día para trabajar en su pasatiempo y llévenlo a cabo juntas de una manera creativa.

Deportes

¿Te gusta caminar o correr? Lo típico es que encuentres que a la gente le guste uno o lo otro. A todas nos vendría bien un poco de ejercicio, entonces, ¿por qué no planear salir juntas a caminar o a correr por el barrio? O pídele a una nueva amiga que te acompañe a jugar tenis, golf, sóftbol o fútbol. Vayan juntas a practicar tiro al plato o a levantar pesas. Desarrolla tus músculos mientras desarrollas tu amistad.

Intereses teatrales

¡El teatro, el teatro, a todos les encanta el teatro! Quizá seas aficionada al cine o a las obras de teatro. O puede ser que la ópera sea la cereza de tu pastel. Disfruta el espectáculo con alguien más, y pon el escenario para una nueva amistad.

Voluntariado

Servir a otros une a las mujeres. Si te sientes sola, ofrécete como voluntaria en un comité escolar o en una casa de asistencia. Es probable que encuentres una nueva amiga y que sea una bendición a lo largo del camino. Considera servir en la política; ¡el partido te necesita! Sirve en un comité de la iglesia o en un evento de la ciudad. Te vas a sorprender del número de conocidas que pueden convertirse en maravillosas amigas.

Libros

¿Viste a una mujer leyendo un libro de tu autor favorito? Entonces lee entre líneas: ¡tienen algo en común! Quizá quieran intercambiar libros o reunirse a tomar café y hablar sobre un libro que hayan acordado leer al mismo tiempo. Programen una cita en este momento para ir a la librería local y escoger su siguiente libro juntas.

Artes visuales

¿Conoces a alguien que esté tan impresionada con el impresionismo como tú? ¡Quizá hayas encontrado a otra aficionada al arte! Programen un viaje al museo de arte local o busquen una exposición que esté por visitar su región. Invita a tu nueva amiga a disfrutar una tarde de refinamiento cultural para hacer crecer sus intereses comunes.

Lazos de negocios

Quizá tú y otras mujeres tengan en común trabajar para la misma compañía o en el mismo edificio. Las circunstancias las han unido; y si están dispuestas, pueden desarrollar amistades sobre el lazo común de los negocios. Pon atención para ver hacia quien te acercas de forma natural cuando tú y tus colaboradoras comparten información acerca de su vida.

Por supuesto, estos no son los únicos lazos que conectan a la gente. Las cosas que podríamos tener en común con otras mujeres son demasiado numerosas para mencionarlas aquí. Hemos incluido en la lista estos pocos para estimularte a pensar en las amistades potenciales que existen a tu alrededor. Lo importante, no es tanto que descubras intereses comunes, sino más bien, que hagas algo con ellos. ¿Estás dispuesta a ser la que tome el paso inicial para ir más allá del círculo de conocidas y comenzar una buena amistad?

Un lazo difícil

Es divertido pensar en los lazos comunes que compartimos con otras mujeres basándonos en los pasatiempos, intereses y actividades. Pero algunas veces los lazos más profundos surgen cuando compartimos una tragedia o un problema con alguien más. De hecho, las peores situaciones pueden unir a la gente de maneras en que los buenos tiempos no pueden. Tomemos como ejemplo a los primeros cristianos. Bajo la mano de la persecución, su amor y su cuidado mutuo floreció. Su fe en Cristo y su compromiso resistió en los tiempos difíciles.

Recuerda el 9 de septiembre. La nación se unió, cruzando las barreras políticas, raciales y sociales, a causa de las horribles circunstancias de ese ataque terrorista. El pueblo estadounidense se unió, una sola nación bajo Dios, en una forma que no hubiera sido posible durante buenos tiempos. No es que deseemos que sucedan tragedias; pero si llegan a suceder, la unión de la gente puede proveer un rayo de luz y esperanza.

En 2 Corintios 1:3-7, Pablo habla del consuelo que le podemos dar a otros por medio del lazo común del sufrimiento:

> Bendito sea el Dios y Padre de nuestro Señor Jesucristo, Padre de misericordias y Dios de toda consolación, el cual nos consuela en todas nuestras tribulaciones, para que podamos también nosotros consolar a los que están en cualquier tribulación, por medio de la consolación con que nosotros somos consolados por Dios. Porque de la manera que abundan en nosotros las aflicciones de Cristo, así abunda también por el mismo Cristo nuestra consolación. Pero si somos atribulados, es para vuestra consolación y salvación; o si somos consolados, es para vuestra consolación y salvación, la cual se opera en el sufrir las mismas aflicciones que nosotros también padecemos. Y nuestra esperanza respecto de vosotros es firme, pues sabemos que así como sois compañeros en las aflicciones, también lo sois en la consolación.

A menudo nos preguntamos por qué estamos pasando por una situación terrible o por una tragedia. Quizá nunca conozcamos toda la respuesta de este lado del cielo. Pero hay algo que sabemos:

Hay lugar en la hermandad para las semejanzas y las diferencias, para las diferencias sutiles que desafían y deleitan; hay lugar para la decepción y la sorpresa. —Christine Downing

podemos tener compasión y ayudar a otras si nosotras hemos pasado por una pérdida o por un dolor similar.

Karol reflexiona: Cuando mi madre murió trágicamente, quería hablar con ciertas amigas que habían padecido la pérdida prematura de uno de sus padres. De alguna forma me ayudaba saber que se podían identificar. Nuestra tragedia común nos unió de una manera que nosotras no hubiéramos escogido. Pero nos necesitábamos. Antes de que mi madre muriera, no había experimentado una muerte en la familia. No tenía idea de cómo consolar a una amiga que estuviera llorando la pérdida de una ser querido. Ahora sí.

Kurt, el hijo de Beth, nació con el Síndrome de Golden Har, lo cual significa que tuvo numerosos defectos congénitos y enfrentó una multitud de cirugías. Mientras Beth esperaba que terminara una de las cirugías de Kurt, ella conoció a Susan, cuyo hijo, Terry, también tenía muchos desafíos físicos. Beth y Susan compartieron sus emociones, sus luchas y su dolor ese día. A lo largo de las semanas y meses que siguieron, se animaron entre sí y se ayudaron siempre que podían. Se formó un lazo único entre ellas que subsiste hasta hoy, dieciséis años después.

Como Beth y Susan, a menudo descubrimos maravillosas amistades del corazón cuando pasamos por momentos difíciles. Esa no es la manera en que escogeríamos comenzar una nueva amistad, pero entonces, ¿cuándo es que más necesitamos a nuestras amigas? Cuando la tragedia llegue a tu puerta, no te aísles, más bien, busca a las personas que hayan pasado por ese mismo camino antes que tú. Luego, cuando puedas, ayuda a alguien más a pasar por un camino igual de difícil. Las amistades que nacen fruto de la compasión son perdurables y verdaderas.

Una búsqueda placentera

¿Has tenido la oportunidad de conocer a Ana de Las Tejas Verdes? Quizá leíste su historia de niña. O es probable que se la hayas leído a tus propios hijos o que hayas visto el video. Si la conoces, entonces sabes que *Ana de Las Tejas Verdes* de Lucy Maud Montgomery es un libro que te alegra el corazón. Trata acerca de una huérfana pelirroja joven y vibrante que es adoptada por una pareja de ancianos. (Habían solicitado un niño para que trabajara en la granja, pero, por error, les enviaron a Ana). La serie de libros sigue las experiencias de Ana a medida que vence obstáculos y aprende a controlar su espíritu voluntarioso.

En una gran medida, el libro se trata de relaciones. Ana le da un valor sumamente alto a sus amistades. Cuando encuentra personas con las que se puede conectar, les da el bendito estatus de "espíritus afines". Ana llega a tener muchos espíritus afines; no obstante anhela una amiga del alma, la amiga más cercana y más querida. Finalmente, encuentra esa "amiga del corazón" en Diana. Las dos niñas comparten sus secretos más íntimos, sus esperanzas, sus sueños, sus temores y sus miedos. Se unen como hermanas de por vida, y nada las puede vencer.

Todas podemos obtener algunas señales de parte de Ana. Ella mantenía los ojos abiertos para encontrar esos momentos ajá en los que una conocida entraban en su círculo más cercano de espíritus afines. ¡Estas amigas eran verdaderos tesoros! Y luego, con determinación y decisión, descubrió a su amiga del alma. Ella apreció, apoyó y animó a Diana en las buenas y en las malas. Ana tenía la mirada lista para ver las muchas amistades potenciales en su vida; y un corazón dispuesto para nutrir esas amistades con profunda devoción.

Nosotras también podemos desarrollar nuevas amigas de nuestro inventario de conocidas. Podemos encontrar a esa amiga del alma especial que va a permanecer con nosotras en las buenas y en las malas. Todo lo que necesitamos es tener la mirada lista y el corazón dispuesto, así como Ana.

Hazlo. Levanta tus "antenas de la amistad" para que puedas detectar las relaciones que tienen el mayor potencial. Luego toma los pasos necesarios para edificar sobre los lazos comunes que descubras. Como dice el dicho: "Depende de mí que suceda". Sé una amiga positiva, y con toda seguridad las amigas positivas te encontrarán.

Punto de Poder

⚙ **Lee:** Marcos 15:40; 16:11. Imagínate a estas mujeres mientras iban hacia la tumba con sus especias, hablando acerca de qué iban a hacer con la piedra en la entrada de la tumba. ¿Qué crees que se dijeron? ¿Qué crees que se dijeron o qué hicieron en su camino de regreso a decirles a los discípulos las buenas noticias? ¿Tienes una amiga con quien te hayas unido por medio del dolor o de la alegría?

♡ **Ora:** Precioso y maravilloso Padre celestial, te alabo por la bendición de tener amigas. Te doy gracias por las hermanas que has traído a mi vida por medio de los lazos comunes de la amistad. Ayúdame a reconocer los momentos ajá cuando sucedan, y dame la sabiduría de edificar sobre ellos. Por favor, trae personas nuevas a mi vida con quienes me pueda conectar. Bendice a mis amistades y ayúdalas a crecer y a desarrollarse en calidad y en profundidad a lo largo de los años. Gracias por ser mi amigo más cercano. En el nombre de Jesús, amén.

💡 **Recuerda:** Hebreos 13:1: "Permanezca el amor fraternal".

☺ **Practica:** Escribe los nombres de algunas conocidas en este momento. Ora y pídele a Dios que te muestre con quien podrías tener un lazo común. Considera las maneras en que puedes edificar sobre ese lazo y toma el primer paso hacia lograr que suceda.

De mujer a mujer

La belleza de las amistades a lo largo de las épocas

He aprendido que tener una buena amiga es el regalo de Dios más puro de todos, porque es un amor que no se puede pagar.

—Frances Framer

Imagínate lo siguiente. Es sábado en la noche. Estás sola. Tu casa está perfectamente limpia: ni un plato en el lavabo, ni una toalla sin doblar. Incluso el cajón para cosas inservibles de la cocina está limpio y organizado. Fuera de tu ventana, está cayendo la nieve a cuenta gotas. Te acurrucas en el sofá con tu pijama más cómoda, con una taza de chocolate caliente en la mano y te preparas para ver un maratón de varios episodios de la comedia más grande de todos los tiempos: *Yo quiero a Lucy*.

¿El solo imaginar una noche así no te hace sonreír? No podemos evitar reírnos a carcajadas cuando recordamos algunos de los momentos más memorables entre Lucy y Ethel que nos han divertido a lo largo de los años. Las dos amigas siempre parecían encontrar la forma de meterse en algún problema con el que la mayoría de nosotras podemos identificarnos. Como: caer presas de un ataque de compras y luego esconder los paquetes en el armario e irlos sacando uno por uno para que el marido no sospeche, o: simplemente, meterse el pie en la boca incontables veces. Sus problemas también eran nuestros problemas. Todas llegamos a sentir afinidad y afecto por este dúo especial.

Pero piénsalo: ¿cómo fue que Lucy y Ethel se metieron en nuestro corazón? ¿Qué tenía la química que había entre ellas que nos llegaba hasta el alma?

Lucy y Ethel no tenían una amistad perfecta, solo por el hecho de que estas dos damitas estaban lejos de ser personas perfectas. Lucy (espontánea, distraída, desafiante e imprudente) siempre estaba involucrando a Ethel en uno de sus planes traviesos sacándola de su zona de comodidad. Mientras que Ethel (metódica, organizada, cauta y tímida) tendía a ver la vida desde la perspectiva del vaso medio vacío y, por lo tanto, muchas veces le aguaba la fiesta a Lucy. ¡Pero que bien se compensaban entre sí! Y no porque Lucy alguna vez escuchara alguna de las advertencias de Ethel, sino porque mientras Lucy, de manera desordenada, dirigía el camino hacia su objetivo, determinada a obtener lo que ella quería, Ethel la seguía fielmente como una soldada y la ayudaba a salir de sus aprietos. Verdaderamente estas dos amigas estaban comprometidas entre sí. Y la vida de ambas fue realmente enriquecida a causa de ese compromiso en el que compartieron alegrías, dolores, momentos vergonzosos y aventuras sin brújula.

Hay algo glorioso y único acerca de los lazos que unen el corazón de las mujeres. Estos lazos vienen en varias medidas, fuerza, colores y materiales. Así tiene que ser. Porque todas somos sumamente distintas. Aunque Lucy y Ethel al parecer eran de la misma edad, sus personalidades eran dramáticamente opuestas y necesitaban un lazo único que tomara sus diferencias en cuenta.

La edad, la raza, el estado civil, la carrera elegida y la personalidad no limitan la amistad entre mujeres. Muchas veces nos unimos no porque seamos semejantes, sino porque podemos suplir una necesidad en la vida de la otra. Así como Lucy y Ethel le daban equilibrio emocional a la otra, nuestras amigas más cercanas muchas veces nos complementan de una manera especial, dándonos fuerza en áreas en las que somos débiles. Estas amistades positivas son escasas y valiosas. Y están disponibles para todas nosotras.

La travesía de la amistad

Reflexionar en la belleza de las amistades a lo largo de la historia nos anima a valorar y a fortalecer los lazos de la hermandad en nuestra propia vida. Nos enseña cómo y por qué ciertas relaciones funcionan. Así que vayamos a los días de la antigüedad para comenzar nuestra travesía. A lo largo del camino, mantengamos los ojos bien

Mi amigo es la persona a la que puedo identificar con mis mejores pensamientos. —Henry David Thoreau

abiertos para encontrar las maneras en que las amistades positivas cambiaron la vida de las mujeres que han producido un impacto en nuestro mundo.

Amigas en la Biblia

La Biblia contiene muchas historias maravillosas acerca de la amistad entre mujeres. En el capítulo pasado estudiamos el lazo de hermandad entre las dos Marías, quienes llegaron a unirse por su fe común en Cristo. En este capítulo consideraremos la amistad de muchas otras.

Durante un tiempo oscuro en la historia de Israel, resplandeció una preciosa luz de amistad. La historia de hecho comienza con una hambruna severa en la tierra de Judá. Un hombre llamado Elimelec de Belén se llevó a su esposa y a sus dos hijos a vivir al país de Moab. Los dos hijos se casaron con muchachas moabitas. Lamentablemente, fue solo cuestión de tiempo para que Elimelec y sus hijos murieran dejando a las dos muchachas moabitas con su suegra Noemí. Cuando las tres volvían a Judá, Noemí se detuvo y les dijo a las muchachas que volvieran a sus familias. Las tres lloraron amargamente, ya que no querían separarse.

Una de las dos muchachas, Rut, decidió quedarse con Noemí. Fue en ese momento que Rut hizo uno de los votos más hermosos de lealtad en la historia. "No me ruegues que te deje, y me aparte de ti; porque a dondequiera que tú fueres, iré yo, y dondequiera que vivieres, viviré. Tu pueblo será mi pueblo, y tu Dios mi Dios. Donde tú murieres, moriré yo, y allí seré sepultada; así me haga Jehová, y aun me añada, que sólo la muerte hará separación entre nosotras dos" (Rut 1:16-17). Desde ese momento en adelante, una amistad llena de devoción brilló con fuerza entre las dos mujeres.

Rut y Noemí se animaron y se ayudaron entre sí en su viaje de regreso a Belén. Dios le dio a Rut un nuevo esposo maravilloso llamado Booz. Pronto tuvieron un bebé y Noemí amorosamente se mantuvo cerca de ellos y cuidó del bebé como si fuera suyo. Es fácil ver que Noemí y Rut tenían un lazo de lealtad incondicional y cuidado amoroso entre sí. Las mujeres de su época describieron a Rut como la nuera que ama a Noemí y que fue de más valor para ella que siete hijos (Rut 4:15). Una probablemente podría decir: "El matrimonio las hizo nuera y suegra, pero la devoción leal las hizo amigas".

Ahora vayamos al primer capítulo de Lucas, un capítulo que tendemos a etiquetarlo como el de las anunciaciones celestiales de los nacimientos de Juan el bautista y de Jesús. Pero si volvemos a considerar este pasaje de la Escritura, descubrimos que también tiene que ver con una amistad entre dos mujeres que definieron la historia.

María y Elisabet eran primas, vivían en pueblos distintos y quedaron embarazadas de forma extraordinaria casi al mismo tiempo. Elisabet era bastante vieja y había sido estéril durante años; no obstante, Dios la escogió para ser la madre de Juan el Bautista, el profeta que prepararía el camino a Jesús. María, por otro lado, era bastante joven y era virgen; no obstante, Dios la escogió para tener a su Hijo. Las dos mujeres eran mucho más que parientes. Eran amigas del alma, porque compartían un lazo único y profundo: cada una llevaba en su vientre a un niño milagro.

Vamos a recordar el relato de su saludo como se encuentra en Lucas 1:39-45:

> En aquellos días, levantándose María, fue de prisa a la montaña, a una ciudad de Judá; y entró en casa de Zacarías, y saludó a Elisabet. Y aconteció que cuando oyó Elisabet la salutación de María, la criatura saltó en su vientre; y Elisabet fue llena del Espíritu Santo, y exclamó a gran voz, y dijo: Bendita tú entre las mujeres, y bendito el fruto de tu vientre. ¿Por qué se me concede esto a mí, que la madre de mi Señor venga a mí? Porque tan pronto como llegó la voz de tu salutación a mis oídos, la criatura saltó de alegría en mi vientre. Y bienaventurada la que creyó, porque se cumplirá lo que le fue dicho de parte del Señor.

¡Qué bendición le dio Elisabet a María! No le dijo ni una palabra de desánimo, aun y cuando el embarazo de María era probablemente un escándalo público. Más bien, las palabras de aliento se derramaron por entre los labios de Elisabet directamente del corazón de Dios. Siempre que la duda entrara en la mente de María mientras llevaba al niño Jesús a término, todo lo que tenía que hacer era recordar la salutación de su prima para recordar el propósito y la fidelidad de Dios para con ella.

De acuerdo con Lucas 1:56, María y Elisabet de hecho vivieron juntas durante varios meses. (¿No te da lástima Zacarías, el esposo de Elisabet? ¡Tenía que cuidar a dos mujeres llenas de hormonas al mismo tiempo!). Cuando María llegó a vivir con su prima, estaba en su primer trimestre y Elisabet en el último. Sin duda, las dos podían ponerse en el lugar de la otra con respecto a los malestares normales del embarazo. Probablemente, las dos sentían náusea, tenían los tobillos inflamados, dolores lumbares y un sentimiento perpetuo de cansancio general.

Además de sus dificultades físicas, ambas mujeres tenían que luchar con las miradas indeseables y el chismorreo de sus conocidos, amistades y parientes. ¿Puedes escuchar las lenguas siseando?

—¿Lo puedes creer? ¡Esa pareja de ancianos por fin van a tener un bebé! ¡Pobre niño, todos van a pensar que sus *abuelos* vinieron a ver sus juegos de fútbol!

—¡Qué escándalo! El viejo sacerdote y su esposa le dieron alojamiento a su prima inmoral. ¿Ya sabías que está embarazada, no? Oí que su prometido está triste y decepcionado. Él dice que no es el padre. ¡Debería hacer lo que la ley dice y apedrearla a muerte!

—Siempre pareció ser una niña buena. Pero la verdad siempre sale a relucir. Qué desgracia.

Estas mujeres preciosas estaban dispuestas a ser usadas por Dios en formas que finalmente cambiarían el futuro de toda la humanidad. Pero no iba a ser fácil para ellas. Aunque el plan de Dios para nosotras siempre es perfecto, no todo el tiempo es un camino fácil de recorrer. Gracias a Dios, Él es fiel para equiparnos física, mental, espiritual y emocionalmente para la travesía. ¡Cuán amoroso es Él! Él sabía perfectamente lo que iban a enfrentar María y Elisabet. Sabía que se iban a necesitar entre sí.

Cuando el ángel llegó con María y le dijo que daría a luz, María estaba perpleja y atónita y preguntó: "¿Cómo será esto? pues no conozco varón".

El ángel le explicó en Lucas 1:35: "El Espíritu Santo vendrá sobre ti, y el poder del Altísimo te cubrirá con su sombra; por lo cual también el Santo Ser que nacerá, será llamado Hijo de Dios".

Entonces el ángel prosiguió y dijo algo más. Dios sabía que María tendría otras preguntas (preguntas más profundas) en su corazón. Con toda seguridad ella estaba pensando: *¿Cómo voy a lograrlo?* En su ternura, Dios dirigió al ángel para que le diera a María este pequeño fragmento adicional de buenas noticias: "Y he aquí tu parienta Elisabet, ella también ha concebido hijo en su vejez; y este es el sexto mes para ella, la que llamaban estéril; porque nada hay imposible para Dios" (Lucas 1:36-37). ¡Dios le había dado a María una amiga para ayudarla a soportar la carga!

Desde ese punto en adelante, estas dos amigas pudieron compartir el gozo de saber que eran colaboradoras (de forma bastante literal, con perdón de la expresión) del Dios del universo. Ciertamente, se ayudaron entre sí con los aspectos agotadores y a veces sin importancia de llevar un hogar. Pero lo más importante fue que se apoyaron y se alentaron entre sí durante los días difíciles. Se levantaron el ánimo al compartir las luchas y las alegrías que vienen con la vida. ¡Que todas encontremos amigas tan queridas!

Un compromiso sin par

Probablemente no existe una mejor amistad en la historia de Estados Unidos que la de Helen Keller (1880-1968) y su maestra dedicada y amiga, Anne Mansfield Sullivan (1866-1936). Aunque ella misma era parcialmente ciega, Anne le enseñó a Helen (quien perdió la vista y el oído antes de cumplir dos años) con una dedicación y amor sin rival. Por medio del sentido del tacto, abrió el mundo de Helen a la vida y al aprendizaje. Helen más tarde se inscribió al bachillerato y a la universidad, y se graduó de la Universidad Radcliff en 1904. Su amistad permanente continuó hasta la muerte de Anne.

¿Por qué Helen y Anne se unieron tan profundamente? Por su *compromiso.* En lo profundo de los lazos de la hermandad siempre está presente darse una misma completamente a la otra persona. Anne se dedicó al mejoramiento de Helen Keller y trajo nueva luz al mundo de Helen. Los ojos de Helen quizá permanecieron en oscuridad, pero gracias a Anne no tuvo que vivir con una mente en tinieblas o con un espíritu en cautiverio. Y su amistad no era unilateral. Helen trajo propósito, sentido y realización a la vida de Anne Sullivan. ¡Que

Mejores son dos que uno; porque tienen mejor paga de su trabajo. Porque si cayeren, el uno levantará a su compañero; pero ¡ay del solo! que cuando cayere, no habrá segundo que lo levante. —Eclesiastés 4:9-10

cada una de nosotras enriquezca nuestra vida y la vida de otras por medio de amistades dedicadas y comprometidas!

Hermanas trabajando

Corrie ten Boom (1892-1983) fue una mujer holandesa quien, junto con su familia, abrió su casa como refugio para los judíos durante la Segunda Guerra Mundial. Su valentía y sacrificio la llevaron a un campo de concentración alemán, donde su fe en Dios le hizo sobrellevar mucho dolor y miedo. Su historia se narra en la novela best seller *El refugio secreto* de John y Elizabeth Sherrill, el cual se convirtió más tarde en una película popular del mismo nombre.

Después de la guerra "Tante Corrie", como la llamaban de cariño ("Tante" es la palabra holandesa para *Tía*), comenzó a dar conferencias alrededor del mundo, relatando lo que Dios le enseñó durante los años que estuvo en la cárcel. En 1967 su ministerio seguía firme, a pesar del hecho que ya no era una joven alta de cabello castaño, sino más bien una mujer encorvada de ochenta y tres años con el cabello plateado y un corazón débil. Ahora bien, a causa de su edad, de su salud y de su horario de trabajo, ella necesitaba que alguien la ayudara.

A través de una serie de sucesos y en el tiempo perfecto de Dios, una joven soltera de treinta y dos años entró a la vida de Corrie. Pam Rosewell Moore, quien era más de cincuenta y cinco años más chica que Corrie ten Boom, tomó la responsabilidad y el título de "compañera" con el fin de hacer avanzar el ministerio que Dios había planeado no solo para Corrie, sino también para Pam. Pam llegó con Corrie después de haber sido asistente del hermano Andrés, el autor del conocido libro *El contrabandista de Dios*. El hermano Andrés había pasado muchos años introduciendo Biblias de contrabando a los países detrás de la cortina de hierro, y Pam tuvo el privilegio de servirlo durante siete de esos años. Ahora Pam tenía una nueva misión. Pero Dios había planeado mucho más para su relación con Corrie que solamente una relación de trabajo.

Terry Ann reflexiona: Yo he tenido el privilegio de conocer a Pam Rosewell Moore como amiga y como colega en la universidad Dallas Baptist University, y he tenido la dicha de escucharla hablar acerca de su relación especial con Corrie ten Boom. Esto es lo que Pam me dijo cierta en ocasión en su delicioso dialecto británico de pronunciación suave acerca de su querida amistad:

Tante Corrie fue una mujer holandesa fuerte, y una característica de las holandesas es que son sumamente francas. Tante Corrie era bastante franca, y en ocasiones eso fue difícil para mí.

Tengo que decirte que no siempre es fácil tomar el papel de sirviente. Mi meta en la vida no era ser la compañera y la asistente de una anciana. Tenía deseos propios de casarme y tener una familia. Pero el Señor sabía lo que era mejor para mí.

Con el tiempo, nuestra relación cambió. Se convirtió en una amistad. Podía servir a Corrie con libertad porque era mi amiga. Y Corrie estaba realmente interesada en mí. Ella quería lo mejor de Dios para mi vida; así que, aunque tenía que representar un papel de servidumbre, siempre supe que me veía con la misma importancia que ella en el trabajo que hacíamos para el Señor.

Algunas personas me vieron como alguien que vivía a la sombra de la sumamente famosa Corrie ten Boom. Pero yo sabía que era la confidente de Corrie. Ella me confiaba sus pensamientos y las historias íntimas de su pasado. Mientras pasaba en limpio el manuscrito de su devocional best seller *Each New Day* (Cada nuevo día), Corrie me preguntó: "¿Ya cubrí todo lo importante?". Yo creía que podría haber incluido más información acerca de la gracia de Dios. Ella meditó seriamente en mi sugerencia y luego se fue directo a hacer las adiciones. Ella no era tan orgullosa como para no permitirle a la persona que la servía que le hiciera algunas sugerencias acerca de su trabajo.

A través de nuestra relación aprendí de qué se trata la verdadera amistad y la verdadera lealtad. Estuve con Corrie durante sus "años de tranquilidad" después de el infarto que la llevó a la muerte en 1983. En momentos los días y los meses parecían durar una eternidad. Llegué a disfrutar bendecir a Tante Corrie por medio de darle masaje en los pies y pintarle las uñas. Me di cuenta de que ese acto de servicio hacia mi amiga fue un acto de adoración a mi Señor.

¡Que bello ejemplo de una amistad positiva, alentadora y sacrificial! Todas haríamos bien en tener una amiga así, o ser una amiga así.

Lo que sabemos de las amigas

De vez en cuando recibes una carta por correo electrónico que se te queda en la memoria. Esta es una que realmente nos gusta. Tristemente no sabemos a quién atribuirle estas palabras profundas. Pero hablan maravillosamente de la esencia de la amistad entre "nosotras las mujeres":

Me senté debajo de una árbol en el caliente sol del verano un día, con un vaso de té helado y la compañía de mi nueva cuñada. No era mucho mayor que yo, pero ya era mamá de tres niños y me parecía experimentada y sabia. "Consíguete algunas amigas", me sugirió, mientras hacia girar los cubos de hielo en su vaso. "Vas a necesitar amigas. Sal con ellas; haz cosas con ellas".

Qué consejo tan gracioso, pensé. ¿Qué no me acababa de casar? ¿Qué no acababa de entrar al mundo de las parejas? Era una mujer casada, por bondad de Dios, no una jovencita que necesitaba amigas. Pero escuché a esta nueva cuñada. Me conseguí algunas amigas. Y con el tropezar de los años, uno tras otro, gradualmente llegué a entender que ella sabía de lo que hablaba. Esto es lo que sé acerca de las amigas:

- Las amigas te traen comida y te lavan el baño cuando estás enferma.

- Las amigas cuidan a tus hijos y guardan tus secretos.

- Las amigas te dan consejos cuando se los pides. Algunas veces haces lo que te dicen y otras veces no.

- Las amigas no siempre te dicen que tienes razón, pero suelen ser honestas.

- Las amigas te siguen amando, incluso cuando no están de acuerdo con tus decisiones.

- Las amigas quizá te envíen una tarjeta de felicitación en tu cumpleaños o quizá no. Pero eso realmente no tiene ninguna importancia.

- Las amigas ríen contigo, y no necesitas decir chistes para comenzar a reírte.

- Las amigas te sacan de aprietos.

- Las amigas no llevan la cuenta de quién fue la que puso la casa la última vez.

- Las amigas te apoyan, de inmediato y verdaderamente, cuando llegan los tiempos difíciles.

- Las amigas escuchan cuando tu corazón se rompe.

- Las amigas escuchan cuando la mente y el cuerpo de tus padres falla.

- Mis amigas bendicen mi vida. Una vez fuimos jóvenes, sin tener idea de las alegrías increíbles o de las increíbles tristezas que nos esperaban. Ni tampoco sabíamos lo mucho que nos íbamos a necesitar.

La autora de esta carta entendía bien el asunto. ¡Lucy y Ethel hubieran estado totalmente de acuerdo! Todas necesitamos amigas positivas.

La verdad es que, las amistades entre mujeres no se dan por casualidad. Al parecer las amigas llegan a nuestra vida por accidente, pero ese nunca es el caso realmente. Las verdaderas amigas son un regalo de Dios. El deseo de nuestro Padre celestial para nosotras es que tengamos amigas significativas que nutran nuestra alma, porque sabe que las amigas se apoyan, se alientan, se bendicen y se sirven entre sí en maneras que nadie más puede hacerlo.

Dios le dio a María su Elisabet. Le dio a Helen Keller su Anne Sullivan y a Corrie ten Boom su Pam Rosewell Moore. Podemos estar seguras de que si se lo pedimos, Él va a traer maravillosas amigas positivas a nuestra vida también.

Punto de Poder

🌸 **Lee:** Lucas 1. Reflexiona en la amistad entre Elisabet y María. ¿Qué aspectos de su relación notas que nunca habías visto antes? ¿Te ha dado Dios una amistad como esta?

💗 **Ora:** Oh, glorioso y maravilloso Padre, eres mi proveedor y mi ayudador. Gracias por las cualidades únicas que me has dado como mujer. ¡Que las use para desarrollar relaciones más profundas y permanentes con otras! Gracias por las amigas y los espíritus afines que has traído y que traerás a mi vida. Ayúdame a ser una bendición y a servir para animarlas. Enséñame a ser una amiga devota y comprometida. Ayúdame a estar dispuesta a salir de mi zona de comodidad para ayudar a una amiga de quienes son distintas a mí. Te lo pido en el nombre de Jesús, amén.

💡 **Recuerda:** Eclesiastés 4:9: "Mejores son dos que uno; porque tienen mejor paga de su trabajo".

☺ **Practica:** Dibuja una línea de tiempo para tu vida señalando en ella los sucesos más importantes desde tu nacimiento hasta el presente. ¿Quiénes fueron tus buenas amigas y tus amigas del alma durante la escuela? ¿Y después de la escuela media-superior? Mientras reflexionas en las amigas que Dios ha traído a tu vida, agradécele por esas personas especiales. Ora por sus necesidades y agradécele por estas personas especiales en este momento, donde quiera que estén. Escoge a una de ellas y trata de contactarla por teléfono o por correo para hacerle saber que has estado pensando en ella. Dile que estás agradecida por su amistad.

Principio poderoso #2

EL
PODER
DE
ANIMAR

Las palabras agradables hacia otros pueden producir un impacto permanente, e incluso eterno, para bien.

—Kenneth Parlin

La responsabilidad más alta del hombre es animar a los demás

—Chuck Swindoll

Animadoras

Sé la mayor fanática de tu amiga

Hay tantas heridas que nos infligen las circunstancias y el mundo;
necesitamos el refuerzo constante del ánimo.

—Billy Graham

Rimar, rimar, rimar, ¿quiénes son a todo dar? ¡Las amigas de verdad!

Todas necesitan buenas animadoras. Cuando éramos niñas, comíamos de los aplausos de nuestros padres: "Puedes lograrlo. ¡Estás haciendo un trabajo excelente! ¡Estamos tan orgullosos de ti!". Ahora que ya crecimos nuestros padres no siempre están cerca para levantarnos el ánimo. En ese momento es cuando necesitamos amigas positivas.

¡No hay una sola persona en el mundo que no necesite una amiga positiva! Todas necesitamos sentirnos apreciadas y valoradas por alguien. Todas necesitamos que nos animen en nuestro peregrinar. Pero tristemente, esta necesidad se queda sin satisfacer en muchas de nosotras. Cuando damos una conferencia en los grupos de mujeres alrededor del país sobre el tema de la amistad, escuchamos una petición constante. Las mujeres en todas partes nos dicen: "Necesito a alguien que me levante, que ría conmigo y que me anime. Quiero una amiga positiva".

Una amiga positiva es alguien que nos anima; quien ve quienes somos, que nota las cosas que hacemos y que nos dice: "Bien hecho, amiga". Ese ánimo es tan crucial para nuestras almas que algunas de nosotras vamos a hacer todo lo necesario por obtenerlo.

Terry Ann reflexiona: Por ejemplo, yo. Déjenme comenzar diciendo que estoy casada con un marido fabuloso. Me enamoré de este guapísimo hombre musculoso que mide 1.95, tiene los ojos azules y cabello rubio, cuando ambos teníamos 26 años. ¿Quién se podría imaginar que Dios, en toda su sabiduría y sentido del humor, haría que este hombre fuerte, callado, de pocas palabras se enamoraría de una mujer que se gana la vida utilizando su talento comunicativo como conferencista y conductora de un programa de radio de entrevistas? Me gusta expresarme con libertad y con regularidad; ¡y lo que es más como ex instructora universitaria de comunicación, les enseño a otros a hacer lo mismo! Lo anterior es para decir que en varias ocasiones de nuestra vida matrimonial me he sumido en la autolástima. Sentía que Jay no me apreciaba porque le era bastante difícil decirme específicamente las cualidades que él veía y que admiraba en mí.

Me tomó años, pero finalmente encontré la solución para prevenir mis ataques de melancolía matrimonial. Jay y yo habíamos salido de la ciudad para celebrar nuestro décimo cuarto aniversario. Todo era perfecto: un clima fabuloso, sin niños, un hotel de primera, sin niños, buenos restaurantes, sin niños, un descanso delicioso, sin niños. Solo me faltaba una cosa. Anhelaba que Jay me susurrara frases dulces al oído, pero no obtuve lo que deseaba.

Fue en ese momento que me llegó la idea. Yo sé que Jay me ama. Todo lo que necesitaba era una ayudadita para expresar sus palabras de ánimo y confirmación.

Comencé diciéndole:

—Amor, realmente necesito saber que todavía estas locamente enamorado de mi y que admiras bastante todos mis atributos sumamente maravillosos. Así que voy a decir lo que espero que tú sientas por mí, y todo lo que tienes que decir es: "Estoy de acuerdo".

Jay sonrió.

—¡Adelante! –dijo.

—Para ser una mujer de cuarenta y tantos años me veo bastante bien.

—Estoy de acuerdo.

—Soy muy buena para manejar el horario de nuestros cinco hijos.

—Estoy de acuerdo.

—Tengo una personalidad extrovertida y divertida.

—Estoy de acuerdo.

—No hay otra mujer para ti más que yo, y estás loco por mí.

—Estoy de acuerdo.

Esa es la idea. ¡Fue increíble! ¡Entre más pronunciaba las palabras de ánimo que deseaba escuchar de la persona más importante de mi vida, más amada me sentía; y solo porque él decía "Estoy de acuerdo"! Nos reímos un buen rato, y Jay entendió el punto: las mujeres, más bien toda la gente, necesitamos ánimo verbal significativo.

Cada una de nosotras tenemos la habilidad de ofrecerles este tipo de confirmación a los demás. Lamentablemente, en nuestro mundo apresurado, a menudo fallamos en ser amigas positivas. La compañera de trabajo que llega temprano para asegurarse de que todas tengamos café en la oficina, la maestra que se toma tiempo extra después de clases para guiar a nuestros hijos, la cartera que siempre tiene una sonrisa cálida y que nos saluda de lejos cuando trae el correo; todas estas son personas que necesitan palabras de ánimo así como nosotras, si es que podemos notarlo.

Es triste pero la verdad es que la mayoría de nosotras somos rápidas para criticar pero lentas para levantar. Nos quejamos con el gerente del restaurante si la mesera no nos sirve bien. Pero, ¿cuántas veces solicitamos ver al gerente para felicitar a un empleado que fue más allá del llamado del deber para asegurarse de que nuestra cena fuera perfecta? ¿Por qué es así? ¿Por qué es difícil para nosotras animar a otras siendo que disfrutamos tanto recibir palabras de ánimo nosotras mismas? Podemos esgrimir la excusa de que estamos demasiado ocupadas. ¿Pero, entonces, por qué al parecer siempre nos damos tiempo para quejarnos? Si decimos: "Simplemente ni me doy cuenta", probablemente sea lo más cercano a la verdad.

Vamos a crear un nuevo hábito. Decidamos convertirnos en mujeres de aliento; mujeres cuya meta sea dar ánimo desde las bandas cuando nuestra familia y nuestros amigos se enfrenten con el difícil y desalentador juego de la vida. Ser una animadora es más sencillo

El alma generosa será prosperada; y el que saciare, él también será saciado. —Proverbios 11:25

de lo que nos imaginamos. Las siguientes palabras del libro de Cheri Fuller *The Fragrance of Kindness* (El perfume de la amabilidad) son tan ciertas: "Solo era una sonrisa brillante, y no costó mucho expresarla. Pero como la luz de la mañana, hizo a un lado la noche e hizo que el día valiera la pena vivirse".[1]

John Hay dijo en cierta ocasión: "Los amigos son la luz de la vida".[2] Las amigas positivas traen luz a nuestra vida y fuerza a nuestra alma por medio de su ánimo y su amor. Son un refrigerio para nosotras y no nos consumen.

¿Animadora o desanimadora?

¿Has notado que ciertas amigas en tu vida te hacen sentir como una mejor persona cuando estás con ellas? Quizá es la manera en que sonríen o las palabras amables que dicen; algo en ellas hace que su presencia en tu vida sea una fuente constante de ánimo y bendición. Lamentablemente, no todas las amistades producen el mismo efecto. Probablemente tengas otras amigas que cuando estás con ellas al parecer te absorben la vida. Quizá son sus quejas constantes, o la manera en que te miran. Sus palabras y su talante, la mayoría de las veces, expresan juicio en lugar de aceptación, y sales de su presencia sintiéndote cansada y desinflada.

Toma un momento para reflexionar en tu círculo íntimo de amigas. Cuando enfoques mentalmente a cada una de ellas, pregúntate: *¿Si estuviera construyendo una casa ella estaría entre el personal de construcción o entre el personal de demolición?* Las constructoras consideran un proyecto, en este caso a ti, y ven posibilidades infinitas. Ven la belleza que ya está presente y la potencial que yace dentro. Por otro lado, la gente del personal de demolición no les importa la belleza; su preocupación es lo que está mal y que necesita cambiar. Están listas y dispuestas a señalarte cómo podrías haber hecho algo mejor o de una forma distinta. La gente del personal de demolición siempre se está quejando de algo. ¡De alguna forma, en lugar de hacer limonada con los limones terminan chupando limón!

Una amiga constructora

Beth es una amiga que construye. Cuando la llamas, siempre está feliz de escucharte, aunque sabes que está sumergida hasta el tope en ropa que lavar y en el cuidado de sus hijos. Casi puedes escucharla sonreír en el teléfono por su tono de voz. Ella es una verdadera animadora. Cada conversación está saturada de pensamientos amables y edificantes. Te regaña cuando es necesario y con gentileza te hace saber cuando no está de acuerdo con tus acciones, mientras todo el tiempo cubre sus palabras con amor, preocupación y amabilidad.

Ella es el tipo de persona que cuando tienes una nueva idea te apoya. Quizá te haga algunas sugerencias, pero las recibes de la mejor manera ya que estás convencida de que tiene tu conveniencia en su corazón. Beth no solo tiene palabras buenas para ti; también dice cosas buenas acerca de tu familia. Está completamente consciente de que tu esposo y tus hijos no son perfectos, y sin embargo, siempre encuentra cosas buenas que decir que ayudan a tus seres queridos en el buen sentido.

Karol reflexiona: Beth recientemente me dijo esto acerca de mi hija: "Grace ilumina la habitación con su sonrisa. Hace que todos se sientan importantes, como si fueras la única persona en la habitación". Este comentario no podría haber llegado en mejor momento, ya que Grace había comenzado a tener problemas con su autoestima. Cuando le comuniqué el comentario de Beth, a Grace se le levantó el ánimo. ¡Mi querida amiga constructora me trajo los ladrillos verbales correctos justo cuando los necesitaba!

Una amiga demoledora

Debbie (no es su verdadero nombre) es la típica aguafiestas. Ella no solo ve lo malo en ti y en tu familia, sino que además continuamente se queja y se lamenta de su propia vida. ¡No la llamarías exactamente un refrigerio para tu alma! Cuando ves su número telefónico aparecer en tu identificador de llamadas, piensas dos veces antes de responder. En una conversación típica con ella, escuchas una vez más como todo está mal en su vida y en la vida de sus familiares.

Gozaos con los que se gozan; llorad con los que lloran. —Romanos 12:15

También se asegura de que sepas acerca de los defectos de otras mujeres en tu círculo de amigas o de tus conocidas.

En lugar de tener ojos que busquen la esperanza o el potencial eterno, sus ojos están sobre los peligros y las tristezas potenciales. Cuando el día está soleado, hace demasiado calor. Cuando está nublado, está demasiado oscuro y de seguro va a llover. Mientras que Beth Edifica te llama por teléfono y te dice: "Que bonito día, ¿no?". Debbie Demuele te llama para que ores que una nube la cubra mientras esté en el zoológico con sus hijos porque no quiere que haga demasiado calor. Siempre encuentra fallas en la escuela y en la maestra, en la iglesia y en el predicador.

No nos malentiendas. No estamos diciendo que la crítica constructiva no tenga valor. Dónde estaríamos si no hubieran existido personas a lo largo de la historia que no estaban satisfechas con el "statu quo". Todos nos beneficiamos cuando alguien está dispuesto a corregir o a señalar un problema legítimo. ¡Pero la actitud lo es todo! Las animadoras siguen animando incluso cuando el equipo va perdiendo. ¡De hecho, es en ese momento cuando gritan con mayor fuerza sus coros de aliento!

El efecto dominó

Hace algunos años, una televisora local grabó y más tarde transmitió la demolición de un antiguo edificio de oficinas en la zona donde vivimos. Fue increíble ver como la gran bola demoledora se columpió en la grúa y le dio el golpe final a la magnífica vieja estructura. El edificio comenzó a desmoronarse con el impacto. A diferencia de un edificio que es destruido con dinamita (*¡kabum!* y adiós) una bola demoledora lo que hace es iniciar el proceso de destrucción. Luego el efecto dominó entra en acción y termina el trabajo. Sea por dinamita o por una bola demoledora, el resultado final es el mismo: un edificio destruido.

En cierta forma, así es como las amigas negativas afectan a las que están a su alrededor. A lo largo de cierto periodo, desgarran o desgastan la moral antes positiva que existía entre amigos y familia. Incluso pueden dañar organizaciones como iglesias, grupos de estudio bíblico y escuelas. Lo que comienza con dar algunos golpes aislados puede tener como resultado el desmoronamiento total de amistades individuales o relaciones organizacionales. ¿Qué es lo que queda entre el cascajo? Los restos de la confianza rota, reputaciones destruidas y amistades hechas pedazos.

Puedes leer acerca de algunos aguafiestas de peso completo en la Biblia. En Números 16, encontramos que Moisés estaba haciendo lo mejor que podía para llevar a cabo la difícil responsabilidad que Dios le había dado de dirigir al pueblo de Israel. De pronto vinieron Coré, Datán y Abiram, unos "amigos" insolentes y descontentos que decidieron levantarse contra Moisés. ¡E incluso juntaron a otros doscientos cincuenta y les pasaron su mentalidad de linchamiento! Estos tres "amigos" presumían de ser santos y cuestionaron la autoridad de Moisés. Gracias a Dios, Moisés verdaderamente deseaba la santidad del Señor y clamó a Él acerca de sus quejas; algo que Coré, Datán y Abiram deberían haber considerado.

¿Cómo vio Dios sus quejas? ¿Cómo le pareció el divisionismo que estos tres "amigos" provocaron entre el pueblo? Para decirlo con toda franqueza, no le agradó, y fueron consumidos con fuego del cielo.

Estos tres no son los únicos personajes de la Biblia que sabían como echarle a perder la fiesta a alguien. La Escritura está llena de expertos en demolición, como los "amigos" que desanimaron a Job, los que buscaban atemorizar a Nehemías o los que trataban de hacer tropezar a Jesús. ¡La mayoría de estos pesimistas probablemente ni siquiera se dieron cuenta de que estaban siendo negativos! Continuamente debemos revisar nuestras actitudes y nuestras acciones para asegurarnos de que estamos siendo de las que edifican y de las que levantan, no de las que demuelen y desaniman.

Cuando más se necesita animar a nuestras amigas

Queremos ser del tipo de mujeres que animen a otras. La pregunta es: ¿a quién? ¿Les aplaudimos solo a las que les está yendo bien, que están teniendo éxito en algún aspecto de la vida? Definitivamente, deberíamos tratar de señalar lo bueno que veamos en cada vida que toque la nuestra. No obstante, existen dos grupos especiales de personas que necesitan más de nuestras palabras de ánimo: aquellas que no tienen esperanza y aquellas que han sido juzgadas injustamente.

Ánimo para la malentendida

Bernabé fue un amigo "constructor" para el apóstol Pablo. Su mismo nombre significa "el que consuela". Nos topamos con Bernabé en Hechos 9, justo después de que Pablo (quien en ese momento era llamado Saulo) tuvo su dramático encuentro con Cristo en el camino a Damasco. La conversión de Pablo al cristianismo fue difícil de creer para algunos discípulos, y con toda razón. Hechos 9:1 nos dice que antes de su experiencia en el camino a Damasco, Pablo todavía iba "respirando aún amenazas y muerte contra los discípulos del Señor". Aparentemente, Pablo se había ganado su reputación. Él era famoso en esa zona. Su currículum incluía algunas actividades interesantes, como perseguir y asesinar gente por creer en Cristo como su Mesías.

Ciertamente, podemos comprender por qué muchos de los primeros cristianos desconfiaban un poco de Pablo, para decir lo menos. ¿Era su "conversión" solo una táctica para engañar a los creyentes y que después los pudiera entregar a las autoridades judías? En Hechos 9:13-14 vemos la respuesta de Ananías, un discípulo del Señor, cuando Dios le dijo que fuera con Saulo y orara por él: "Señor, he oído de muchos acerca de este hombre, cuántos males ha hecho a tus santos en Jerusalén y aun aquí tiene autoridad de los principales sacerdotes para prender a todos los que invocan tu nombre".

¿Podemos culpar a Ananías por no querer extenderle el tapete de bienvenida a Pablo cuando llegó a la ciudad? Pero Dios le habló a Ananías y le aseguró que la conversión de Pablo era genuina. Finalmente, Pablo pasó varios días con los discípulos en Damasco, predicando, enseñando y llevando a muchos a Cristo.

No pasó mucho tiempo para que los líderes judíos se hartaran del nuevo Pablo, y conspiraran para matarlo. Huyó a Jerusalén esperando unirse a los discípulos. De seguro tenía sus dudas acerca de la recepción que le darían. Probablemente estaba pensando: *Muy bien, Dios, iré a Jerusalén. Pero espero que tengas un plan, porque los cristianos de allá van a querer que corra sangre. Después de todo, les he causado dolor y sufrimiento a muchos de sus familiares y amigos.*

El ministerio de impacto mundial de Pablo podría haber sido verdaderamente de corta duración si no hubiera sido por un "animador" que llegó a la vida de Pablo en esta encrucijada crucial: Bernabé.

Como uno de los líderes cristianos de Jerusalén, Bernabé pudo ver en Pablo más allá del ex asesino. Vio a Pablo bajo una luz diferente: la nueva luz de Cristo. ¡Qué importante debió ser para Pablo! Él había cambiado y necesitaba que alguien lo viera con nuevos ojos. Él necesitaba que alguien lo mirara desde el punto de vista de Dios.

A medida que Pablo se acercaba a Jerusalén, seguramente iba pensando: *¿Quién irá a ser el que dé un paso de fe y me apoye? ¿Quién será el que esté dispuesto a defenderme de los demás para que pueda avanzar con una nueva perspectiva en la vida?* Su respuesta fue Bernabé, el consolador.

Hechos 9:26-27 nos dice: "Cuando llegó a Jerusalén, trataba de juntarse con los discípulos; pero todos le tenían miedo, no creyendo que fuese discípulo. Entonces Bernabé, tomándole, lo trajo a los apóstoles, y les contó cómo Saulo había visto en el camino al Señor, el cual le había hablado, y cómo en Damasco había hablado valerosamente en el nombre de Jesús".

En lugar de ver los pecados y los errores pasados de Pablo, Bernabé lo vio como una nueva creación que Dios podía usar para un gran propósito. Dejó de lado el pasado problemático de Pablo y creyó en su potencial.

Sin duda Bernabé era de los que animan porque estaba sintonizado con Dios. No veía a la gente desde la perspectiva humana. "No mires a su parecer, ni a lo grande de su estatura, porque yo lo desecho; porque Jehová no mira lo que mira el hombre; pues el hombre mira lo que está delante de sus ojos, pero Jehová mira el corazón" (1 Samuel 16:7). Podemos asumir que Bernabé, como Ananías, tenía "ojos piadosos" que podían ver más allá de la superficie en Pablo hasta el potencial que Dios le había dado.

¿Y tú? ¿Tienes ojos piadosos que ven más allá de la mugre y el lodo en las personas? ¿Puedes ver el poder de Dios y su potencial en acción? (¿No estás agradecida de que Dios nos ve así a *nosotras*?).

La verdad es que a medida que caminemos cerca de Dios cada día, vamos a comenzar a ver las cosas de una manera distinta. Empezamos a ver la vida desde una perspectiva eterna llena de esperanza en lugar de verla desde el desaliento. Pero debemos hacer más que solo ver con ojos piadosos. Debemos actuar sobre lo que vemos. Debemos tomar el siguiente paso y animar a las que han sido malentendidas apoyándolas y defendiéndolas, así como Bernabé con Pablo.

Quizá puedas animarlas con estas palabras cómicas pero verdaderas: "No te preocupes, si te malentienden, lo peor que puede pasar es que llegues a los brazos de tu Creador antes de tiempo, ¡así que ya no llores!". A lo largo del curso de nuestra vida, todas vamos a ser malentendidas en alguna ocasión. Sin importar lo mucho que queramos explicarnos, sin importar lo mucho que nos disculpemos y pidamos perdón, ciertas personas nunca nos van a entender. Ellos ya nos encasillaron de una vez y para siempre.

Algunas de nosotras podemos simplemente encogernos de hombros y seguir adelante, sabiendo en nuestro corazón que hicimos todo lo que pudimos para rectificar la situación. No obstante, a otras de nosotras se nos hace extremadamente difícil saber que hemos sido malentendidas. Y haremos muchas cosas más para rectificar un malentendido, sin resultados positivos. Necesitamos consolarnos, y consolar a nuestras amigas que han sido malentendidas con la verdad de que Dios conoce nuestro corazón. Él nos entiende, incluso cuando nadie más nos comprende.

Seamos amigas positivas y acerquémonos a las mujeres en el barrio, en la oficina o en la iglesia que son diferentes y cuyo pasado no sea tan limpio, tan honorable o tan "aceptable" como el de las demás de nuestro grupo (o, Dios nos libre, de nuestra elite). ¡Quién sabe si la persona por la que nos arriesgamos y a la que defendamos y animemos, sea la que Dios haya escogido para hacer una gran obra para Él!

Ánimo para la desesperanzada

Si alguna mujer necesita una animadora, una amiga positiva que la levante, es la que se despierta en la mañana y recuesta su cabeza por la noche con un sentimiento abrumador de que la vida es fútil. Pensamientos de desesperanza inundan su cabeza y su corazón, incapacitándola para llevar a cabo incluso tareas sencillas a medida que lucha por tener un sentido de propósito. ¿Alguna vez has sentido el dolor del que ya no tiene esperanza? ¿Conoces a alguien en este mismo momento que haya perdido su celo por vivir porque su vida está llena de dolor, temor o pérdida?

Jeannie Patterson, una madre y abuela vivaz. Ha conocido de primera mano la sensación de la desesperanza. También conoce la paz y el ánimo que vienen de Dios por medio de una amiga positiva, una que se convierte en las manos y pies del Señor para ministrar a sus necesidades emocionales y físicas. Esta es la historia que nos contó Jeannie:

Había sobrevivido a la batalla más difícil de mi vida: cáncer de mama. El Señor y yo habíamos ganado y ya se había acabado. Estaba en un momento tan bueno de mi vida. Era una mujer divorciada con cuatro hijos mayores [...] El Señor me había llevado a la victoria en momentos difíciles del pasado. Ahora estaba viviendo mi sueño. Regresé a la escuela y terminé mi segunda carrera en consejería familiar y estaba dando clases en una maravillosa escuela cristiana. También tenía un consultorio donde atendía a pacientes propios. Me encantaba pasar el tiempo con mis hijos y con mis nietos [...] La vida no podía ser mejor.

Pero entonces llegaron las noticias. Había vuelto. Mi vida una vez más quedó en la oscuridad. ¿Cómo iba a sobrevivir esta vez? Ya no me quedaban recursos (o por lo menos era lo que creía) para reunir la fuerza emocional necesaria para luchar cuerpo a cuerpo con el villano siniestro del cáncer.

Mi ayuda, mi ánimo, vino por medio de una amiga. Su nombre es Lori Taylor. A pesar de ser una ocupada madre con niños chicos, Lori me acompañó a cada tratamiento de quimioterapia. Me ayudó incluso a gran costo personal. Puso a un lado sus actividades y, en ocasiones, a su familia para ayudarme a sobrevivir mi calabozo de desaliento. La esperanza que me dio a través de regalarme su tiempo y su compasión no lo puedo medir. Incluso ella estaba lista para hacerlo todo de nuevo si me volvían a llegar malas noticias. La espera fue difícil, pero ¡gracias a Dios ya estoy libre de cáncer! Nunca voy a olvidar el amor incondicional de Lori.

Jeannie le escribió el siguiente poema que escribió a Lori (y a otras como ella), que la animaron durante sus días más oscuros:

Una pequeña luz

Sombras nocturnas, alma arropada,
Sin estrellas que brillen sobre mí para iluminar el camino.
Se alcanza a ver una pequeña luz.
Abro la boca, pido ayuda,
Pero no emito ningún sonido en la penumbra.
Gente sin orejas,
Pies con grillos,
Cargados; con un peso que rompe el lomo.
Los recuerdos me inundan.
Corazón aporreado, mente torturada
Sin torniquete que alivie las heridas;
Médicos sin manos.
Una pequeña luz brilla parea traer esperanza.
Una pequeña luz tiembla para levantar la fe.
Una pequeña luz abraza mi alma con amor.
Tú, mi amiga, eres esa
Pequeña luz.[3]

¿Quién sabe cuando podamos ser esa "pequeña luz" para otras? Lori Taylor sabía que estaba bendiciendo a Jeannie, pero nunca se imaginó que sus actos de amabilidad era lo único que su amiga necesitaba para seguir adelante. Animó a Jeannie por medio de sacrificar su tiempo, y al hacerlo, le trajo esperanza a su amiga.

Jesús era un dador de esperanza. Animó a los que el mundo despreció. Levantó a los que habían sido etiquetados como perdedores por quienes se consideraban justos. Sanó a los enfermos en lo emocional y en lo físico, a los ciegos, a los cojos y a los desamparados. Él se hizo el tiempo (y si alguien tenía un montón de cosas importantes qué hacer era Jesús) para traer esperanza.

Nosotras también podemos ser animadoras y dadoras de esperanza, por las palabras que decimos y las cosas que hacemos. Pero para poder animar, debemos tener algo acerca de lo cual animar. Necesitamos mirar a la gente que Dios ha puesto a nuestro alrededor y decidir ver lo bueno en ella: el potencial divino enterrado en cada una de nosotras. Una vez que desarrollemos ojos piadosos por medio de pasar tiempo con el Señor, debemos comenzar a ver a las demás como Él las ve: individuos únicos con posibilidades positivas infinitas.

Esto quizá sea más difícil para algunas de nosotras que para otras. Algunas de nosotras naturalmente tendemos a ver el vaso medio vacío. Pero si invertimos tiempo en oración a diario con Dios y luego nos esforzamos con determinación para alabar lo bueno que vemos en las personas a nuestro alrededor, nos vamos a convertir en lo que realmente queremos ser: amigas positivas que animan y que dan esperanza.

Punto de Poder

Lee: Proverbios 15. Subraya cada versículo que se refiera a nuestras palabras o al poder de la lengua. ¿Cuáles son los rasgos de las palabras de un necio? Describe las palabras del sabio.

Ora: Te alabo, maravilloso Padre, porque solo Tú eres digno de alabanza. Tú eres mi maravilloso redentor y amigo. Tu amor es perfecto y tu poder no tiene igual. Gracias por cambiar mi vida. Gracias por animarme. Ayúdame a derramar ese ánimo en las demás, especialmente en mis queridas amigas. Revélame las oportunidades para levantar a otras. Muéstrame maneras específicas en que puedo animarlas por medio de mis palabras y acciones. Derrama tu amor por medio de mí, y déjalo que fluya abundantemente a las que me rodean. Te lo pido en el nombre de Jesús, amén.

Recuerda: Proverbios 15:23: "El hombre se alegra con la respuesta de su boca, y la palabra a su tiempo, ¡cuán buena es!".

Practica: Piensa en cuál de tus amigas podría necesitar una palabra de aliento. Levanta el auricular o escríbele un mensaje y dale una buena dosis de ánimo. Quizá necesite un abrazo, que le lleven la cena a la puerta con una sonrisa, o simplemente un oído presto a escuchar. ¡Se tú el ánimo que ella necesita hoy!

Vida, amor y risa
Formas vigorizantes para disfrutar tus amistades

La amistad duplica las alegrías y divide las penas.

—Francis Bacon

No hay nada como una buena carcajada. Como Proverbios 17:22 nos recuerda: "El corazón alegre constituye buen remedio; mas el espíritu triste seca los huesos". Además de que es el lazo que nos une como amigas.

La amistad entre mujeres no se trata solamente de conversaciones maravillosas y enriquecedoras (aunque hablar es una buena parte de la amistad para la mayoría de nosotras). Sino también de disfrutar juntas la vida. ¿Cuándo fue la última vez que te reíste de lo cotidiano con una amiga? Quizá la risa fue provocada por algo que hicieron juntas como ver una película cómica o ir a la feria. O posiblemente surgió de una circunstancia graciosa que al parecer surgió de la nada. Cual haya sido la razón, ¿verdad que se siente bien?

En caso de que no te hayas reído en un buen rato, queremos ayudarte. ¿Estás lista para reír?

❁

Terry Ann reflexiona: Solamente entré para buscar una cosa. Como siempre, iba de prisa. Y como siempre, iba tarde. No es que no valore el ser puntual; es solo que pienso, ¿por qué desperdiciar el tiempo? Si tengo unos minutos extra, podría utilizarlos productivamente. Y esa es la historia de mi vida.

Ahora bien, en mis cinco minutos extra, me detuve en la tienda de abarrotes para comprar una cosa. Y ya que estaba allí, corrí de prisa por los pasillos para ver si acaso descubría alguna oferta increíble. Y allí estaba: un carrito solitario de supermercado lleno hasta el tope de latas de bebida refrescante, con un gran anuncio que decía "dos paquetes de seis latas por un dólar". ¡Qué increíble! ¡Doce latas por un dólar!

Tengo que aceptar que me tomó tiempo descifrar exactamente lo que contenían las latas porque las etiquetas estaban escritas en español, pero una vez que vencí la barrera del idioma, las noticias se volvieron todavía mejores. Estas no eran latas ordinarias llenas de agua carbonatada, acidulada, tóxica, sin nutrientes; eran latas de néctar de durazno y manzana: saludable y, probablemente, delicioso.

Decidí que no podía comprar varios paquetes sin probar primero la bebida, así que tomé una lata, abrí la tapa y le di un trago. (No estaba haciendo nada malo. Lo iba a pagar). El sabor era tan bueno que decidí llevármelas todas... todo el carrito.

El gerente de la tienda me había estado observando mientras me felicitaba a mí misma por mi buena fortuna. En ese momento se me acercó y me hizo una oferta que hubiera estado demente en rechazar. Tenía dos carritos en la trastienda llenos del mismo brebaje maravilloso. Me dijo que podía llevarme todo el lote por solo veinte dólares. ¡Qué barbaridad, esto estaba bueno! Le dije: "¡Démelos!".

Salí de prisa a mi Suburban y la convertí en un vehículo de carga por medio de doblar y ocultar los asientos traseros. Luego, acomodé dentro de ella más de 700 latas de bebida mexicana de frutas. Fue en ese momento que me acordé que tenía que recoger a mis cinco niños de la escuela en treinta minutos, y no tenía lugar para ellos. Y para empeorar las cosas no había suficiente tiempo para volver a casa, descargar mi mina de oro, y regresar a la escuela.

Pensé rápido y comencé a llamar por el celular a varias amigas que vivían cerca, ofreciéndoles llevarles algunas latas de mis maravillosas bebidas importadas a su domicilio de camino a la escuela. Luego, comencé a hacer las visitas, descargando las latas en la puerta de su casa a medida que me iba acercando a la escuela. ¡En cada parada, mis amigas no podían evitar reírse! El esposo de una amiga incluso aprovechó la oportunidad para tomarme una fotografía. Todavía me río cuando veo la fotografía de mi amiga Jill y yo, sonriendo delante de las puertas abiertas de mi camioneta cargada de bebidas.

Las amistades, como los geranios, florecen en la cocina. —Blanche Gelfant

¿Cuando fue la última vez que hiciste algo divertido con una amiga? ¿La semana pasada, el mes pasado, el año pasado? ¿O tienes que remontarte a cuando estabas en la universidad o en la escuela media-superior? ¡Es triste pensar que podemos estar tan ocupadas que no nos divirtamos! Eso no es bueno para nosotras y no es bueno para nuestras amistades.

La clave para cambiar es planear. Planeamos lo que tenemos que comprar en el supermercado, las fechas de pago de las cuentas y el menú de las comidas; ¿por qué no hacer planes para reírnos y gozarnos con buenas amigas? Este capítulo está diseñado para ayudarte a hacer justo eso. Para el momento en que termines de leerlo, esperamos que estés tan abundantemente bendecida con ideas que no puedas contenerte y tomes el teléfono para llamar a una amiga y hacer planes para divertirse juntas.

En las páginas siguientes ofrecemos sugerencias para distintos niveles de diversión. ¿Por qué distintos niveles? Porque las cosas que decidamos hacer con una conocida son distintas de las cosas que podamos hacer con nuestra amiga más querida y más cercana. Pero el objetivo es el mismo: disfrutar nuestra amistad y hacerla más profunda, sin importar el nivel en que se encuentre. La mayoría de las actividades que recomendamos se pueden disfrutar a cualquier edad tomando en cuenta una amplia gama de intereses, habilidades y talentos que tengan en común.

¡Así que comencemos a divertirnos seriamente!

Disfrutando a las conocidas

Las conocidas son personas que vemos ocasionalmente, por ejemplo en los estudios bíblicos semanales, en los partidos de fútbol de los niños, en eventos escolares o en reuniones de comité. Conversamos con ellas en un nivel superficial. Quizá conozcamos sus nombres o no. Por definición estás no son personas con las que solemos hacer planes para salir y hacer cosas juntas, porque si así fuera, no serían conocidas; serían buenas amigas. Y ese es el punto de esta sección: explorar maneras para disfrutar a las personas que conocemos de manera casual y con quienes pudiéramos avanzar a un nivel más profundo de relación.

Muchas veces los primeros frutos de la amistad comienzan a germinar saliendo a comer juntas, así que considera tomar una de las siguientes iniciativas:

- Invita a la mamá con la que sueles conversar en las prácticas de fútbol a que te acompañe a ti y a tus hijos a comer algo.

- Llévales comida o botanas a las mujeres que trabajan contigo en el proyecto de voluntariado.

- Después del estudio bíblico, invita a una conocida a que se reúna contigo durante la comida para intercambiar peticiones de oración.

- En lugar de comer sola en tu cubículo en el trabajo, pide comida para dos de tu restaurante favorito y pídele a alguna compañera que te gustaría conocer mejor que coma contigo.

Otra manera de desarrollar nuevas amistades es participar en las actividades de la escuela de tus hijos. En las escuelas de nuestros hijos, las mamás se reúnen para un proyecto grande de recaudación de fondos en la reunión anual de ex alumnos. Decoran crisantemos con moños y con tarjetitas y les venden los arreglos a los chicos para que se los obsequien a su acompañante al invitarla al baile. Aunque se lleva horas hacer estos hermosos arreglos, el proyecto les da a las madres la maravillosa oportunidad de conocerse y hablar. Al trabajar hombro con hombro durante horas, las mujeres hablan, se animan entre sí y conocen un poco más a la familia de las demás. Comienzan a sentarse juntas en los partidos de fútbol de sus hijos y se saludan entre sí cuando se encuentran en los pasillos de la escuela. Algunas de ellas toman el paso siguiente y hacen planes para comer juntas o salir de compras. ¡Qué terreno tan fértil para la amistad!

Finalmente, no importa la actividad que decidas compartir con otras mujeres; lo importante es que dediques tiempo para que juntas construyan su amistad. No necesitas encontrar tiempo extra en tu horario repleto de actividades. Solo necesitas ser creativa e identificar momentos en tu rutina diaria en que puedas compartir tiempo de calidad con otras. Todas tenemos que comer, ¿no? Y si vas a estar sentada en las gradas de los partidos de fútbol durante las siguientes diez semanas, ¿por qué no hacerte de una amiga en el proceso?

Sin importar lo que hagas, realiza un esfuerzo extra para recordar el nombre de las personas. A todas nos encanta que la persona que acabamos de conocer recuerde nuestro nombre. Nos hace sentir especiales y valiosas. También es importante que tengas algunas frases iniciadoras de conversaciones en la punta de la lengua. De esa forma, cuando tengas algunos minutos con otra persona, no te vas a quedar callada. Estas son algunas preguntas o declaraciones abiertas que te pueden ayudar en tus primeros esfuerzos.

- Háblame de tu familia.

- ¿De dónde eres?

- ¿Cómo fue que comenzaste a participar en (o descubriste) esta congregación (escuela, equipo de fútbol, empleo, etcétera)?

- ¿Qué es lo que te gusta de esta organización?

Otro consejo extra: mantén los ojos y los oídos bien abiertos para identificar las oportunidades de iniciar una nueva amistad. La experiencia reciente de Paula es un buen ejemplo. Conoció a Rebecca, la nueva amiga de su hija, al recoger a las niñas de un concierto cristiano y llevarlas de regreso a la iglesia. Rebecca acababa de mudarse a la zona, así que Paula comenzó a preguntarle acerca de su familia.

"¿Cuánto tiempo tienen de haber comenzado a asistir a esta iglesia tú y tu familia?", le preguntó. Cuando Rebecca respondió que ya tenían seis meses de asistir, Paula le preguntó: "¿Y a tus papás les gusta la congregación? ¿Tienen amigos?".

Rebecca contestó que el cambio había sido difícil para sus papás. Habían estado bastante involucrados en su iglesia anterior en Houston y ahora extrañaban a sus amigos y al resto de la gente de la congregación.

Cuando llegaron al estacionamiento de la iglesia, la madre de Rebecca, Shannon, estaba esperando a su hija. Paula bajó del coche y se presentó, y las dos mujeres hablaron durante casi quince minutos. En la conversación, Shannon dijo lo difícil que era comenzar de nuevo en una nueva comunidad. Dijo que anhelaba sentirse en casa.

Después de intercambiar números telefónicos, Paula invitó a Shannon a que ella y su familia se sentaran junto a la suya en la iglesia a la mañana siguiente para que les pudiera presentar a algunos de los miembros de la congregación. Luego Paula le llamó a Shannon el lunes para sentarse juntas en la siguiente convivencia de mujeres. También puso en contacto a la pareja con algunos de sus amigos en varios ministerios de la iglesia para que Shannon y su esposo pudieran encontrar un área de servicio en la cual participar.

Todas necesitamos estar abiertas a hacer crecer nuestro círculo de amigas. Si te has mudado alguna vez, sabes lo importante que es que alguien te incluya en una red de amistades ya establecida. Hacer amigas realmente se resume en aplicar la regla de oro: haz con los demás como quieres que los demás hagan contigo. Y eso fue lo que Paula hizo cuando se acercó con amor y amistad a Shannon.

Cómo acercarte más a tus buenas amigas

A medida que una relación de conocidas crece a un nivel de buena amistad, surgen nuevas oportunidades para divertirse y convivir. Estas son algunas ideas creativas para ayudarte a disfrutar a tus buenas amigas.

Día de campo en el parque

Si clima se presta, encuéntrate con tu amiga en un parque cercano para tener un día de campo. Repártanse las responsabilidades de la comida, o pasen por un restaurante y pidan comida para llevar. Si tienen con ustedes a sus hijos, coman cerca de la zona de juegos para niños para que ellos puedan jugar mientras tú y tu amiga disfrutan el aire fresco y el sol.

Intercambio de recetas

En nuestra región la revista *Southern Living* (Estilo de vida sureño) es sumamente popular. Está llena hasta el tope de ideas para decorar la casa y preparar comida. Las recetas son fantásticas, pero son más divertidas cuando intentas hacerlas con una amiga., Cuando encuentres una receta que te gustaría probar invita a una amiga a cocinar o simplemente a probar los resultados. Probablemente ella tenga una nueva receta que quiera probar también y pueden cocinar y probar juntas de sus guisos.

Búsqueda de ofertas

Llámale por teléfono a tu amiga cuando encuentres que una de sus tiendas favoritas está en rebaja o mantén los ojos bien abiertos para encontrar una oferta de algo que sabes que le gusta.

Terry Ann reflexiona: Una de mis amigas sabía que yo ya tenía tiempo buscando cierto estilo de colcha. Cuando ella estaba de compras, sucedió que encontró una que pensó que a mí me gustaría. Tenía todos los colores que yo quería, pero lo más importante era que ¡estaba de oferta! Me llamó y unas horas más tarde, hice una compra dinamita; y compartí el momento de cazar rebajas con una amiga.

Rally de ventas de garaje

Si tienes el talento de encontrar la "joya en la basura", recluta a una amiga con el mismo talento y aparten la mañana del viernes o del sábado para ir juntas a varias ventas de garaje. Si encuentran una colonia que esté llevando a cabo su venta de garaje anual, ¡acaban de encontrar una mina de oro! Recuerden salir temprano. Si la venta comienza a las 8:00 hrs., cítense en el lugar a las 7:45 con una taza humeante de café en la mano, y sean las primeras en recorrer esos lugares cargados de tesoros potenciales. Lleven una lista de lo que otras amigas estén buscando para que se los puedan comprar si encuentran el artículo correcto.

A la caza del mejor restaurante

Una vez al mes, reúnete con algunas amigas y salgan a buscar juntas el mejor restaurante de la región. Pónganse de acuerdo en los parámetros para juzgar los restaurantes y luego escojan un nuevo lugar para visitar cada mes. En la zona de Dallas-Fort Worth tenemos abundancia de restaurantes, así que no se nos hace difícil encontrar nuevos lugares. Si vives en una ciudad pequeña, quizá quieran salir a las ciudades vecinas una vez al mes o calificar un platillo distinto cada mes en un restaurante popular local.

Eventos especiales locales

Hagan planes para asistir juntas a un evento: a un seminario, o a la conferencia de un autor o de un conferencista famoso, al concierto de una banda escolar o a un partido de fútbol, al congreso de una iglesia, a un desfile de moda o a las reuniones comunitarias que continuamente se organizan en la mayoría de las ciudades. Mantente alerta para encontrar eventos especiales, llámale a una amiga y disfrútenlos juntas.

Gozo navideño

Es verdad que en las fiestas de fin de año estamos demasiado ocupadas; así que mientras disfrutas el espíritu de la época invita a una amiga a que te acompañe al desfile, al festival o al bazar anual navideño, o. ¡Será todo un recuerdo! Anímate y compra un boleto extra o dos sabiendo que vas a encontrar a alguien que te acompañe.

Placer de Java

Reúnanse regularmente en el café local (por ejemplo, el primer martes de cada mes) para compartir y disfrutar. Utilicen el tiempo para conversar y participar por lo menos una alegría y un dolor. Como amigas necesitamos estar disponibles para poner en práctica Romanos 12:15: "Gozaos con los que se gozan; llorad con los que lloran".

Para niños

Algunas veces los intereses y las actividades de los niños hacen que las mamás se reúnan. ¡Podemos desarrollar amistades sobre ello! Considera reunirte con otra mamá en la escuela después de que ambas los pasen a dejar y váyanse a desayunar juntas. O planeen irse al partido de fútbol en el mismo coche. Lleven a los niños a clases de pintura de cerámica, mientras las dos conversan o pintan también. Vayan al zoológico o al museo: ambos son lugares fabulosos para profundizar su amistad mientras los niños se divierten o aprenden algo nuevo.

Ejercicio amistoso

Reúnete con una o más amigas y hagan ejercicio juntas. Conocemos a un grupo de mujeres que caminan juntas lunes, miércoles y viernes después de dejar a los niños en la escuela. Estacionan su coche y caminan y conversan vigorosamente durante una hora. Hacen un buen ejercicio cardiovascular y disfrutan estar juntas al mismo tiempo.

Película y postre

Mantente al acecho de nuevas películas que quizá te interesen a ti y a una amiga. Planeen ir a comer un postre después de la película para tener tiempo de conversar acerca de la película, reírse y hablar de la vida.

Celebración de cumpleaños

Recordar el cumpleaños de alguien bien puede ser un paso importante para desarrollar una amistad. Júntate con varias amigas para iniciar un club de celebración de cumpleaños. La que cumpla años escoge el restaurante y las demás le traen una tarjeta o incluso flores. Esta tradición puede seguir durante muchos años. ¿Por qué no tomarte unos minutos hoy para marcar los cumpleaños de tus amigas en tu agenda? Luego visita un tienda de tarjetas de felicitación y compra tarjetas para todas ellas de una buena vez. Coloca las tarjetas, los timbres postales y las direcciones en un lugar estratégico cerca de tu agenda. De esta manera, si no puedes asistir a la comida o a la cena de celebración por lo menos puedes enviarle una tarjeta en el momento oportuno.

Amigas caritativas

Escoge una organización de asistencia en la que tu amiga y tú puedan servir juntas, por ejemplo: alimentando a los desamparados, clasificando ropa para una colecta de ropa o como voluntaria en un hospital. Al mismo tiempo que sirven juntas pueden bendecir a otros, además de su propia amistad.

Conocemos a un grupo de mujeres que organizan una celebración anual de semana santa cada año para niños que han sido removidos de su hogar a causa del maltrato. Estos niños están siendo cuidados por el estado mientras esperan ser colocados en hogares sustitutos. Las mujeres hacen participar a sus propios hijos con los demás para buscar huevos de pascua, dar una comida estupenda o entregarles dulces, juguetes y canastas de pascua llenas de regalitos. Lo más importante es que les hablan de la historia de la pascua y les dicen a los niños que el Señor los ama y que tiene un plan maravilloso para su vida. ¡Qué manera tan increíble de que las amigas trabajen juntas para el bien de los menos afortunados! ¡Y qué gran oportunidad para los hijos de estas mujeres de ver la importancia de ofrecer su corazón y sus manos para bendecir a otros!

Cambio de decoración

Esta es una de nuestras ideas favoritas. ¿No tienes una amiga cuya casa siempre se ve acogedora? Ella tiene el don de crear un ambiente hermoso. Tiene la habilidad de seleccionar los colores, las texturas, las alfombras, la pintura y los artículos decorativos que juntos hacen que su casa parezca una fotografía sacada de una revista. ¿Cómo lo hace? Bueno, ¿por qué no la invitas y le haces una comida estupenda a cambio de una asesoría de decoración? Si tiene hijos, ofrécete a cuidarlos a cambio de algunos consejos creativos. Dale toda la libertad para hacerte sugerencias. Podrías descubrir que un simple reacomodo de los muebles y los adornos que ya tienes le dan a tu sala un aspecto completamente nuevo. O quizá un nuevo y emocionante color de pintura (uno que jamás hubieras considerado en un millón de años) podría ser lo que levantara tu habitación sin que te costara un ojo de la cara. ¡Solo piensa en lo bien que se va a sentir tu amiga decoradora cuando le pidas consejo para hacer tu pequeño rinconcito en el mundo un poco más agradable a la vista!

Comida amistosa

Una vez al año invita a varias de tus buenas amigas a comer. Saca tu mejor vajilla y tu mantel más lindo. Cocina tu misma, o haz que

Todo tiene su tiempo, y todo lo que se quiere debajo del cielo tiene su hora [...] Tiempo de llorar, y tiempo de reír; tiempo de endechar, y tiempo de bailar. —Eclesiastés 3:1,4

cada persona coopere con una parte de la cena como la entrada, la ensalada, el platillo fuerte o el postre. Utiliza tarjetas de identificación para indicar donde se debe sentar cada quien. Esto les dará a las mujeres que no se conozcan bien la oportunidad de hacer una nueva amiga o dos. Invita a alguien que sea nueva en tu iglesia o en tu barrio para que pueda conocer a tu grupo de amigas. ¡Qué manera tan buena de honrar a tus amigas y comenzar una tradición que pueden guardar en los años por venir!

Momentos memorables para amigas del alma

Muchas veces damos por sentada nuestra relación con nuestras "amigas del alma". Como sabemos que siempre nos van a apoyar y sabemos que nos aman incondicionalmente, probablemente no pensemos en planear pasar juntas tiempo de calidad. Pero las amistades del alma son tan únicas y valiosas que realmente deberíamos darnos el tiempo y esforzarnos por nutrirlas y gozarlas. Ciertamente, las actividades de la sección anterior son buenas para disfrutarlas con las buenas amigas y con las mejores amigas. Pero estas son ideas adicionales reservadas para nuestras amigas del alma.

Retiro de fin de semana

Escoge una fecha para "Un fin de semana para mujeres". Luego escoge un pueblo cercano y reserva una habitación en un hotel o en una posada. Si vives en un pequeño pueblo rural quizá lo divertido sea visitar la ciudad más cercana. Planeen sus actividades alrededor de sus intereses comunes, sea ir de compras, al museo o al cine. Llévense las fotografías que han estado tomando en el año y pasen tiempo poniéndolas en un álbum. Investiguen con anticipación algunos buenos restaurantes. Quizá quieran planear algunos temas de discusión para su viaje, incluyendo por lo que quieran orar juntas. ¡Consideren hacer de esto un evento anual!

Reunión con propósito

Escoge un día para reunirte con tu amiga del alma y hablar acerca de la dirección que está tomando su vida. Dense ideas entre ustedes y hablen acerca de los puntos en los que necesitan trabajar. Oren y planeen, recuerda que como Proverbios 27:17 dice: "Hierro con hierro se aguza". Apóyense y ríndanse cuentas de lo que han hecho con sus metas. Terminen su tiempo juntas con un postre o una comida y disfruten la profundidad de la convivencia que viene a través de edificar juntas su vida.

Reagruparse después de la tormenta

Cuando la vida traiga una dificultad o incluso una tragedia, muchas veces pasar tiempo con nuestras amigas más cercanas para enfrentar la ansiedad o la pérdida nos trae sanidad. Cuando hayas pasado por una lucha particularmente difícil, planea pasar un tiempo a solas con una o más de tus amigas del alma para orar y enfrentar juntas el desafío.

Día de juego con propósito

Planea por lo menos un día al año con una de tus amigas del alma para hacer algo nuevo, divertido y creativo. Puede ser aprender un nuevo pasatiempo juntas en un taller de manualidades local. O puede ser ir a una clase de cocina o de gimnasia juntas. Anímense. ¡Pruébenlo y diviértanse!

Telefonema

Muchas veces, nuestras amigas del alma ya no viven cerca. Los boletos de avión son caros y visitarse incluso una vez al año puede ser difícil. Entonces no hay nada mejor que una larga, relajada y anticuada sesión de corazón a corazón por teléfono. Considera la idea de establecer un maratón telefónico una vez al mes con tu amiga. Prográmalo en tu agenda, igual que una cita con el doctor o una entrevista con la maestra de tus hijos. Tomen turnos para llamarse y así dividirse el costo de la llamada de larga distancia.

Sigue a Jesús

Cuando le damos a la amistad la importancia que se merece y hacemos cosas divertidas con nuestras amigas, no estamos imitando a otro sino a nuestro Señor y Salvador, Jesús. Incluso una mirada rápida a su vida muestra que pasó muchas horas placenteras hablando y comiendo con la gente. Sabemos, por lo que dice la Escritura, que asistió a bodas, cenó con personas que acababa de conocer e incluso se hospedó en casa de algunos de ellos. Claramente, disfrutó compartir el tiempo con sus buenos amigos y relajarse en presencia de ellos, y compartió tanto la risa como el gozo con los pocos que se convirtieron en sus amigos del alma.

Riámonos y divirtámonos también con nuestras amigas. Compartamos nuestras alegrías y nuestras penas con ellas. Y al hacerlo, descansemos en el conocimiento de que estamos justo en el centro de la voluntad de Dios para nuestra vida, porque estamos siguiendo las pisadas de Jesús.

Punto de Poder

Lee: Lucas 10:25-42. Aquí tenemos dos historias acerca de la amistad. Menciona a las personas de estos relatos que no estaban abiertas al amor y a las amistades. Luego menciona a las personas que al parecer valoraban las amistades y que lo demostraron con sus acciones. ¿Con quién te identificas más?

Ora: Amoroso Padre celestial, te alabo y te agradezco por el gozo de tu amistad. Gracias por la gran alegría que he encontrado en mi amistad contigo. También gracias por el gozo que proviene de pasar tiempo con buenas amigas. Por favor bendice el tiempo que comparto con estas amigas. Ayúdanos a disfrutarnos más y más a medida que reímos y lloramos juntas. Que continuamente nos regocijemos en ti. Te lo pido en el nombre de Jesús, amén.

Recuerda: Proverbios 17:22: "El corazón alegre constituye buen remedio; mas el espíritu triste seca los huesos".

Practica: Toma un minuto en este momento para llamar a una de tus amigas; sea a alguien que conozcas muy bien o a alguien con quien tengas una nueva amistad. Planeen pasar tiempo juntas utilizando una de las ideas de este capítulo, o inventen algo propio. Lo que decidan, que sea como en el comercial: "¡Solo hazlo!".

EL PDER DE DAR

Vivimos de lo que obtenemos, pero nos ganamos la vida con lo que damos.

—Winston Churchill

Dad, y se os dará; medida buena, apretada, remecida y rebosando darán en vuestro regazo; porque con la misma medida con que medís, os volverán a medir.

—Lucas 6:38

7

Genera generosidad
El regalo de los talentos, el tiempo y los recursos

Podemos dar sin amar, pero no podemos amar sin dar.

—Anónimo

Patti es una dadora. No obstante, en la superficie, muchos pueden pensar equivocadamente que es una receptora. Nada podría estar más lejos de la verdad. Desde su silla de ruedas Patti da amor, palabras amables de ánimo, oraciones y bendiciones a todos lo que la conocen. Los efectos físicos de la esclerosis múltiple no le han quitado la habilidad de influenciar a los demás de una manera positiva por medio de darse a sus amigos. Todos los voluntarios que visitan el hogar de Patti cada semana para ayudarla durante el día mientras su marido da clases en una escuela están de acuerdo en que son enriquecidos por su relación con ella.

Una voluntaria llamada Leslie dice que, durante sus visitas, Patti siempre le pregunta por su familia, sus actividades y su vida. Y en las noches cuando Patti no puede dormir se queda despierta en la cama orando por la vida y por las familias de las personas que la visitaron ese día.

Patti da en formas que la mayoría de nosotras ni siquiera recordamos. Ella tiene un oído dispuesto a oír, una sonrisa dispuesta a animar y un corazón dispuesto a interesarse. Patti es un bello ejemplo de una persona que da a pesar de sus desafíos físicos, su dolor crónico y las posibles excusas. Es una persona feliz y plena por su actitud hacia la vida y hacia otras personas. Sí, las amigas de Patti la han servido y le han dado en maneras importante para ayudarla en su enfermedad debilitante: pero todas pueden decirte que ellas han recibido más de parte de Patti que lo que le han dado.

Dar viene en distintas formas, tamaños y colores. Algunas personas dan tiempo y talento. Otras dan recursos. Un oído que escucha, un abrazo cálido, incluso una comida casera son cosas que podemos dar para construir puentes con los demás. Aprendemos del ejemplo de Patti que cada una de nosotras podemos ser dadoras en alguna forma o estilo, y que no debemos permitir que las circunstancias de la vida nos proporcionen excusas.

Esencialmente, dar es la acción de pensar en cómo satisfacer una necesidad en la vida de alguien y, después, hacerlo. Es amor en acción; ponerle pies a los pensamientos y sentimientos amables que tenemos hacia alguien. Es la erupción de consideración hacia otra persona. También es un elemento clave para desarrollar amistades positivas.

¿Qué puedes hacer por tu amiga?

Hemos tomado prestada una frase del fallecido presidente John F. Kennedy y le hemos dado nuestro propio giro: "No te preguntes que pueden hacer tus amigas por ti, sino lo que puedes hacer por tus amigas". La verdad es que de vez en cuando todas luchamos con el deseo de obtener. Queremos dar, sabemos que necesitamos dar, pero honestamente, en lo profundo, también queremos recibir. Digamos que es por nuestro egoísmo innato. (Ya, admítelo. Hay un poco de egoísmo en todas nosotras). Pero las relaciones pronto se marchitan si están basadas en la mentalidad de "qué es lo que la otra persona puede hacer por mí". Esto lo vemos en los matrimonios y con toda certeza también lo vemos en las amistades. El desafío para nosotras es convertirnos más en dadoras que en receptoras.

En Lucas capítulo 6 encontramos que Jesús le da un discurso a la multitud, incluyendo a sus discpipulos. Lo conocemos como el Sermón del Monte. Aquí Él comparte muchas lecciones vitales, incluyendo instrucciones sobre las amistades y darnos a los demás. En los versículos 27-36 nos anima a hacer lo inaudito: amar a nuestros enemigos y a hacerles bien a los que nos odian. ¿Cómo es posible? Como la gravedad, la ley natural del "primero yo" tiende a tirar de nosotros, haciendo que escalar la desafiante montaña de amar y de dar a los demás se torne difícil, incluso cuando estas personas sean nuestras amigas. No obstante, Jesús continúa guiándonos por el empinado terreno montañoso con la instrucción: "No juzguéis, y no seréis juzgados; no condenéis, y no seréis condenados; perdonad, y seréis perdonados" (Lucas 6:37).

Finalmente, en la cima de la montaña Jesús clava una bandera, el estandarte de las relaciones fuertes. "Dad, y se os dará; medida buena, apretada, remecida y rebosando darán en vuestro regazo; porque con la misma medida con que medís, os volverán a medir" (Lucas 6:38).

Quizá hayas escuchado citar ese pasaje durante un sermón para dar con el fin de recabar lo necesario para el presupuesto anual de la iglesia o para construir el nuevo edificio. No obstante, Jesús no estaba hablando de dar lo material. Estaba hablando de ser generosos con la amabilidad, el amor y el perdón en el contexto de las relaciones.

Es fácil condenar, odiar y demandar que nuestras necesidades sean provistas; lo hacemos naturalmente en la carne. Sin embargo, estas actitudes son las que nos enajenan de tener amistades importantes y fructíferas con los demás. Debemos bajarnos del trono de nuestro propio corazón y poner allí al único que se merece sentarse en el sitio de honor. Cuando le damos a Jesucristo el lugar que le corresponde en nuestra vida, nos volvemos dependientes de Él para que nos ayude a amar, perdonar y dar a otros.

Hablando en términos humanos, no podemos escalar a solas esta montaña. El Espíritu de Dios a través de nosotras nos puede ayudar a hacer lo que no nos sale de manera natural. A medida que permitimos que su amor fluya a través de nosotras, Dios desarrolla en nosotras humildad y un hermoso espíritu generoso que sobrepasa nuestro egoísmo. Entonces somos capaces de dar en formas que bendicen a los demás de manera importante y milagrosa.

Recientemente escuchamos acerca de una pareja a la que su médico le informó que la niña que estaban esperando no viviría más de unas pocas horas después de nacida. Los amigos y la familia se reunieron en el hospital para darle la bienvenida a esta pequeñita al mundo y después llorar con los padres cuando muriera.

Sabiendo que esta triste pareja estaba llevando una carga que las palabras no podían expresar, una conocida de su iglesia, Tracy, les dio un regalo que no pudo haber sido inspirado más que por Dios mismo. Al estar orando por esta pareja, Tracy tuvo una idea. Hizo una visita rápida a la librería cristiana, compró una pequeñita Biblia color rosa y pidió que le grabaran el nombre de la bebé con un tipo de letra fino. Al siguiente día asistió al pequeño servicio en la funeraria y le dio el regalo a la madre. La madre con el corazón roto colocó la Biblia en el pequeño ataúd con la hermosa bebita.

El funeral estuvo lleno de lágrimas y de preguntas. ¿Por qué el Señor permitió que esta niña preciosa naciera para morir tan pronto? Pero también estaba lleno de fe. En el panteón, cuando la madre se inclinó a besar a su pequeña por última vez, sacó la Biblia del féretro y la apretó contra su pecho. Su cara manchada por las lágrimas ahora estaba radiante. Tenía por lo menos una cosa de su hija que podía atesorar para los años venideros, la pequeña Biblia llena de palabras de paz y fidelidad de parte de Dios.

En ese día, el regalo fue dado con la única razón de bendecir al receptor. Si le preguntamos al Señor, Él nos mostrará cómo ser mujeres dadoras que bendigan a nuestras amigas de maneras divinas.

El gozo de la generosidad

Cuando pensamos en los mejores regalos que hemos recibido, llegamos a la conclusión de que en realidad el regalo no fue lo importante, sino saber que el dador se interesó tanto en nosotras hasta el punto de querer bendecirnos. El hecho de que alguien haya dedicado tiempo, energía y recursos para demostrar amor por nosotras es lo que hace que el regalo sea tan valioso.

Terry Ann reflexiona: Esto me llegó al corazón recientemente cuando recibí un regalo inesperado de dos preciosos amiguitos.

Tengo una amiga querida llamada Nancy que es lo opuesto a mí en muchas maneras. Ella prefiere la tranquilidad de su hogar, mientras que yo me pregunto para qué pagamos la hipoteca si parece que vivo en el coche y que solo voy a la casa a cambiarme de ropa, recoger a uno de los niños y dejar al otro.

Nancy encuentra verdadera paz y gozo en vivir una vida ordenada. Yo encuentro plenitud en vivir en un estado de frenesí controlado. ¿Has oído acerca de llevar un libro de bancos y conciliarlo con tu estado de cuenta bancario? Bueno, Nancy de hecho lo hace; registra hasta el último centavo. Por otro lado, yo nunca he conciliado mi estado de cuenta bancario. Más bien, durante años he vivido bajo la falsa premisa de que mientras tenga cheques en la chequera, debo de tener dinero en la cuenta.

No obstante, Nancy y yo tenemos algunas cosas en común. Primero, las dos tenemos cinco hijos; y segundo, a las dos nos encanta encontrar una buena rebaja. Constantemente nos estamos regalando cosas fabulosas que encontramos en ventas de garaje. Pero el regalo más dulce no lo recibí de Nancy, sino de sus dos niños gemelos de ocho años, Peter y David.

Una tarde en su casa en el momento en que me estaba despidiendo, los gemelos vinieron corriendo a mi coche, sonriendo de oreja a oreja y llevando en las manos una hoja rayada color amarillo tamaño oficio doblada de tal manera que cubriera algo que venía dentro. Yo iba de prisa, así que tomé el papel y su contenido misterioso y me fui, no sin antes prometer que lo abriría pronto.

Cuando llegue a un alto, abrí mi regalo y descubrí un dibujo de la cruz de Cristo, tres dólares y una tapa dorada de perfume. Naturalmente preocupada y sorprendida de que los niños me hubieran dado dinero, rápidamente le llamé a Nancy. Yo sabía que Nancy les había enseñado a sus cinco hijos a trabajar sumamente duro para ganar dinero, y que ellos me dieran tres dólares significaba un gran sacrificio.

—¿Sabes lo que los muchachos me dieron cuando me fui de tu casa? –le pregunté.

—Sí —me respondió suavemente–. ¿No te parece lindo que mis hijos quisieran darte un regalo?

Yo quería saber que era lo que había motivado este derramamiento de amor, además de que no podía entender porque los niños habían incluido la tapa dorada. Nancy me explicó: "Terry Ann, los muchachos dicen que siempre que van a tu casa hacen un tiradero y que a ti nunca parece importarte". (Obviamente no tenían idea de lo mucho que pecaminosamente me angustia el desorden que produce la vida diaria). "Ellos solo querían darte un regalo para agradecerte por todas las veces que los has dejado ir a tu casa a jugar".

Continuó: "Querían darte algo valioso, y como saben que el oro es costoso, querían que tuvieras la tapa de la colonia de su papá. Como saben que el dinero es valioso por eso también te dieron dinero. Y por supuesto su amor a Dios los motivo a dibujar la cruz".

He guardado ese regalo especial y muchas veces he reflexionado sobre él. Lo que me mueve no es el regalo en sí, sino el deseo de los muchachos de demostrar su amor y su aprecio por mí en la manera más grande y sacrificial que conocían.

Algunas personas son dadoras consumadas, pasan meses buscando el regalo perfecto para Navidad, cumpleaños o graduación para sus amigos y familiares. Lo que sea que den siempre es perfecto. Dedican mucho tiempo y creatividad para demostrar su amor por medio del arte de dar.

Eso fue lo que hizo Dios cuando envió y sacrificó al regalo mayor de todos. Dar a su Hijo, Jesucristo, no fue una ocurrencia graciosa. Desde el principio de los tiempos, nuestro Padre celestial sabía que necesitaríamos un regalo que no solo llenara el vacío de nuestro corazón, sino que abriera el camino para una relación eterna con Él.

Cuando Jesús nos dio vida a través de su muerte en la cruz, lo único que estaba en su mente éramos nosotras. La verdadera generosidad, de la que bendice profundamente a otros, solo se da cuando ponemos primero las necesidades de los demás. Cuando pasamos tiempo con Dios, Él abre nuestros ojos para que veamos sobrenaturalmente las necesidades de otros. Entonces nos anima a que seamos su corazón y sus manos para satisfacer esas necesidades.

Dar tus talentos

Todas nosotras, en ciertos momentos de nuestra vida, sentimos como si el pozo se hubiera secado. Creemos que no tenemos nada significativo que darle a otros. En esos momentos, es crucial que consideremos lo que Dios dice de nosotras. En Romanos 12:6-8 encontramos estas palabras:

De manera que, teniendo diferentes dones, según la gracia que nos es dada, si el de profecía, úsese conforme a la medida de la fe; o si de servicio, en servir; o el que enseña, en la enseñanza; el que exhorta, en la exhortación; el que reparte, con liberalidad; el que preside, con solicitud; el que hace misericordia, con alegría.

Este pasaje dice claramente que Dios nos ha equipado a cada una de nosotras para hacer buenas obras. A cada una nos ha dado dones y talentos y espera que los usemos. Cuando escuchamos la palabra *talentos*, nos vienen a la mente imágenes de patinadores, pianistas, cantantes y pintores de clase mundial. Pero los talentos no están limitados al mundo de los grandes artistas, músicos y atletas. Dios nos ha dado talentos únicos a todas. Nos otorga talentos y habilidades especiales porque quiere que usemos estos dones para bendecir a los demás.

Toma unos minutos para hacer una lista con las habilidades y los intereses naturales que Dios te ha dado. ¿Cuáles son algunas de las cosas que haces bien? Quizá reconoces con facilidad lo bueno de los demás, y para ti es bastante natural alabar y animar los esfuerzos de los que te rodean. Si así eres tú, entonces necesitas buscar oportunidades para aplaudir con fuerza cuando tus amigos hacen algo bien. ¡Aplaudir un trabajo bien hecho es un maravilloso regalo! Probablemente tengas una tendencia natural a organizar y disfrutarías organizar una reunión de amigas o un evento de barrio. Luego date gusto planeando cada detalle y bendice a tus amigas con un evento maravilloso. U ofrécete como voluntaria para ayudar a una amiga desordenada a organizar su cuarto de servicio, su armario, su cocina o su garaje.

Janet bendice a sus amigas por medio de llevar su cámara a casi todas las reuniones. Todo el año les toma fotos a los hijos de sus amigas en diferentes actividades, revela el rollo y luego les envía las fotografías por correo. ¡Qué sorpresa tan linda encontrar en medio de todos los estados de cuenta y avisos de cobro una tarjeta de parte de Janet que trae fotografías de tus sonrientes hijos! Ella utiliza su habilidad como fotógrafa como un medio para darle regalos maravillosos a sus amigas.

Carla tiene el don increíble de tomar una habitación que se vea bastante ordinaria y con poco o nada de dinero, convertirla en una habitación que puede ser admirada, llena de calidez y encanto. Simplemente por medio de reacomodar los muebles, pintando las

Dar es verdaderamente tener. —Charles H. Spurgeon

91

paredes de otro color y colocando los adornos en grupos agradables a la vista, Carla puede crear un espacio de vida que todos pueden envidiar. Las buenas noticias son que Carla no limita su talento a su propia casa. Ella disfruta ver el potencial en las casas de sus amigas que carecen de este talento. Ella nunca ofende a una amiga dándole "consejos" espontáneos. Pero cuando le pides su opinión, ella no solo te hace la sugerencia, sino que se ofrece a trabajar para transformar lo ordinario en espectacular.

Susan es una jardinera talentosa. Su pintoresca casa está rodeada de jardines campiranos estilo inglés y transpira un sentimiento de serenidad y sencillez. Ella sabe mucho de plantas y de paisajismo y le encanta compartir sus dones de jardinería con las personas que ama. ¡Cuán bendecidas son las amigas de Susan cuando vuelven a su hogar y disfrutan de la belleza de lo que Susan ha hecho en su jardín! ¡Como Susan está dispuesta a ir al vivero a sugerir qué comprar, y como está dispuesta a diseñar el jardín y a llenarse las uñas de tierra para hacer el trabajo sucio, sus amigas reciben un regalo invaluable!

Diane posee el don de la sabiduría. No solo tiene mucho conocimiento de lo que dice la Palabra de Dios en muchos asuntos de la vida, ella tiene la habilidad de parte de Dios de tomar ese conocimiento y aplicarlo a las situaciones de la vida cotidiana. Diane utiliza su don de sabiduría para animar a sus amigas a tomar decisiones sabias. Ella no impone su opinión sobre las que tienen la bendición de ser sus amigas, sino que más bien siempre está dispuesta a aconsejar a quien se lo pida.

Todas necesitamos hacer un inventario de los talentos y habilidades que Dios nos ha dado. Si tenemos problemas para identificar nuestros dones, podemos preguntarles a nuestros familiares y amigos cercanos qué es lo que ven en nosotras. Estos son dones que Dios nos ha dado. No son para ser presumidos o escondidos; sino para darlos a los demás.

Da tu tiempo

Karol reflexiona: Mientras estaba trabajando en este capítulo, de pronto se escuchó un inesperado golpe en la puerta. Era una amiga jovencita que necesitaba consejo y un hombro sobre el cual llorar. Su sesión de consejería no estaba en mi lista de pendientes del día. Pero ella necesitaba el regalo de un oído atento y de cuidado amoroso, así que decidí salirme un momento de "mis asuntos" para darle ese regalo. Más tarde en el día otra amiga me llamó solamente porque necesitaba hablar acerca de algunos problemas en su vida. Estas dos mujeres me necesitaban para darles mi bien más precioso: tiempo.

Ciertamente, hay ocasiones en que necesitamos guardar nuestro tiempo, y en el siguiente capítulo vamos a hablar de los límites que podemos poner para nosotras mismas, pero algunas veces el mejor regalo que le podamos dar a alguien es tiempo, incluso cuando no sea fácil o conveniente.

Terry Ann reflexiona: Recientemente yo estaba en la parte receptora de un maravilloso regalo de tiempo. Era la época de Navidad, y Jay y yo estábamos siendo anfitriones de una fiesta que realmente requería de mucha de mi atención personal. Pero yo tenía solo unos días para terminar un proyecto relacionado con el trabajo que me estaba consumiendo mucho tiempo y en realidad no tenía el tiempo necesario para ordenar la casa antes del evento.

De la nada, mi amiga Karen me llamó para darme las noticias de un regalo increíble: "Terry Ann, quiero darte un regalo de Navidad adelantado", me dijo. "Contraté una empleada doméstica, y pensé que sería una bendición para ti si el día antes de tu fiesta la envío a tu casa en lugar de a la mía. ¿Necesitas sus servicios?".

¡Qué pregunta! Hace algunos años no hubiera aceptado, pero estoy mejorando bastante en ser una receptora, así que rápida y alegremente respondí: "¡Sí, sí, sí! ¡Y gracias, gracias, gracias!".

Entonces mi amiga Jill me llamó y me dijo: "Terry Ann, sé que tienes una pesada carga en este momento, así que ¿puedo ponerles los timbres a las invitaciones y enviarlas?". Una vez más mi recién hallada habilidad para recibir entró en acción, y con alegría lo acepté. Ambas amigas me dieron de sus recursos (Karen le pagó a la empleada doméstica y Jill pagó el envío). Pero lo mejor es que me dieron lo que más necesitaba: el regalo del tiempo.

El tiempo es un regalo precioso que les podemos dar a nuestras amigas. Pero si estamos ocupadas hasta el tope, le dejamos poco espacio a la flexibilidad, y la oportunidad de dar de nuestro tiempo se nos escapa. Es verdad que la solución quizá no sea dejar espacios muertos en nuestra agenda para tronarnos lo dedos esperando que alguien nos llame; pero podemos tomar la decisión de obsequiarles tiempo a nuestras amigas y seres queridos.

De hecho, hay dos aspectos de dar tiempo que son esenciales para edificar una amistad positiva: *ser flexibles* y *planear*. Vamos a examinar cómo ambas pueden ayudarnos a dar el regalo del tiempo.

Ser flexibles

Algunas veces tenemos actividades programadas en nuestras agendas que no podemos cambiar, como ciertas juntas, compromisos y fechas de entrega. Pero otras se pueden ajustar. La flexibilidad requiere discernimiento para reconocer lo que puede esperar y lo que no es negociable. Una actitud abierta, que libera la necesidad de controlar cada momento es esencial.

Algunas mujeres luchan con esto más que otras. Están aquellas que establecen su programa del día y están determinadas a cumplirlo sin importar nada. Otras se permiten ser distraídas continuamente con interrupciones y nunca logran hacer nada. Ciertamente hay un equilibrio sano. Lo importante es no atenernos a nuestras agendas personales hasta el punto de que no estemos dispuestas a dar tiempo para satisfacer necesidades en la vida de nuestras amigas.

¿Cómo podemos encontrar un equilibrio saludable cuando se trata de ser flexibles? Estas son algunas preguntas que te puedes hacer cuando ves a una amiga necesitada.

- ¿Es una necesidad inmediata o puede esperar?
- ¿Si cambio lo que tengo en mi agenda para satisfacer la necesidad de mi amiga, quién podría salir perjudicada?

- ¿Qué tan vital es la actividad que planee hacer durante este tiempo?

Como mencionamos antes, la flexibilidad es un asunto de actitud. La determinación férrea es importante en muchos aspectos de la vida, pero si deja a los demás remolineándose en su estela, quizá necesitemos reconsiderar nuestra determinación. En esta carrera de la vida, ¿la meta es llegar primero? ¿O la meta es ayudar a tantos como podamos a llegar al final con nosotras?

Nos vino a la mente una historia que nos relataron acerca de una Paralimpiada en Seattle, Washington. En cierta carrera, nueve competidores se pusieron en sus marcas. Se escuchó el disparo y comenzaron a correr a su ritmo. No habían avanzado mucho cuando uno de los competidores se tropezó y se cayó, y comenzó a llorar cuando dio con el suelo.

Uno por uno, los otros corredores se detuvieron, se regresaron y fueron a ayudar a su amigo que se había caído. Una niña con Síndrome de Down le daba de besos a su amigo, mientras otro le decía: "Todo va a estar bien". Luego, en un gesto de perfecto amor, los competidores se tomaron del brazo y caminaron juntos hasta la meta. La multitud comenzó a dar una gran ovación que siguió durante varios minutos, al comprender la belleza de la lección de vida que acababan de observar. Porque, ganar no se trata solo de llegar primero, sino de detenerse en el camino para ayudar a otros a que también experimenten la victoria.

Planear

Algunas veces surge una necesidad y debemos responder de manera espontánea. Pero otras veces podemos planear dar nuestro tiempo a otras.

Meredith es una ejecutiva que es miembro del consejo directivo de varias organizaciones sin fines de lucro. Es sumamente sabia en varias áreas, y una gran cantidad de individuos buscan su consejo. Algunas de estas personas son sus amigas, mientras que otras solo son conocidas. Con una agenda tan apretada, Meredith se frustró de que muchas veces no podía estar suficiente tiempo con las personas a las que verdaderamente quería ayudar.

Fue en ese momento cuando decidió apartar los viernes para reunirse con estas personas para comer. Su plan de apartar este tiempo en su agenda semanal no solo le solucionó el problema, sino que también le dio la oportunidad de que algunas personas que estaban en su círculo de conocidas pasaran a su círculo de buenas amigas. Varias amistades importantes y vitales han surgido de este plan.

El discernimiento es importante para saber cómo planear y utilizar mejor nuestro tiempo. Hay ciertas que nunca las veríamos ni sabríamos de ellas si no apartáramos un tiempo regular para reunirnos con ellas. Así qué ¡hagámoslo! En este momento, toma unos minutos para pensar en alguien con quien te gustaría desarrollar y mantener una relación cercana. ¿Ya pensaste en esa mujer con quien si pasaras un poco de tiempo, estás segura de que podría identificarse contigo y volverse una gran amiga tuya? Levanta el teléfono, o la siguiente vez que te la encuentres, acuerden comer juntas. Las amistades positivas de calidad requieren tiempo de calidad planeado.

Da de tu tesoro

¿A quién no le gusta recibir un obsequio? El hecho de que alguien piense en nosotras y luego se tome el trabajo de escoger algo especial para nosotras es halagador y todo un privilegio. El dar regalos con creatividad es un arte; un arte que todas deberíamos desarrollar, porque le añade una dimensión divertida a todas nuestras amistades. Nos da más de una manera de decir: "Te estimo".

En su libro *Los cinco lenguajes del amor*, el Dr. Gary Chapman explica que la gente expresa su amor y su cariño por los demás principalmente en cinco maneras básicas. Una de ellas es dar y recibir obsequios. Él concluye, después de haber estudiado varios patrones culturales alrededor del mundo, que dar regalos es una expresión fundamental de la manera en que la gente considera a los demás. Además los símbolos del amor, como los regalos que se pueden palpar, son más importantes para algunas personas que para otras, dice.[1]

Si tienes una amiga que constantemente les está dando regalos a las personas a su alrededor, puedes apostar que el arte de dar es sumamente importante para ella. Así que puedes concluir con toda certeza que cuando ella recibe un regalo, escucha una interpretación clara y fuerte que dice: "Soy apreciada y amada".

¡Sin importar que dar no sea nuestro lenguaje principal del amor, todas podemos estar de acuerdo en que dar o recibir regalos es puro placer! El problema para muchas de nosotras no es que queramos darles regalos creativos y oportunos a nuestras amigas; sino que estamos tan ocupadas con la vida que no nos tomamos el tiempo de hacerlo. O quizá simplemente no recordamos que se acerca el cumpleaños o el aniversario. Estas son algunas sugerencias para hacer del gozo y el arte de dar una misión más manejable para todas nosotras.

Calendario de cumpleaños y aniversarios

Tómate unas horas para hacer una lista de amigas especiales, luego llámales a cada una para obtener sus fechas de cumpleaños y de aniversario. (Si todavía no tienes sus direcciones consíguelas también). Registra sus nombres, fechas especiales y su dirección en un calendario especial y coloca el calendario donde lo puedas ver a diario. Al principio de cada mes, revisa a quién le necesitas comprar una tarjeta o un regalo y después, hazlo. Ponle la dirección y el timbre a la tarjeta, y luego simplemente espera el día apropiado para enviarla.

Armario de regalos

Crear y llenar un armario de regalos es una idea especialmente buena si eres una cazadora permanente de ofertas. Siempre mantente alerta para encontrar artículos potenciales de regalo que hayan sido rebajados 50% o 75%. Las tiendas de especialidades que venden artículos de decoración, velas, papelería y cremas perfumadas para las manos casi siempre tienen un lugar en la parte de atrás donde exhiben sus artículos en rebaja. Las ventas de garaje también pueden ser una mina de oro para regalos potenciales. Almacena tus grandes hallazgos en un lugar designado en tu casa o en tu oficina. No solo vas ahorrar dinero en regalos a largo plazo, sino que en muchos casos vas a poder dar un mejor regalo (en términos económicos) que si te vieras forzada a comprar algo en el momento. Y la siguiente vez que te encuentres deseando poder regalarle algo a una amiga para animarla porque esté triste, ¡no tienes que preocuparte de no tener tiempo para ir de compras! Un armario de regalos bien surtido es justo la respuesta.

Certificados de regalo

Los certificados de regalo hacen que dar sea sencillo. ¿A quién no le encantaría un certificado de regalo para darse manicura, un pedicura o un masaje? Los certificados de regalo para restaurantes, librerías y cafés también son lindos. ¿Por qué no combinar un certificado de regalo con una tarjeta en la que le propongas a tu amiga ir con ella para canjearlo? De esa manera también disfrutas la compañía de los demás.

Cuponera

Elabora una cuponera personal y llénala de cupones que se puedan canjear por cosas como una limpieza de la casa gratis o una noche de cuidar a los niños para que tu amiga pueda salir con su esposo.

Donativo anónimo

Los gastos inesperados por una enfermedad, despido o divorcio pueden dejar a nuestros seres queridos en dificultades económicas. Qué delicia puede ser pagar la luz, la renta o simplemente dejar un sobre con efectivo en el buzón de una amiga en necesidad! Lamentablemente, no siempre estamos en la posición de ayudar a los demás en sus necesidades monetarias porque nuestro estilo de vida no nos deja mucho dinero de sobra. Ora acerca de cómo puedes gastar el dinero que Dios te haya dado. Es necesario que estés dispuesta a escucharlo y a obedecer sus instrucciones si te dirige a satisfacer una necesidad económica de una amiga. Hazlo de manera anónima ya que la gente muchas veces se siente rara o ridícula al recibir un donativo. Quizá te sorprenda el gozo tan grande que viene cuando das un regalo de forma anónima, sabiendo que no vas a recibir nada a cambio.

Dar como un sacrificio

Karol reflexiona: Hace varios meses recibí por correo una carta de las que a nadie le gusta recibir: la terrible notificación para ser miembro de un jurado. ¡Estas cartas nunca llegan en un momento oportuno! Fui convocada a participar justo cuando Terry Ann y yo íbamos a darle los toques finales a este libro. Pero los planes y propósitos de Dios para nosotras van más allá de lo que podemos pensar o imaginar.

Durante mi tiempo a solas con Dios en la mañana de mi deber como jurado, encontré Salmos 37:5: "Encomienda a Jehová tu camino, y confía en él; y él hará". Me arrodillé y oré: "Señor, ordena mis pasos esta mañana. Te entrego este día como jurado. Y si fuera posible, ¿podrías permitir que yo no fuera llamada a servir hoy?". Me levanté de mi oración sabiendo que Dios me llevaría a donde necesitara estar.

Al entrar en el gigantesco salón del jurado en el centro de Dallas, tenía un objetivo en mente: encontrar un contacto para conectar mi computadora y trabajar un rato mientras esperaba. Recorrí el perímetro del salón, que estaba hirviendo de gente, buscando un pequeño contacto. Finalmente, lo vi. Estaba en la parte trasera y, ¡gloria a Dios!, había un lugar vacío cerca de él en la última fila. Cuando me senté, me di cuenta de que el hombre que estaba sentado a mi lado traía en la mano el libro de los Salmos. Comencé a conversar con él y de inmediato supe que este hombre era un regalo de Dios. Su nombre era Bobby Roberson, y había estado caminando muy de cerca del Señor durante muchos años. Me habló de su amor por el Señor con gozo, paz y una confianza profunda. Hablamos toda la mañana acerca de las muchas maneras en que Dios había obrado en la vida de cada uno.

Bobby me relató algo que le sucedió muchos años atrás cuando apenas se había mudado a Dallas. Estaba ganando cuarenta dólares a la semana, y su renta era de diez dólares a la semana. Era un ingreso sumamente bajo, considerando que tenía que mantener a su esposa (que estaba estudiando enfermería en esa época) y dos hijos. Fue durante este tiempo que Bobby descubrió que uno de sus vecinos tenía mucha necesidad. Era una mujer con tres niños y estaba esperando el cuarto. Su marido la había abandonado y no tenía dinero para pagar la renta. La compasión de Cristo se levantó en el corazón de Bobby; y aunque él mismo no tenía mucho, pagó la renta de la señora junto con la suya durante varios meses.

Más bienaventurado es dar que recibir. —Hechos 20:35

"No podía dejarla sin un hogar", me dijo Bobby. "Ella necesitaba ayuda. Yo sabía que tenía que dar".

¿Fue un sacrificio dar para Bobby y su familia? ¡Por supuesto! Sin embargo, Bobby decidió suplir la necesidad de todos modos. Fue como el Buen Samaritano de quien leímos en el Punto de Poder del capítulo 6. Bobby continúa dando, y siempre está pendiente de las necesidades de otros.

"Cuando me vacío y le doy a otros, recibo", dijo él. Al verlo, yo sabía que era verdad. Era la viva imagen de un hombre que ha recibido gozo y bendición de parte de Dios. Era la persona más generosa y liberal que hubiera conocido y nunca dejaba de hablar de su amor y de su fe en Dios. El gozo del Señor es ciertamente su fuerza.

Bobby y yo provenimos de dos mundos diferentes, pero pudimos conectarnos a través de nuestro amor común por el Señor. Bobby me enseñó a dar de una manera nueva y fresca. Me recordó que dar no se trata de lo que nos sobra, sino dar de nuestro corazón. Algunas veces dar requiere sacrificio. Algunas veces no es fácil. Pero siempre vale la pena.

Creo que mi encuentro con Bobby fue arreglado en el cielo. Bobby me ayudó a ver en vivo y a todo color la belleza y el gozo de dar como un sacrificio. Él me dio algo ese día, aunque ni siquiera se dio cuenta: me dio un testimonio vivo de las bendiciones de dar y la inspiración para vivirlo en mi propia vida.

Dispuestas a recibir

Para algunas de nosotras, ser dadoras jamás ha sido un problema. ¡Nuestro segundo nombre es Dar! Donde tenemos dificultades es en ser buenas receptoras. Probablemente es un problema de orgullo. No queremos que nadie sepa que tenemos una necesidad. Nos enorgullecemos de ser autosuficientes, casi hasta al punto de que nos ofendemos si las amigas tratan de aligerar nuestra carga al darnos un poco de su tiempo, de sus talentos o de su dinero. Nuestros pensamientos silenciosos gritan: *¿Qué no saben que sí puedo con esto? ¿Realmente piensan que soy débil y necesitada?*

O quizá el orgullo no sea un problema. Posiblemente no somos buenas receptoras porque pensamos que no somos dignas de recibir. Sentimos que no merecemos, por la razón que sea, ser ayudadas o ministradas. La tragedia de esta mentalidad es que no solo nos perdemos una bendición tremenda, sino que le robamos a nuestras amigas el gozo que trae el dar.

Hay una diferencia entre tomar de manera egoísta y recibir con gracia. Es verdad que es mejor dar que recibir. Pero recibir también tiene su tiempo y su lugar. Las amigas positivas son las que con toda disposición dan con gozo y reciben regalos con humildad, sabiendo que el regalo que se está dando, sin importar que sea tiempo, talento o dinero, es una expresión de un corazón amoroso y cuidadoso.

Punto de Poder

Lee: 1 Reyes 17:7-24 y Marcos 12:41-44. Estas son las historias de dos viudas generosas. ¿Qué aprendes del dar de manera sacrificada en estos pasajes? ¿De qué manera demostraron su obediencia a Dios al dar? Observa que lo importante no era el tamaño del don, sino la disposición de darlo.

Ora: Glorioso y generoso Señor, Tú eres el dador máximo. Gracias por darme vida. Gracias por darme dones y talentos. Sobre todo gracias por darme la salvación a través de tu hijo, Jesús. Estoy verdaderamente agradecida de la obra que has hecho en mí y a través de mí. Sigue derramando tu amor a través de mí con mis amigas y en mi familia. Abre mis ojos para ver a las oportunidades de darles a las personas que has puesto en mi vida. Ayúdame a saber cómo y cuándo ofrecer ayuda y ánimo a los que tienen necesidad. Muéstrame cómo dar amor en todas sus formas diferentes. Tú eres mi fuente de dirección, fuerza y ayuda para dar a los demás. En el nombre de Jesús, amén.

Recuerda: Lucas 6:38: "Dad, y se os dará; medida buena, apretada, remecida y rebosando darán en vuestro regazo; porque con la misma medida con que medís, os volverán a medir".

Practica: ¿Hay alguien en tu vida que necesite un regalo? Posiblemente una nota de ánimo, una llamada o una comida. Quizá solo tiempo. Decide hoy cómo le vas a dar a alguien más. Escribe una nota para no olvidarlo y colócala en un lugar donde la puedas ver a diario. La nota puede decir algo así: "¿A quién le he iluminado el día hoy?".

8

Límites benditos
Un regalo para ti misma

Tener límites claros es esencial para un estilo de vida saludable y equilibrado.

—Dres. H. Cloud y J. Townsend

Por naturaleza la mayoría de las mujeres tratan de agradar a las personas. Tendemos a querer cuidadoras que quieren arreglar situaciones y hacer que todo esté bien. Lamentablemente, nos metemos en problemas cuando tratamos de ser todo para todos. ¡Necesitamos darnos cuenta de no porque *podamos* quiere decir que *debamos*! Solo porque nos lo *pidan* no quiere decir que debamos *aceptar*. La verdad es que si realmente nos preocupamos por las demás, algunas veces tenemos que decir que "no". Lamentablemente, muchas de nosotras fuimos educadas desde chicas que en la vida para llevarnos bien, para tener éxito y para ser aceptadas necesitamos ser hacedoras perpetuas, continuamente asintiendo con la cabeza diciendo: "Claro que sí", y sonriendo: "Con mucho gusto", hasta que ya no sabemos quienes somos y por qué hacemos lo que hacemos.

Las dos tenemos dificultades con los límites, porque ambas amamos a la gente. Somos compasivas y a veces eso nos puede meter en situaciones incómodas. Es difícil saber cuando decir que no.

❂

Terry Ann reflexiona: Nunca voy a olvidar la mañana en que llegó la llamada. Eran cerca de las 9:45 a.m. Mi coanfitriona y yo estábamos por salir del aire en quince minutos. Yo trabajaba para "el mejor country de la ciudad", 102.5 FM KJNE, una estación de radio que transmitía en la región central del estado de Texas. "Jane" era mi nombre al aire y yo era la mitad del dúo Jane y Jay. Nunca me importó tener que levantarme a las 4:00, de lunes a sábado, para estar lista para salir al aire a las 6:00, porque me encantaba mi trabajo.

Acabábamos de regresar de un segmento de música con un anuncio que hablaba de la drogadicción, cuando el ingeniero me envió la llamada de una persona de la audiencia llamada Wilma. Wilma lloró mientras me decía que estaba preocupada por sus dos nietos que todavía no cumplían dos años. Aparentemente su hijo y su nuera acostaban a dormir a los niños soplándoles marihuana en la cara. Wilma acababa de escuchar el anuncio acerca de la drogadicción y como no sabía a donde más acudir, me estaba pidiendo ayuda.

Mi compañera terminó el programa para que yo pudiera hablar un poco más con esta persona que tenía problemas. Terminé preguntándole a Wilma si la podía ir a visitar a su casa para compartir con ella lo que pensaba sería la respuesta a su problema.

Al día siguiente, me encontré sentada en una casa deteriorada, en un barrio en el que no entraría ni muerta después del anochecer, escuchando mientras Wilma me narraba su historia. Era una mujer lastimada que se había divorciado cuatro veces y que había trabajado una buena parte de su vida como prostituta. Tenía antecedentes penales y un historial de adicción al alcohol y a las drogas. Tenía poco dinero y no tenía esperanza.

Dios, úsame, oré en silencio. Yo anhelaba ser un instrumento que Él pudiera usar para sanar una vida.

Compartir mi corazón con Wilma significaba hablarle de mi Señor. Yo sabía que Él era el único que podía renovarla. Él era el único que podía tomar su vida quebrada y llena de cicatrices y restaurar en ella la paz, el gozo y su propósito. Inclinó su cabeza y con lágrimas escurriendo de sus ojos llenos de dolor, con sinceridad oró para recibir a Cristo como su Salvador.

Al terminar le pregunté con sinceridad: "Wilma, ¿cuáles son tus necesidades?". Era una pregunta sencilla. Pero me sorprendió su respuesta.

"¿Podrías pagar mi recibo de la luz, porque mi servicio está a punto de expirar?".

Uno no debe tener la esperanza de ser más de lo que puede ser. —Nicolás de Chamfort

Sentí un gran gozo al bendecirla de esta manera. Después de todo mis dólares no eran en realidad míos. Solo era responsable de gastar el dinero que Dios me había confiado de una manera en que le agradara a Él. Yo sabía que dar de mis finanzas era un acto de adoración para mi Salvador.

Pero no pasó mucho tiempo antes de que me convirtiera en la mecenas de Wilma. Un mes fue el recibo de la luz. Al mes siguiente fue el recibo de la luz, *más* el recibo del teléfono. Día tras día, semana tras semana, recibo tras recibo, la ayudé hasta que caí en la cuenta de que no la estaba ayudando en nada. Le estaba robando a Wilma la plenitud que proviene de aprender a hacer las cosas a la manera de Dios (¡conseguir empleo es bíblico!), y estaba provocando que dependiera de mí en lugar de enseñarle a aplicar la instrucción que se encuentra en la Palabra de Dios.

Tanto como nos gustaría creer que podemos ser todo para todos, la verdad es que no podemos, y que ¡no debemos! Era tiempo de decirle a mi nueva amiga que no. Mi ayuda, que ella había considerado, por error, su inagotable provisión de efectivo, se había vuelto su muleta.

Hasta el día de hoy me pregunto si Wilma me usó para pagar sus cuentas, mientras pensaba lo fácil que es engañarme. Me gustaría creer que ella en realidad sentía que me necesitaba y que me pidió ayuda sinceramente con una actitud de gratitud. Pero, la verdad es que no importa. De todos modos, crucé la frontera entre la ayuda y el estorbo.

Quizá estés pensando: *¡Terry Ann esa mujer te vio la cara! ¡Qué tonta eres!* Pero espera. Pagar las cuentas de alguien durante un periodo largo mientras ella se sienta por ahí sin hacer nada puede ser un ejemplo extremo, pero la mayoría de nosotras le permitimos a la gente que se aproveche de nosotras de otra forma. Quizá le permites a tu amiga que disponga de tu tiempo mientras la escuchas hora tras hora quejarse de la vida en general. O quizá tú eres a la que siempre se le pide que cambie de planes para amoldarse a la agenda de alguien más. En ocasiones todas nos extralimitamos al dar oídos a la petición o la solicitud de alguien.

Es maravilloso ser amable, compasiva y flexible. Pero ser un tapete una y otra vez no ayuda a nadie. Solo provoca que las demás se vuelvan egoístas y poco consideradas.

Lo que necesitamos hacer es aprender a aceptar las tareas que provienen de la mano de Dios. ¡Después de todo, su opinión de nosotras es la única que importa! Debemos rendir nuestra tendencia a agradar a los hombres con el fin de agradar a Dios. La clave es aprender cuándo y cómo decir la palabra "no", porque si decimos que "sí" a toda petición y a cada oportunidad que se nos cruce por el camino, vamos a terminar exhaustas, desesperadas, resentidas y desanimadas.

Desarrollar discernimiento

Establecer los límites apropiados en nuestra vida requiere discernimiento. Discernir significa juzgar con atención o examinar con cuidado, y eso es exactamente lo que necesitamos hacer en el momento de satisfacer las necesidades de las demás. Por un lado queremos ser amorosas, amables y abiertas con todas. Por otro lado tenemos límites y no podemos hacerlo todo. El discernimiento es esencial para saber dónde, cuándo y cómo podemos dar a las demás; nos guía para reconocer las necesidades verdaderas. Salomón dijo: "¿Quién como el sabio? ¿y quién como el que sabe la declaración de las cosas? La sabiduría del hombre ilumina su rostro, y la tosquedad de su semblante se mudará [...] El que guarda el mandamiento no experimentará mal; y el corazón del sabio discierne el tiempo y el juicio. Porque para todo lo que quisieres hay tiempo y juicio; porque el mal del hombre es grande sobre él" (Eclesiastés 8:1,5-6).

Todas conocemos a mujeres que parecen tener un discernimiento extraordinario acerca de la gente y las situaciones. Son las que dicen: "No puedo decirte exactamente qué, pero hay algo que no me gusta". Más tarde descubres algo que *no estaba* del todo bien. Quizá tú eres ese tipo de mujer. No obstante, muchas de nosotras tenemos dificultades para ver más allá. Las buenas noticias son que el discernimiento se puede buscar y que se puede encontrar si lo buscamos en los lugares adecuados. Proverbios 2:2-6 dice:

No puedo hacerlo todo, pero todavía puedo hacer algo; y como no puedo hacerlo todo, no me voy a negar a hacer algo que pueda hacer. —Edward Everett Hale

> Haciendo estar atento tu oído a la sabiduría;
> Si inclinares tu corazón a la prudencia,
> Si clamares a la inteligencia,
> Y a la prudencia dieres tu voz;
> Si como a la plata la buscares,
> Y la escudriñares como a tesoros,
> Entonces entenderás el temor de Jehová,
> Y hallarás el conocimiento de Dios.
> Porque Jehová da la sabiduría,
> Y de su boca viene el conocimiento y la inteligencia.

Dios es nuestra fuente de discernimiento y sabiduría. Él es el que nos da ojos para ver y corazones para entender las necesidades a nuestro alrededor. Por eso nuestra búsqueda de discernimiento debe comenzar en nuestras rodillas en oración: "Señor, muéstrame, dirígeme. ¿Esto es lo que debería estar haciendo con mi tiempo? ¿Esta persona realmente necesita hablar conmigo, o solo quiere quejarse y murmurar? ¿Es esta una necesidad que me has llamado a satisfacer en la vida de esta persona? ¿Es este el lugar donde debo servir? ¿Qué quieres que haga en este momento?".

Mientras con reverencia ponemos nuestras peticiones delante de Dios Él es fiel para dirigir nuestro camino. Proverbios 3:5-6 nos recuerda: "Fíate de Jehová de todo tu corazón, y no te apoyes en tu propia prudencia. Reconócelo en todos tus caminos, y él enderezará tus veredas". Este debería ser nuestro versículo lema cuando consideremos lo que debemos hacer con nuestro tiempo y nuestros recursos. No podemos permitir que los sentimientos, las emociones o la culpa dirijan nuestros pasos... solo Dios.

Cuídate de las que arrebatan

A lo largo de nuestro peregrinar sobre la tierra vamos a encontrar personas con una amplia variedad de necesidades, perspectivas y maneras de ver la vida. Algunas por ejemplo, serán dadoras, mientras que otras tenderán a ser de las que arrebatan. Cuando establecemos una relación con una arrebatadora, necesitamos ejercer sabiduría, porque estas personas no tienen respeto por nuestro tiempo o por nuestras necesidades. Nuestro instinto cristiano para amar, servir y dar puede ser secuestrado, y es posible terminar cautivas de una arrebatadora perseverante, egoísta, de charla amena, que monopoliza el tiempo, que nos hace sentir culpables y que pone cara de mujer inocente y necesitada. Si no tenemos discernimiento, esta persona puede encandilarnos para hacer todo y ser todo excepto lo que Dios nos ha llamado a ser.

Probablemente no necesitas mucho tiempo para recordar un momento en que alguien se aprovechó de ti. Posiblemente una compañera de trabajo te dejó que hicieras la mayor parte del trabajo en un proyecto pero no dudó en repartir el crédito en partes iguales. Quizá una madre en la escuela de tus hijos manipuló y manejó a las maestras, a los entrenadores y a los padres de familia para arreglar una situación que le beneficiara a sus hijos... en detrimento de los tuyos y de todos los demás.

Algunas veces las que se aprovechan de nosotras son las mujeres que llamamos nuestras "amigas". Cuando ese es el caso muchas veces cortamos por lo sano y les seguimos la corriente. *¿Para qué hacer olas?,* pensamos. Y en ocasiones, servir de comparsa para llevarnos bien puede ser nuestra mejor opción, porque necesitamos escoger nuestras batallas. Pero algunas arrebatadoras van a presionar nuestros límites hasta el punto en que tenemos que decir: "Mira, ya estuvo bueno".

Por supuesto, no todas las personas que nos piden un favor o nos piden que trabajemos en un área en particular en la iglesia, en la escuela o en el trabajo están tratando de aprovecharse de nosotras. ¡Pero solo porque alguien lo pida no significa que debamos aceptar!

Sí, Dios nos llama a dar, pero no nos llama a desfallecer. Nos llama a servir, pero no a que nos absorban por completo. Nos llama a darles de beber a otros, pero no hasta el punto que nosotras nos muramos de sed. Necesitamos aprender dos tareas simultáneamente: dar y cuidarnos. Necesitamos dar abierta y libremente a los demás mientras nos cuidamos de entregarle a la gente cosas que Dios no nos ha llamado a darles. Se necesita discernimiento en ambos casos.

¿Sí o no?

Cuando alguien nos pide algo, ¿cómo sabemos si tenemos que decir que "sí" o que "no"? hay cuatro preguntas que nos pueden ayudar a discernir qué hacer:

1. ¿Realmente le va a ayudar a esta persona? Satisfacer todas las necesidades y responder a cualquier reclamo de la gente a nuestro alrededor ni es amor ni es servicio. De hecho, algunas veces lo más amoroso que podamos hacer es decir que "no" y dejar que aprendan de las consecuencias naturales de sus actos.

A las madres en particular se les dificulta aplicar este principio. Tomemos a Karen por ejemplo. Ella amorosamente (y de manera equivocada) se deshace por sus cuatro hijos al intentar suplir cada una de sus peticiones y "necesidades". Cuando su hijo más pequeño continuamente olvida llevarse el almuerzo en la mochila y vuelve a irse a la escuela sin almuerzo, no tiene de qué temer, ¡mamá al rescate! ¡En su segundo viaje a la escuela no solo se asegura de que Johnny reciba su almuerzo, sino también de que siga olvidándolo!

Cuando le decimos que "sí" a todos, cuando tratamos de satisfacer todas las necesidades que percibimos, le quitamos la responsabilidad a los demás, eso no es verdadero amor ni ayuda. En realidad perjudicamos a las personas que queremos.

2. ¿He buscado la dirección de Dios? Jesús no concedía caprichos o peticiones irresponsables. En Mateo 12:38, los fariseos y los doctores de la ley le pidieron a Jesús que les diera una señal milagrosa para probar que provenía de Dios. Obviamente estaban ignorando las numerosas señales que ya había hecho). Podemos pensar que lo mejor era Jesús hubiera hecho otro milagro en ese momento y en ese lugar. Después de todo, no le hubiera hecho daño a nadie, especialmente si hubiera ayudado a que los líderes religiosos creyeran en Él.

Pero Jesús discernió que aunque, incluso, diera un gran espectáculo de milagros frente a ellos, no estarían satisfechos. Él ya había sanado a los enfermos, le había dado vista a los ciegos, había resucitado a los muertos y había cambiado el agua en vino. Tenían todas las pruebas que necesitaban. No, aunque Jesús podría haber hecho lo que le pidieron, no lo hizo. Él sabía que no había sido puesto en esta tierra para conceder caprichos. Él había venido a hacer la voluntad del Padre. No fue enviado a agradar a la multitud o a probarse a sí mismo o delante de los demás; vino a agradar y a servir a su Padre y solo a su Padre.

Por supuesto, hacer la voluntad de su Padre en ocasiones requería que hiciera milagros, incluso delante de las multitudes, ¡pero solo cuando el que lo envió se lo pedía! ¿No es liberador? Como creyentes en Cristo, no hemos sido escogidas para ser las amadas hijas de Dios para agradar y servir a un esposo, a un hijo, a un padre, a un jefe o a un amigo. Hemos sido escogidas para suplir los deseos del Padre. Esto significa que debemos servir a los demás bajo sus órdenes y sus instrucciones. Él nos va a llamar a servir a nuestra familia y a nuestras amigas a su manera y en su tiempo.

3. ¿Cuál es mi motivación para ayudar? ¿Por qué quieres ayudar a esta persona? ¿Por amor? ¿Por obligación? ¿Por temor al rechazo? Cuando nuestra necesidad de aprobación y aceptación nos lleva a decir que "sí" cuando no deberíamos hacerlo, rápidamente quedamos sumergidas en cosas que Dios nunca quiso que hiciéramos. Esta tendencia a ser personas que agraden a los demás literalmente puede quemarnos, y no podremos culpar a nadie más que a nosotras mismas. Definitivamente, hemos sido llamadas a servir a los demás por medio de dar y servir. Pero no hemos sido llamadas a servir a toda la gente todo el tiempo.

4. ¿Qué se supone que debo hacer en este momento? En Mateo 12, cuando Jesús estaba enseñando a la multitud. Alguien le dijo que sus hermanos y su madre estaban pidiendo hablar con Él. Jesús pudo haber hecho una pausa de unos minutos para salir y atenderlos. Después de todo, ¡era su familia!

Pero Jesús no hacía lo que se esperaba de Él. Él utilizó la petición de su familia como una oportunidad para enseñar y dijo: "¿Quién es mi madre, y quiénes son mis hermanos? Y extendiendo su mano hacia sus discípulos, dijo: He aquí mi madre y mis hermanos. Porque todo aquel que hace la voluntad de mi Padre que está en los cielos, ése es mi hermano, y hermana, y madre" (Mateo 12:48-50).

La Escritura nunca nos dice si Jesús fue a hablar con su familia. Lo que sí sabemos es que no dejó todo a un lado para de inmediato correr con ellos. Más bien, continuó con lo que estaba haciendo, con lo que Dios lo había llamado a hacer en ese momento: enseñar a la gente; antes de hacer otras cosas. Obviamente, Él conocía la situación y las necesidades mejor que nosotras. Por medio de su discernimiento dado por Dios, Él sabía cuando hacer lo que le pedía su familia y cuando no.

Límites hermosos

¿Cómo son los límites saludables? Claramente, lo que está bien para una persona podría estar mal para otra. La esposa de un pastor quizá tenga límites distintos en su vida que, digamos, la administradora de una pequeña oficina.

Vamos a ver a Barbara y a Becky por ejemplo. Son dos mujeres con dos tipos distintos de límites. Barbara que está casada con un ministro, pocas veces levanta la bocina para llamarle a una amiga después de las 6:00 p.m. Como a su marido le llaman por teléfono a altas horas de la noche, aprovecha el tiempo entre las 6:00 de la tarde y la hora de acostarse para tener tiempo de calidad con su esposo. Por otro lado, Becky, como administra una oficina, no tiene tiempo durante el día ni siquiera para una conversación rápida con una amiga. Pero su esposo trabaja en el segundo turno, por lo que el tiempo entre que llega a casa y se acuesta a dormir está sola, y muchas veces les llama a sus amigas. No obstante, ella nunca soñaría con pasarse el fin de semana hablando por teléfono porque es la única oportunidad para pasar tiempo de calidad con su esposo.

Por supuesto, establecer límites, especialmente con las amigas y con los parientes, no es nada fácil. De hecho, quizá sea lo más difícil que estemos llamadas a hacer en el contexto de la amistad. Es solo cuando comprendemos que los límites se establecen por amor a los demás y porque queremos lo mejor para todos, que buscamos la valentía, el coraje y la fortaleza para establecerlos. Los límites no son paredes de piedra con el propósito de mantener a la gente fuera de nuestra vida; simplemente son guías útiles para protegernos de malgastar nuestro tiempo, nuestro talento y nuestros recursos en las exigencias egoístas de los demás y en sus caprichos.

Muchas veces no se necesita establecer límites hasta que vemos la necesidad de ellos en cierta área o con cierta persona. Digamos, por ejemplo, que comienzas una amistad con Lisa. Disfrutas hablar con ella por teléfono, pero pronto comienzas a darte cuenta de que es una quejumbrosa que chismea acerca de las demás mujeres de la iglesia.

Sus llamadas diarias están comenzando a ocupar mucho de tu tiempo y llenan tu mente de pensamiento negativos hacia las demás. *¡Ajá!* Se necesita poner un límite.

¿Cómo podemos establecer límites efectivos? Siguiendo estos cinco pasos:

1. Identifica

Cuando identificas que necesitas un límite, ya has tomado el primer paso en la dirección correcta. Muchas veces dejamos que las cosas se prolonguen por demasiado tiempo y permitimos que nos exasperen por completo antes de hacer algo. ¡Ten cuidado! Cuando algo o alguien comienza a meterse en tu vida al grado de que te distrae del sendero que necesitas seguir, entonces es tiempo de establecer un límite.

2. Ora

Una vez que te has dado cuenta de que tienes un problema, llévaselo al Señor en oración. Pídele su guía y dirección para manejar la situación. Santiago 1:5 nos recuerda que: "Si alguno de vosotros tiene falta de sabiduría, pídala a Dios, el cual da a todos abundantemente y sin reproche, y le será dada". Nuestro amoroso, generoso, Padre celestial está listo y dispuesto a impartirte la sabiduría que necesitas para tomar la decisión prudente. Pídele al Señor que haga que la situación se resuelva por sí misma o que te abra una oportunidad para que hables del límite en amor. Luego, pídele que te dé la valentía, el coraje y la obediencia para hacer lo correcto cuando se presente la oportunidad que habías pedido.

3. Habla

Declara el límite. Por ejemplo, di: "Lisa, valoro tu amistad, pero no puedo pasar mucho tiempo hablando por teléfono. Tengo varios pendientes que realmente tengo que terminar". Incluso, si te sientes impulsada, añade: "Y tengo que decirte que me siento incómoda cuando hablas de las demás detrás de su espalda, así que cuando me llames, me gustaría que mantuviéramos nuestra conversación en un tono positivo". Decir la verdad no siempre es fácil, pero cuando se hace en amor, siempre es lo correcto. La Palabra de Dios nos dice: "Y conoceréis la verdad, y la verdad os hará libres" (Juan 8:32). Cuando se dice la verdad con la motivación correcta y con el corazón puesto en la rectitud y el amor, la receptora finalmente va a recibir una bendición, aun y cuando venga en la forma de una corrección.

4. Recuerda

No asumas que porque ya expresaste tu límite, la persona lo va a guardar de manera automática. De hecho, puedes esperar que la persona transgreda el nuevo límite por dos razones: a la otra persona se le va a olvidar o quiere probar si estás hablando en serio. Va a llegar el momento en que tendrás que recordarle a la entrometida que el límite sigue vigente. Quizá tengas que decir algo así: "Lisa, necesito recordarte que no me siento cómoda escuchando que me hables de otras personas. Estoy segura de que no lo haces por mal, pero estoy en serio en esto. Valoro tanto nuestra amistad que debo insistir en que nuestras conversaciones se mantengan puras".

Quizá quieras añadir: "Y no olvides que tengo muchos pendientes que resolver, así que necesitamos reducir nuestras conversaciones al mínimo. Realmente espero que podamos pasar más tiempo juntas cuando mi carga de trabajo se reduzca. Gracias por comprenderme".

5. Hazlo cumplir

La parte más difícil de establecer un límite es hacer que se cumpla. Pero si no lo haces solo te va a llevar a más enojo y frustración. La siguiente vez que suene el teléfono y que sea Lisa la que te esté llamando, quizá necesites reforzar el límite no tomando su llamada. "Ay, eso si que es difícil", pero lo más probable es que no llegue a tanto. No obstante, algunas personas son necias; se rehúsan a tomar consejo y a cambiar. O están tan enfrascadas en sus propias necesidades y deseos que no respetan los de los demás.

Hacer cumplir un límite es como disciplinar a nuestros hijos: es la parte más difícil del proceso para nosotras, pero también es la parte que más ayuda a la otra persona. Si permitimos que las demás vivan la vida sin enfrentar las consecuencias, nunca van a aprender. De hecho ayudamos a las transgresoras a volverse mejores personas cuando esperamos que se desenvuelvan de una manera responsable. Los límites son necesarios para nuestra protección y para nuestro bien.

Confía en que Dios se hará cargo del resto

Karol reflexiona: Cuando mi amiga Nancy pasó por un periodo oscuro y difícil no pude ayudarla. Hubo muchas razones por las cuales no la pude ayudar, una de las más importantes era que acababa de tener a mi segunda hija. Con dos hijas de menos de dos años, tenía las manos llenas y estaba exhausta. Si apenas podía con mi propia casa, mucho menos podía ayudar a las demás.

Pero varios años después, cuando mi madre murió trágicamente, Nancy me ayudó, me ofreció tanto consuelo como ayuda. Le confesé lo mal que me había sentido cuando no la pude ayudar durante sus días oscuros. Ella me animó a que dejara ir la culpa de inmediato y luego me dijo algo profundo: "Sabes qué, Karol, Dios siempre nos provee a las personas que necesitamos en nuestra vida en el momento en que las necesitamos".

¡Dios provee! Durante las luchas de Nancy, Dios trajo a ciertas personas que fueron perfectas para abrazarla a ella y a su esposo durante ese tiempo. Ella fue levantada en el consuelo y en el amor de Dios por medio de la gente que Él envió.

No podemos estar allí para satisfacer las necesidades de todas las personas que conocemos. Solo Dios lo puede hacer. ¡Y lo hará!

Cuando surja una necesidad, nuestra primera responsabilidad es buscar al Señor para que nos dirija. ¿Hasta qué punto quiere usarnos para llenar esta brecha o para satisfacer esta necesidad? Debemos ir solo a donde Dios nos llame y hacer aquello para lo que nos equipe, y luego confiar en que Él se hará cargo del resto. ¡Él es el gran Proveedor, no nosotras! Quizá decida usarnos, pero, de nuevo: quizá no. Si insistimos en satisfacer las necesidades de alguien cuando Dios no nos ha llamado a hacer esa tarea, la persona que Dios *sí* ha escogido para que se haga cargo entonces no hace su parte.

Lo importante es escuchar la invitación de Dios. Esta no es una excusa para ser negligente o egoísta; es un llamado a ser sabia, a tener discernimiento y a obedecer. Necesitamos ser mujeres que tengan el corazón y la mente llenos de discernimiento, siempre dispuestas a seguir la dirección de Dios, más que mujeres que reaccionen a sus voces internas de culpa, deber y rechazo.

Echémosle un vistazo a Salmos 34:4-10 como un recordatorio de la forma tan maravillosa en que Dios nos provee a cada una de nosotras:

> Busqué a Jehová, y él me oyó,
>> Y me libró de todos mis temores.
> Los que miraron a él fueron alumbrados,
>> Y sus rostros no fueron avergonzados.
> Este pobre clamó, y le oyó Jehová,
>> Y lo libró de todas sus angustias.
> El ángel de Jehová acampa alrededor de los que le temen,
>> Y los defiende.
> Gustad, y ved que es bueno Jehová;
>> Dichoso el hombre que confía en él.
> Temed a Jehová, vosotros sus santos,
>> Pues nada falta a los que le temen.
> Los leoncillos necesitan, y tienen hambre;
>> Pero los que buscan a Jehová no tendrán falta de ningún bien.

Quizá Dios te use a ti para suplir la necesidad de alguien invitándote a ofrecer consuelo, ayuda o apoyo. O puede usar a alguien más si tú no puedes. Lo mejor que podemos hacer por nuestras amigas es encaminarlas hacia el que puede verdaderamente satisfacer sus necesidades más profundas. Él es su sanador, su proveedor y su fuerza en tiempos de tribulación. Si ejercemos discernimiento, obedecemos la voz de Dios y dirigimos a la gente hacia el Salvador, vamos a ser amigas verdaderamente positivas.

Punto de Poder

Lee: Efesios 4. ¿Qué es lo que este pasaje te enseña acerca de los límites? ¿Por qué crees que Pablo incluyó el versículo 28? ¿Cuáles son las normas de comunicación que encuentras en los versículos 29-32?

Ora: Maravilloso Señor, gracias por el ejemplo que Cristo estableció en su vida sobre la tierra, al mostrarnos como dar con liberalidad al mismo tiempo que estableció límites sanos. Por favor otórgame discernimiento y sabiduría al tratar con la gente en mi vida. Permíteme reconocer cuando se necesite establecer límites. Ayúdame a escoger normas sabias y a hacerlas cumplir con amor y amabilidad. Abre mi ojos para ver las verdaderas necesidades de los demás, y muéstrame la parte que me tienes reservada para que ayude a satisfacer esas necesidades. Gracias por que tú eres el gran Proveedor, confío en que siempre te harás cargo de lo que yo no pueda. En el nombre de Jesús, amén.

Recuerda: Efesios 5:1-2: "Sed, pues, imitadores de Dios como hijos amados. Y andad en amor, como también Cristo nos amó, y se entregó a sí mismo por nosotros, ofrenda y sacrificio a Dios en olor fragante".

Practica: ¿Hay personas entrometidas en tu vida en este momento? ¿Necesitas establecer límites? En oración, revisa los pasos en este capítulo y declara tus límites para esta persona en la semana siguiente.

¿Estás en este momento entrometiéndote en los límites de alguien más? Evalúa tus amistades y considera tu actitud de constante necesidad en contraste con las demás. ¿Qué cambios necesitas hacer para ser menos exigente? Lee el Salmo 34 en voz alta siempre que necesites un recordatorio de que Dios es tu gran Proveedor. ¡Prueba y ve que el Señor es bueno!

EL PDER
DE LA
LEALTAD

*Un verdadero amigo... aconseja con justicia, ayuda con solicitud,
se aventura con valentía, toma todo con paciencia, defiende con
firmeza y sigue siendo un amigo de forma inmutable.*

—William Penn

*El que es fiel a un amigo prueba que es digno
de tener muchos amigos.*

—Anónimo

El precio de la amistad
El sacrificio y la confianza son obligatorios

*Ser capaz de tener una amistad estable y un amor duradero son
las dos pruebas mayores, no solo de la bondad de corazón,
sino de la fuerza de la mente.*

—William Hazlitt

Tenía que haber sido verano. Hacía calor, los céspedes estaban verdes y los niños estaban jugando afuera. Abbey recuerda ese día como si fuera ayer.

Ella tenía ocho años y los niños del barrio se habían reunido en una casa a una calle de su casa. Brenda, su mejor amiga, estaba llorando. Alguien había pintado con clarión una raya azul cielo sobre la entrada al estacionamiento, y todos los niños estaban de un lado de la línea. Todos, excepto, Brenda. Una niña que se había autoproclamado "reina" había declarado en alta voz que nadie quería jugar con Brenda. Se estableció un desafío: si alguien cruzaba la línea para jugar con Brenda, también sería ridiculizado y tratado como ciudadano de segunda clase, por lo menos durante ese día.

El corazón de Abbey latía con fuerza mientras miraba la raya que parecía ser un gran cisma esculpido en una cordillera. Brenda era su amiga, ¡su mejor amiga! Y no había hecho nada malo. Su crimen había sido que por azar la habían escogido para ser la marginada del día.

Abbey sabía que cruzar la línea significaba arriesgar su reputación. Los niños "populares" la tendrían bajo la misma luz negativa que tenían a Brenda. Pero cuando Abbey vio las lágrimas fluyendo lentamente de los grandes ojos cafés de su mejor amiga supo lo qué tenía que hacer.

Abbey volteó a ver los rostros endurecidos del resto de los niños y luego se aventuró. Ese pequeño paso para cruzar la raya color azul cielo de clarión terminó siendo un salto monumental de amistad. Abrazar a su querida amiga en solidaridad hizo tanto por Abbey como por Brenda. ¡El sentimiento en el corazón de Abbey de que había hecho lo correcto al ponerse del lado de su amiga era sumamente agradable!

Amistad de sacrificio

La lealtad es difícil de encontrar en la actualidad. Puede costar bastante. Pero una amiga fiel tiene un valor incalculable.

La lealtad es la virtud que depende fuertemente de la existencia de por lo menos dos virtudes más. El diccionario en inglés *The American Heritage Dictionary* define la palabra *leal* de la siguiente manera: "Firme en adhesión; fiel a una persona, ideal o costumbre". Una mirada rápida nos dice que la firmeza y la fidelidad escasean en nuestros días. Nuestra sociedad por entero ha sido programada para que el individuo cuide de sí; o como alguien dijo alguna vez "agarra todo lo que puedas, después métrelo en una lata y luego, siéntate en la lata". La firmeza, la fidelidad y la lealtad tienden a caerse de la orilla de la mesa tan pronto requieren sacrificar la ganancia personal o la comodidad.

La cultura estadounidense no siempre había sido así. Como hijas de padres que se casaron en la década de 1950 y que nos educaron durante las décadas de 1960 y 1970 fuimos testigos del cambio en la cultura laboral estadounidense cuando la lealtad de las compañías hacia sus empleados comenzó a desvanecerse. Cuando éramos niñas, era común ver al abuelo de una amiga retirarse de su empleo habiendo dado treinta, cuarenta o incluso cincuenta años de servicio a una sola empresa. En su mayoría, esos días ya se fueron; no solo en el trabajo, sino en muchos aspectos de la vida.

Considera a las parejas modernas. Todas nosotras probablemente conocemos a una mujer que parece vivir en un temor constante de que si no "da el ancho": si no se inyecta la cara con botox, se rellena los labios, se depila las cejas, se aumenta el busto, reduce la panza y se liposucciona los muslos, entonces su marido quizá cambie su cuerpo de cuarenta años por dos de veinte, ¡y no estamos hablando de billetes!

La fugacidad está de moda. Las personas son leales a las otras mientras las hagan verse bien, sentirse bien o las hagan ganar dinero. Lamentablemente, cuando las personas se relacionan con las demás solo por lo que pueden obtener de ellas, el ambiente queda vacío de confianza. ¡Bienvenida al planeta tierra!

¿En quién podemos confiar? Como cristianas sabemos que el único completamente digno de nuestra confianza es nuestro Padre celestial, que nos ama a pesar de nuestros fracasos. Pero mismo tiempo, queremos sentirnos a salvo en las relaciones con las demás personas. Por lo tanto, necesitamos defender nuestro bienestar emocional por medio de conectarnos con amigas positivas y leales.

El principio de una bella amistad

En 1 Samuel vemos una hermosa imagen de la amistad basada en la lealtad. La lealtad que David y Jonatán comparten se demuestra en su amor sacrificial y en la confianza inamovible entre ellos. Su historia es una de nuestras favoritas en toda la Biblia.

Terry Ann reflexiona: Hace unos años, dirigí un musical para niños escrito por Kathie Hill llamado *Famous Kids of the Bible* (Niños famosos de la Biblia), que pone en palabras y en canto la amistad de David y Jonatán. Para ayudarles a los niños de segundo a cuarto de primaria a entender el profundo compromiso que estos dos amigos hicieron, les ilustré la trama con un giro moderno.

"Niños y niñas", les dije. "Quiero que cierren los ojos y que se imaginen conmigo que su papá es el gobernador de la ciudad. Es el rey Tut de Dallas-Fort Worth. Es dueño de todo: del gobierno, del zoológico, de Six Flags, y de todos los parques acuáticos y piscinas. Es dueño de los Dallas Cowboys, de los Texas Rangers, de los Dallas Mavericks y hasta del equipo de hockey Dallas Stars. No solo eso, sino que es dueño de las casas y los apartamentos de todos. Tiene más dinero, poder y fama que nadie. ¿Y adivina qué? ¡Como eres su

Y Jonatán hizo jurar a David otra vez, porque le amaba, pues le amaba como a sí mismo. —1 Samuel 20:17

hijo o su hija cuando él muera todo va a ser tuyo! Vas a ser la persona más rica del mundo un día.

"Ahora imagínate esto. Tu papá viene y te dice: 'Acabo de tomar una decisión. Aunque has sido un hijo maravilloso, he decidido que cuando me muera, tú no vas a ser el siguiente rey. No vas a estar a cargo de mi fortuna, se la voy a dejara tu mejor amigo'.

"¡Qué increíble! ¿Puedes imaginarte que tu papá le deje todo lo que tenía que haber sido tuyo a tu mejor amigo? ¿Cómo reaccionarías? ¿Cuál sería tu actitud? ¿Estarías feliz por tu amigo? ¿Esa persona seguiría *siendo* tu amigo?".

Eso no es exactamente lo que les pasó a David y a Jonatán, pero casi. En 1 Samuel 17 su historia comienza diciéndonos que David, un israelita, era el menor de ocho hijos. Se quedó en casa a cuidar de las ovejas de la familia mientras sus tres hermanos mayores siguieron al rey Saúl a la guerra contra los filisteos. Los antiguos griegos, con quienes los filisteos al parecer estaban emparentados, algunas veces decidían sus batallas por medio de hacer que los caudillos de cada bando se enfrentaran en combate. Creían que por medio de este ahorro de soldados, el juicio de los dioses determinaría quién tenía la razón.

¡Dios es tan sorprendente! Él amorosamente arregla las circunstancias para nosotras de tal manera que se cumplan sus propósitos y que seamos bendecidas. Vemos este principio en acción en la vida de David y de Jonatán. En 1 Samuel 17:4-5, 8-11 leemos:

Salió entonces del campamento de los filisteos un paladín, el cual se llamaba Goliat, de Gat, y tenía de altura seis codos y un palmo. Y traía un casco de bronce en su cabeza, y llevaba una cota de malla; y era el peso de la cota cinco mil siclos de bronce [...] Y se paró y dio voces a los escuadrones de Israel, diciéndoles: ¿Para qué os habéis puesto en orden de batalla? ¿No soy yo el filisteo, y vosotros los siervos de Saúl? Escoged de entre vosotros un hombre que venga contra mí. Si él pudiere pelear conmigo, y me venciere, nosotros seremos vuestros siervos; y si yo pudiere más que él, y lo venciere, vosotros seréis nuestros siervos y nos serviréis.

Y añadió el filisteo: Hoy yo he desafiado al campamento de Israel; dadme un hombre que pelee conmigo. Oyendo Saúl y todo Israel estas palabras del filisteo, se turbaron y tuvieron gran miedo.

En esos mismos días, David había sido enviado por su padre, Isaí, a llevarles comida a sus hermanos que estaban en el frente. David se emocionó con esta diligencia.

Él ya tenía reputación de ser valiente. Un poco de tiempo antes ya había sido convocado a la corte del rey Saúl para aliviar el alma atribulada del rey con la manera tan hermosa que tenía de tocar el arpa. Uno de los siervos de Saúl había descrito a David delante del rey de la siguiente manera: "He aquí yo he visto a un hijo de Isaí de Belén, que sabe tocar, y es valiente y vigoroso y hombre de guerra, prudente en sus palabras, y hermoso, y Jehová está con él" (1 Samuel 16:18).

David probablemente conoció a Jonatán, el hijo de Sául, por primera vez cuando fue a tocar el arpa para el rey. No sabemos de su amistad en ese punto. Pero resultó que la música de David era justo lo que el rey necesitaba, y rápidamente encontró gracia a los ojos del rey. Cuando David llegó al campo de batalla con la comida para sus hermanos vio a Goliat que se adelantó de la línea de los filisteos para gritar sus amenazas de siempre. Al ver a su alrededor, vio que los soldados israelitas temblaban de miedo ante la idea de tener que pelear con el gigante, y comenzó a preguntarle a sus hermanos acerca de la recompensa que recibiría el hombre que derrotara a Goliat.

Los hermanos de David se enfurecieron, porque sabían lo que estaba pensando. *Aquí vamos de nuevo,* pensaron. *¡Nuestro hermanito presumido piensa que es rudo!* Pero le llegó la noticia al rey de que un israelita del campamento estaba dispuesto a desafiar a Goliat. Bueno, ya sabes el resto de la historia. David, por el poder de Dios, mató a Goliat. Entonces fue traído delante del rey Saúl con la cabeza del gigante todavía en su mano.

En esta escena vemos como se echan las raíces de una amistad leal en el corazón de Jonatán. En 1 Samuel 18:1 leemos que "cuando él hubo acabado de hablar con Saúl, el alma de Jonatán quedó ligada con la de David, y lo amó Jonatán como a sí mismo". David probablemente le había explicado que sus acciones en el campo de batalla eran una expresión de su obediencia y amor hacia un Dios fiel. Al escuchar esto Jonatán decidió en ese momento y en ese lugar que David era el tipo de persona que quería como amigo. Su amistad con David estaba basada en la admiración mutua, el amor y la obediencia a Dios, su Padre celestial.

Una prueba de lealtad

Pero esto es lo sorprendente. Como Jonatán, al igual que David, caminaba con Dios, probablemente sintió que David un día sería un gran líder en el reino. Incluso pudo haber sabido, en lo profundo de su espíritu, que David, y no él, sería el siguiente rey de Israel.

La mano de Dios estaba claramente sobre el mejor amigo de Jonatán. David se estaba volviendo famoso. En 1 Samuel 18:5 encontramos: "Y salía David a dondequiera que Saúl le enviaba, y se portaba prudentemente. Y lo puso Saúl sobre gente de guerra, y era acepto a los ojos de todo el pueblo, y a los ojos de los siervos de Saúl". Las mujeres comenzaron a cantar en la calle: "Saúl hirió a sus miles, y David a sus diez miles" (1 Samuel 18:7).

¡Qué gran prueba de amistad se estaba cocinando! ¡Qué gran prueba de amistad se estaba desarrollando! El mejor amigo de Jonatán, como el mejor amigo de la pequeña historia inventada para el coro de los niños, estaba a punto de tenerlo todo. El báculo de poder de Saúl y sus riquezas iban a ser pasadas, no a su hijo Jonatán, sino a David.

Para muchas de nosotras eso sería difícil de asimilar. Nuestros segundos nombres serían envidia y venganza. A menos que estuviéramos realmente permaneciendo en la presencia y en la fuerza de Dios, sería sumamente difícil actuar con amor y dignidad; fuera la persona nuestra mejor amiga o no.

Así que esta es la pregunta. ¿Qué tan leal eres? Si tu amistad con alguien te comenzara a costar algo de valor, digamos, dinero, tiempo o reputación, ¿seguirías siendo fiel? ¡Cualquier cosa de valor tiene un alto costo! ¿Estás dispuesta a pagar el alto precio de la lealtad en tus amistades? ¿Las amigas que has escogido valen el precio que esa lealtad quizá te exija?

Cuando Jesús *nos* escogió como amigas, le costó todo. Le costó su vida. Nos amó y valoró tanto nuestra amistad que pagó el precio máximo para que pudiéramos vivir para siempre con Él. Fue fiel hasta la muerte. Lo más probable es que no se nos pida que pongamos nuestra vida física por nuestras amigas. Pero cuando el precio comience a subir, ¿seremos fieles?

Escoge a tus amigas con sabiduría

Las amigas positivas son leales. Son personas en las que podemos confiar. Y todas queremos estar rodeadas de personas confiables, ¿no? Si eres una empresaria, quieres poder confiar en tus empleados. Si eres una madre que trabaja fuera de casa, necesitas confiar en la persona que cuida a tus hijos. Los padres necesitan confiar en que sus hijos están a salvo con los maestros en la escuela y en la iglesia. Los propietarios de una casa necesitan confiar en que si el técnico les dice que su aire acondicionado necesita un nuevo compresor, les está diciendo la verdad. Y todas necesitamos confiar en el mecánico que repara nuestros coches. Todavía más, necesitamos confiar en las personas más cercanas: nuestro cónyuge, nuestros padres, nuestros hijos y nuestras amigas.

La confianza se fundamenta en dos ingredientes clave: honestidad y confiabilidad. De niñas comenzamos confiando en todos. Comenzamos la travesía de la vida creyendo que nadie nos dañaría a propósito. No obstante, demasiado pronto, nos damos cuenta de que la confianza es algo que le otorgamos a los demás solo cuando de manera constante proceden con honestidad y de manera confiable. La confianza es algo que no se puede conferir o adquirir, sino que se gana.

Ambas hemos tenido el privilegio de ser criadas en familias en las que nuestros hermanos y padres nunca traicionaron nuestra confianza. Nuestros padres han sido fieles entre sí durante décadas, y nuestras hermanas (¡ninguna de nosotras tenemos hermanos!) se han regocijado de manera auténtica con nuestros éxitos y han llorado con nosotras en nuestras penas a lo largo de los años. Este ambiente seguro en nuestro hogar nos llevó a extender nuestra confianza libremente a nuestras amigas y conocidas cuando entramos a la adolescencia, durante los años de nuestra juventud y ahora en las primeras etapas de la vida como adultas. No obstante, en la vida de ambas, nuestra disposición a confiar nos ha llevado a tener malas experiencias con algunas amistades en varias ocasiones. Hemos aprendido a perdonar y a seguir adelante, pero también hemos aprendido la importancia de escoger amigas en las que podamos confiar.

Cuando se traiciona la confianza

Las mujeres cuya confianza ha sido severamente traicionada por alguien a quien aman encuentran extremadamente difícil sentirse seguras en relaciones futuras. Quizá conoces a mujeres así. Has estado en la verja de una buena amistad con ella durante un largo periodo, pero no pareces llegar a nada más. Poco puedes hacer además de rasguñar la superficie emocional de su vida. Por supuesto, podría ser que tienes menos en común con esta mujer de lo que te imaginas. Quizá no sienta la necesidad de procurar otra amistad importante. O puede ser que tenga problemas serios de confianza, porque haya sido herida profundamente por sus padres o por sus compañeras durante su infancia, y ahora se le hace difícil confiar en una nueva amiga.

Cuando viajamos y damos conferencias a lo largo del país, nunca dejamos de sorprendernos de cuantas mujeres tienen cicatrices emocionales porque alguien al que amaban y en quien tenían puesta su confianza las traicionó de alguna manera. Una vez que su corazón se rompió, sintieron que ya no tenían nada que dar a otras personas. ¿Y quién las puede culpar por no querer volver a pasar por lo mismo? ¡El dolor y el rechazo no son sentimientos que queramos volver a experimentar! Para evitarlos, muchas mujeres levantan grandes murallas de acero alrededor de su corazón. Fortifican estas paredes con sospecha y duda y con la firme determinación de no volver a ser lastimadas.

Quizá este es tu caso. Estás decidida a sobrevivir sola. No necesitas a nadie. Son solo tú y Dios. Nadie más se va a acercar lo suficiente como para volverte a lastimar. ¡Ay, escúchanos! Todas traemos arrastrando cosas del pasado a nuestras amistades presentes. Pero Dios no nos creó para una vida de soledad emocional. Dios nos creó a su imagen. Nos hizo a su semejanza: seres sociales. Dios creó a Adán y deseaba tener amistad con él. Pero Él sabía que Adán necesitaba algo más. Él sabía que Adán necesitaba tener intimidad con otro ser humano.

Nosotras no somos distintas. Necesitamos tener gente en nuestra vida. Personas que nos conozcan realmente. Gente en la que podamos confiar. Cuando alguien traiciona nuestra confianza (lo cual sucederá en algún momento, porque las personas y las amistades nunca son perfectas) necesitamos aprender a perdonar, levantarnos y confiar en nuestro amoroso Padre celestial para que traiga otras personas a nuestra vida que nos ayuden a que seamos restauradas y a refrescarnos.

No estamos diciendo que debamos ser masoquistas. Medita en la historia de un niño de diez años que caminaba seis calles a la escuela todas las mañanas. Todos los días, al dar la vuelta en cierta esquina, se encontraba con un grupo de niños que le decían que querían hacerse sus amigos y luego lo golpeaban y le quitaban su dinero para el almuerzo. ¡No pasó mucho tiempo antes de que el muchacho decidiera irse por otro camino a la escuela!

Para nuestro bienestar emocional, necesitamos llegar a un equilibrio entre comenzar una nueva amistad con confianza ciega e ingenua por un lado y con suspicacia por el otro. La confianza no es algo que le entregamos a cualquier persona. Ni tampoco es algo que tenemos tan guardado que nunca permitimos que nadie se nos acerque. Simplemente tenemos que ser sabias a la hora de escoger quienes tendrán el alto privilegio de ser nuestras amigas cercanas.

¿Cómo escoger?

¿Por qué las mujeres al llegar al cuarto grado de primaria al parecer se pierden en la "jungla de la malicia" y no vuelven a reaparecer como hasta los dieciséis? Cuando nuestras hijas tenían esta edad, comenzaron a volver a casa con historias de diferentes niñas en sus salones que estaban enojadas entre sí un día y que se volvían las mejores amigas al siguiente. Decían cosas como: "Cathy ya no es amiga de Lauren y la mejor amiga de Hailey ahora es Robin".

Nosotras usamos estas historias como oportunidades para enseñarles a nuestras hijas de lo que se trata la amistad. Ambas les dijimos a nuestras hijas: "Si escuchas a una niña hablando mal de otra a sus espaldas, puedes estar segura de que esa misma niña también va a hablar de ti a tus espaldas". Les explicamos que por medio de observar el comportamiento de sus compañeras a lo largo del tiempo, podrían escoger amigas que con toda seguridad serían fieles.

Nadie tiene mayor amor que este, que uno ponga su vida por sus amigos. —Juan 15:13

Escoger amigas no es algo que debamos dejar al azar. Jonatán observó a David y vio que tenía un corazón para Dios. Observó la lealtad de David hacia su padre, el rey Saúl. Sus observaciones lo llevaron a la conclusión de que David sería un amigo leal y confiable: un maravilloso amigo del alma.

Enseñarles a nuestras hijas a una temprana edad el valor de observar a la gente con el fin de escoger amigas sabiamente es una lección que les va a ayudar a lo largo de su vida. Muchas veces, las niñas maliciosas se convierten en mujeres maliciosas. Nunca han aprendido a estar seguras en la identidad que Dios les ha dado. Por lo tanto, incluso ya de adultas, y sí: incluso mujeres adultas en la iglesia, todavía tratan de verse mejor (por lo menos delante de sus ojos) por medio de menospreciar a otras.

Si te falta la cercanía emocional que la verdadera amistad trae consigo, pídele al Señor que traiga a las amigas correctas a tu vida. Observa con cuidado a las mujeres de tu barrio, de tu oficina, de la escuela de tus hijos o de la iglesia, antes de escoger con quien quieres relacionarte. ¡Recuerda que tú puedes decidir! Luego, cuando el Señor, en su tiempo haga que esas relaciones especiales crezcan en profundidad, necesitas estar dispuesta a ser abierta con tus amigas y confiarles tu corazón.

Cuando tu vida está en riesgo

Digamos que una compañera de trabajo está compitiendo contigo para subir de puesto, pero aun así estuvo dispuesta a hablar contigo en privado para que corrigieras un error que ella acababa de descubrir en tu trabajo antes de que el supervisor lo descubriera. ¿No sentirías que puedes confiar en ella? ¿Confiarías en el trabajador de la tintorería que se encontró un billete de diez dólares en el bolsillo de una de tus blusas y que te lo devolvió? ¿Confiarías en alguien que haya puesto su vida en peligro para salvar la tuya? En los tres escenarios alguien estuvo dispuesta a poner tu necesidad más arriba que su necesidad o ganancia. Alguien estuvo dispuesta a sacrificar su interés en sí misma por tu conveniencia.

La amistad a menudo requiere cierto tipo de sacrificio para que la confianza aumente. Sabemos que se le exigió a Jonatan que sacrificara una gran ganancia personal a favor de su amigo David. Mientras tanto, David, tuvo que hacer su propio sacrificio: tuvo que dejar a un lado sus experiencias pasadas que le podrían haber provocado ser desconfiado y poner toda su confianza en Jonatán. Eso no fue fácil para David.

David sabía que Jonatán lo amaba. Jonatán incluso hizo un pacto con él como señal y sello de su amistad. En la ceremonia de este pacto registrada en 1 Samuel 18:1-4, Jonatán se quitó su manto real y se lo dio a David, junto con su túnica, su espada, su arco y su cinto. Pero en las semanas que siguieron David tenía bastante razón para dudar de si podía confiar en Jonatán. ¿Cuando fuera necesario, podría confiarle su vida a Jonatán?

Luego de que David venció al gigante Goliat, el rey Saúl decidió tener a David en su corte. Pero su admiración por David pronto se convirtió en odio cuando se dio cuenta de que la popularidad de David en Israel comenzaba a eclipsar la suya. Una podría pensar que Saúl estaría emocionado de contar con un poderoso y leal guerrero como David trabajando a su favor. Por el poder de Dios, David estaba guiando al ejército de Israel a una victoria tras otra. Pero como el rey Saúl ya no tenía sus ojos puestos en el Señor, estaba preocupado por su propia reputación. Quería la alabanza y la aprobación de la gente solo para él. Se había convertido en una persona que trataba de agradar a la gente, buscando el aplauso de los demás en cada esquina, en lugar de desear la aprobación de Dios; Aquel que lo había llevado a ser rey en primer lugar.

¿No hacemos lo mismo a menudo? ¿No quitamos nuestra mirada de Dios y de sus propósitos y los ponemos en nuestra conveniencia? ¿No es esa la razón por la que hay tantos chismes y puñaladas por la espalda entre mujeres y niñas? Cuando ponemos nuestros ojos en nosotras en lugar de en el Señor, estamos preocupadas por proteger nuestra popularidad, nuestros "adeptos". Pero cuando nuestros ojos están fijos en el Señor, somos libres para amar a las demás y gozarnos con sus éxitos. Podemos confiar en que nuestro amoroso Padre levante nuestra cabeza (lee Salmos 3:3) y buscar su aprobación sobre todas las cosas.

David pudo confiar firmemente en Jonatán, pudo tener la certeza de que Jonatán nunca lo traicionaría, ni siquiera con el rey Saúl, porque él sabía que los ojos de Jonatán estaban fijos en el Señor. Jonatán era leal sobre todas las cosas a Dios y a sus propósitos. Eso le daba el poder para poner a un lado la ganancia personal con el fin de hacer avanzar la voluntad de Dios para su mejor amigo, David, y para todo el pueblo de Israel.

Dios es nuestro refugio

Más tarde en la historia de Jonatán y David, el rey Saúl le tendió una trampa a David con toda la intención de matarlo. Jonatán no podía creer que su padre quisiera asesinar a su mejor amigo. Como el quería confiar en su padre, lo defendió delante de David. Pero David le respondió en 1 Samuel 20:3: "Tu padre sabe claramente que yo he hallado gracia delante de tus ojos, y dirá: No sepa esto Jonatán, para que no se entristezca; y ciertamente, vive Jehová y vive tu alma, que apenas hay un paso entre mí y la muerte".

Entonces Jonatán tomó un paso valiente. Le dijo a David: "Lo que deseare tu alma, haré por ti" (1 Samuel 20:4). Salió con la misión de discernir la motivación del corazón de su padre hacia David. Cuando descubrió que la vida de David realmente estaba en peligro, ayudó a David a escapar de la ira del rey Saúl. David se refugió en una cueva; pero lo más importante es que se refugió en la amistad de Jonatán. Jonatán conocía el escondite de David, pero nunca lo traicionó. David se sentía seguro, sabiendo que podía confiar en su mejor amigo.

Cuando tenemos confianza, nos sentimos seguras. ¿Y sentirnos seguras, no es lo que todas necesitamos? Incluso cuando David, cuyos actos de valor eran conocidos a lo largo y ancho del país, necesitó ese sentimiento de seguridad.

Pero tanto como nos gustaría (y a veces lo hacemos) poner nuestra confianza en la gente, sabemos que las personas no son perfectas. Fallan. Incluso nuestras mejores amigas nos van a decepcionar en un momento u otro. Pero la Palabra de Dios nos dice: "[...] Y amigo hay más unido que un hermano" (Proverbios 18:24).

Dios mismo es nuestro refugio. Podemos recurrir a Él y sentirnos seguras siempre. ¡Él nunca nos va a fallar! Su amistad hacia nosotras es sacrificial: le costó la vida de su único Hijo. Podemos confiar en Él porque es honesto, y lo que dice acerca de nosotras en su Palabra es verdad. Podemos confiar en Él; Él siempre nos va a apoyar y nunca nos va a dejar. Es verdad que queremos encontrar amigas leales aquí en la tierra y ser amigas leales de otras, pero siempre debemos recordar que Dios es el Amigo leal máximo. Fijemos nuestros ojos en Él.

Punto de Poder

Lee: Mateo 24:14-16, 47-50. ¿Por qué crees que Judas traicionó a Jesús? ¿Cómo respondió Jesús a su deslealtad? ¿Cómo crees que se sintió Jesús cuando Judas lo traicionó siendo que estuvo con él durante tres años? Ahora lee Mateo 27:1-10. ¿Cómo se sintió Judas después de su deslealtad?

Ora: Padre fiel, ¡qué bueno es saber que eres mi lugar seguro! Puedo poner siempre mi confianza en ti y encontrar refugio en tu amor infalible. ¡Te alabo por tu misericordia! Ayúdame a ser fiel tanto a ti como a los demás. Ayúdame a encontrar amigas leales como Jonatán y David, y dame la valentía y la convicción de apoyarlos en las buenas y en las malas. Gracias porque nunca me vas a abandonar. ¡Te amo! En el nombre de Jesús, amén.

Recuerda: Proverbios 17:17: "En todo tiempo ama el amigo, y es como un hermano en tiempo de angustia".

Practica: Toma un momento para meditar, orar y reflexionar en tus amistades. ¿Hay alguna amiga a la que tengas que pedirle perdón por haber sido desleal? ¿Hay alguna amiga a la que necesites perdonar porque fue desleal contigo? En lugar de permitir que tu herida se convierta en amargura y enojo, pídele a Dios que te ayude a perdonarla de corazón y a seguir adelante.

10

Fuerzas destructivas
Las actitudes y acciones que dividen las amistades

Guarda tu lengua y conserva a tus amigos.

—Geoffrey Chaucer

El clima en el norte de Texas es impredecible, por decir lo menos. Podemos comenzar con un día cálido y soleado, pero por la tarde entra una tormenta proveniente del oeste y lo cambia todo. En cierto día de la primavera de 2000, la gente salió a trabajar en condiciones climáticas agradables, pero en el momento en que salieron de regreso a casa, iban huyendo de los vientos de un tornado que cayó en el centro de la ciudad de Fort Worth. Las oficinas quedaron destruidas, las casas se derrumbaron y las fachadas de los comercios quedaron hechas añicos, todo en cuestión de minutos.

Una estación local de noticias pudo reportar la devastación a medida que iba sucediendo utilizando su cámara para el clima que estaba instalada en lo alto de uno de los edificios de oficinas de Fort Worth. Nosotras, las televidentes, miramos con asombro como las lluvias cayeron, los vientos resoplaron y el tornado destruyó. En sumamente poco tiempo se consumó la destrucción.

¡El poder sin freno de una tormenta es atemorizante! Y justo como existen fuerzas naturales destructivas en el plano físico, también hay fuerzas destructivas en el plano social. La naturaleza humana sin freno puede producir un efecto tan devastador y poderoso en las relaciones como un tornado en una ciudad tejana.

Los diluvios de envidia y celos, los vientos amargos de la ira y la furia, y el ciclón del chisme pueden azotarnos de vez en cuando. Estas fuerzas negativas pueden arrancar de raíz amistades; producir disensión en las familias, las iglesias y los barrios; y destruir la vida de la gente en cuestión de unos instantes.

En el capítulo 9 consideramos las cualidades que definen a una amiga leal. Dijimos que las amigas leales son fieles, comprometidas, dignas de confianza y confiables. Pero para poder comprender por completo lo que algo es, algunas veces es valioso examinar lo que no es. Por lo tanto, en este capítulo, vamos a considerar cualidades que son diametralmente opuestas a la lealtad. A medida que lo vayamos viendo, necesitamos tener en mente que no estamos hablando de estas cualidades negativas para tener armas con las cuales juzgar a las demás; más bien, estamos haciendo una revisión personal para considerar si nosotras tenemos esos defectos o no.

Diluvios

La hija de Suzanne entró al equipo de la selección escolar de voleibol; pero la hija de Trisha no lo logró. Suzanne fue elegida presidenta de la sociedad de padres de familia local; a Trisha ni siquiera la consideraron para el puesto. Además, está el asunto de que Suzanne vive en una casa hermosa, lleva ropa de marca y conduce un coche nuevo, mientras que la familia de Trisha batalla para hacer que les rinda el dinero. Suzanne y Trisha han sido amigas desde que sus hijas empezaron a ir al jardín de infantes, pero la envidia está comenzando a infiltrarse en el corazón de Trisha a medida que centra su atención en los que Suzanne tiene y que ella no tiene.

Trisha enfrenta una alternativa: Puede regodearse en la envidia permitiendo que la autolástima, el resentimiento, los celos y la codicia se enraícen y crezcan. O puede alejarse de esos sentimientos y pensamientos destructivos y reemplazarlos con agradecimiento y acciones de gracias por la manera en que Dios está trabajando en la vida de ambas, de distinta forma.

Es tan fácil caer en la envidia y en los celos; ¡es mucho más difícil recurrir con amor al contentamiento y al agradecimiento! Digamos que Trisha toma el camino fácil. No le pone trabas a la envidia en la puerta de su corazón. Y más bien, comienza a llamar a Suzanne con solo una cosa en mente: enterarse de noticias negativas de lo que esté sucediendo en la vida de Suzanne.

Cuando escucha que Suzanne está batallando en algún aspecto con su marido o que uno de sus hijos trajo a casa una mala nota, Trisha se siente un poco mejor acerca de lo que le ha tocado en la vida. Parece que le llama con las mejores intenciones en mente, para comunicarle algún suceso de la escuela o solo para saludar, pero una vez que Trisha ha obtenido su pequeño bocado de información negativa, casualmente llega a mencionarlo en una conversación con otras amigas:

"Ay no, pobre Suzanne, siente que no encaja con el resto de nosotras porque no terminó sus estudios universitarios. Necesitamos hacerla sentir aceptada". Su comentario suena amable, ¡pero en realidad es una puñalada!

O: "Creo que debemos estar orando por Suzanne. Me dijo que verdaderamente está teniendo dificultades para disciplinar a sus hijos. Por supuesto, que me dijo esto confidencialmente, pero estoy segura de que no le importaría que oremos por ella. Solamente si no invirtiera tanto tiempo viajando con su marido, podría tener más tiempo para sus hijos. Una disciplina fuerte y buena requiere que la madre esté en casa". Cuán común es esto en los círculos cristianos, ¡aderezar el chisme con una petición de oración!

O: "Me pregunto si Suzanne debería estar sirviendo en la directiva de la sociedad de padres de familia. Parece estar tan ocupada, con todo lo demás que hace. Además, no me parece que sea lo suficientemente firme para enfrentar las situaciones difíciles. Alguien probablemente debería hablar con los demás miembros de la directiva; estoy segura de que encontrarían a alguien para reemplazarla. ¡Y, además, el descanso sería una gran bendición para ella!". Suena como si Trisha realmente se preocupara por ella, pero la verdad es que está pronunciando juicios que no le tocan hacer.

En lugar de disfrutar su amistad con Suzanne, Trisha ha escogido ensombrecer el cielo con nubes de chisme y mala voluntad. No pasará mucho tiempo antes de que ya no pueda hablarle con amabilidad a Suzanne. Probablemente no se da cuenta de ello, pero la lenta gotera de la envidia se ha convertido en lluvias pesadas de celos, inundando sus pensamientos, acciones y palabras de un odio sutil. No solo la tormenta es destructiva para su amistad, sino que es destructiva para la reputación de Suzanne y para la de ella misma.

La Biblia habla bastante seguido acerca de la envidia y de los celos. Vamos a dar una mirada rápida a varios versículos del Nuevo y del Antiguo Testamento.

- *Job 5:2:* "Es cierto que al necio lo mata la ira, y al codicioso lo consume la envidia".

- *Proverbios 14:30:* "El corazón apacible es vida de la carne; mas la envidia es carcoma de los huesos".

- *Proverbios 27:4:* "Cruel es la ira, e impetuoso el furor; mas ¿quién podrá sostenerse delante de la envidia?".

- *Romanos 13:13-14:* "Andemos como de día, honestamente; no en glotonerías y borracheras, no en lujurias y lascivias, no en contiendas y envidia, sino vestíos del Señor Jesucristo, y no proveáis para los deseos de la carne".

- *1 Corintios 3:3:* "Porque aún sois carnales; pues habiendo entre vosotros celos, contiendas y disensiones, ¿no sois carnales, y andáis como hombres?".

- *1 Corintios 13:4:* "El amor es sufrido, es benigno; el amor no tiene envidia, el amor no es jactancioso, no se envanece".

- *Santiago 3:14-16:* "Pero si tenéis celos amargos y contención en vuestro corazón, no os jactéis, ni mintáis contra la verdad; porque esta sabiduría no es la que desciende de lo alto, sino terrenal, animal, diabólica. Porque donde hay celos y contención, allí hay perturbación y toda obra perversa".

- *1 Pedro 2:1:* "Desechando, pues, toda malicia, todo engaño, hipocresía, envidias, y todas las detracciones".

La Biblia es clara: como seguidoras de Cristo, no debemos permitir que la envidia y los celos levanten una tormenta en ningún aspecto de nuestra vida. ¿Pero cómo evitas que el diluvio venga? A las primeras gotas de lluvia, ¡guarécete bajo el paraguas de la oración! Pídele al Señor que reemplace la envidia con amor por la otra persona. Pídele que reemplace la codicia con contentamiento, y reconoce que Él también tiene un plan para ti tanto como para tu amiga, y que ambos planes no son iguales.

Pon una guarda sobre tu boca, de modo que la raíz más insignificante de envidia y de celos no puedan desarrollarse en malicia, chisme y detracción. Y refúgiate en el cimiento firme de la Palabra de Dios por medio de memorizar este pasaje de los Salmos. "Confía en Jehová, y haz el bien; y habitarás en la tierra, y te apacentarás de la verdad. Deléitate asimismo en Jehová, y él te concederá las peticiones de tu corazón. Guarda silencio ante Jehová, y espera en él. No te alteres con motivo del que prospera en su camino, por el hombre que hace maldades" (Salmos 37:3-4,7).

Finalmente, para todo tipo de clima, lleva tus lentes cristianos. Mira las cosas a través de Jesús desde un punto de vista eterno y no desde un punto de vista terrenal. Date cuenta de que Dios tiene un panorama más amplio en mente. Cuando veas que una de tus amigas tiene éxito, ¡regocíjate! Dale gracias a Dios por la manera en que está trabajando en ella y en las demás.

Terry Ann reflexiona: Una de las mejores cosas que mis padres me enseñaron fue a regocijarme con los demás cuando la vida les sonríe. Todavía puedo escuchar sus palabras de ánimo cuando presentaba mi candidatura para el consejo estudiantil o asistía a una audición para ser animadora: "Recuerda, Terry Ann, solo Dios sabe si la otra persona necesitaba la victoria más que tú. Confíale tu vida. Debes saber que la manera en que manejes las decepciones o las derrotas dice más acerca de tu relación con Dios que la manera en que manejas la victoria y el éxito".

¿Qué pasa si te encuentras en la otra cara de la moneda de la envidia? Quizá este escenario te es familiar: Una amiga comienza a tratarte de manera diferente sin una razón aparente. Su comportamiento se vuelve frío y lejano. Ya no te incluye en las reuniones que organiza. Las llamadas telefónicas suceden solo cuando tú las inicias. *¿Qué hice para ofender a esta persona?*, te preguntas. Pero cuando le preguntas: "¿Qué tienes?". Ella te contesta: "Nada", o: "No sé de que estás hablando".

Si esto te pasó de chica o de adolescente, y tus papás se parecían a los nuestros, probablemente escuchaste estas palabras: "No te preocupes. No has hecho nada malo. Solo está celosa". Y probablemente ese era el caso.

Sin importar en cuál extremo de los celos te encuentres, acude a Dios en oración. Solo Él es fiel. Y tiene un hermoso plan eterno y tú puedes confiar en su amor perfecto. Recuerda que la fidelidad de Dios te va a ayudar a desear lo mejor que Él tiene, no solo para ti, sino también para los demás. Él va a secar las lluvias de envidia y celos.

Hebreos 12:2 nos recuerda: "Puestos los ojos en Jesús, el autor y consumador de la fe, el cual por el gozo puesto delante de él sufrió la cruz, menospreciando el oprobio, y se sentó a la diestra del trono de Dios". ¡Vienen días soleados! Ponte los lentes de Jesús y estarás preparada para capotear las tormentas de la vida.

Vientos amargos

Lindsey estaba un poco molesta por decir lo menos, a causa de que no fue invitada a la cena de Gloria. Es verdad que los maridos de todas las parejas invitadas salían a pescar juntos y acababan de regresar de una expedición de pesca y que se habían reunido para celebrar lo que habían pescado. No obstante, Lindsay se sentía echa a un lado. *Si Gloria realmente valorara mi amistad,* pensó, *nos hubiera invitado a Fred y a mí, aunque a Fred no le guste pescar. Después de todo, también somos amigos de las otras parejas.*

Unos días después, cuando una de las mujeres que asistieron a la cena tuvo la audacia de llevar las fotografías de la fiesta al estudio bíblico matutino de los miércoles, Lindsay no sabía si sentirse herida, enojarse o las dos cosas. *Gloria no debería estar tan emocionada de ver las fotografías,* refunfuñó en sus pensamientos, *es como si me estuviera embarrando las fotografías en la cara.*

Varias semanas después, Lindsay decidió organizar su propia cena. Adivina quién no estaba invitada. Lo que comenzó como una pequeña brisa de amargura se había convertido en el vendaval de la furia y la venganza. Lindsay estaba decidida a superar la cena de Gloria y hacer una cena que todos recordaran. Envió hermosas invitaciones con bastante anticipación, esperando que las tarjetas estuvieran en exhibición en los refrigeradores de las demás durante varias semanas. Y, por supuesto, el miércoles después de la fiesta,

Linda trajo las fotografías al estudio bíblico para enseñárselas a las demás.

Pero Gloria no reaccionó de la manera que Lindsay esperaba. *Solo está aparentando que no le importa que no la haya invitado,* pensó Lindsay casi explotando de la rabia. La verdad es que Gloria no estaba ni siquiera al tanto de la amargura y de la ira de Lindsay. No tenía idea de que Lindsay se hubiera ofendido por lo de su cena. Además se sentía segura en su amistad con Lindsay, así que el hecho de que a ella y a su marido no les hubieran participado la cena de Lindsay no la molestó.

Ignorante de ningún problema, Gloria se sintió a sus anchas cuando llamó a Lindsay la siguiente semana para ver si podía pedirle prestada su cafetera para una fiesta que le estaba organizando a su cuñada por su embarazo. ¡Eso fue la gota que derramó el vaso! La ira de Lindsay se desató.

"¡No puedo creer que me llames para pedirme prestado algo para una fiesta a la que no estoy invitada!", explotó. "No necesitas buscar una cafetera, sino una nueva amiga, porque yo ya no soy tu amiga".

No es necesario mencionar que ese fue el fin de la amistad entre Lindsay y Gloria. No tenía por qué haber terminado así. De hecho, Gloria todavía se rasca la cabeza pensando en qué provocó su separación. Cuando la amargura comenzó a soplar en el corazón y en la mente de Lindsay, pudo haberlo tratado con honestidad y de manera directa. En lugar de eso, permitió que la amargura creciera y se multiplicara hasta que se convirtió en ira y furia. ¡Si Lindsay hubiera considerado las condiciones climáticas! ¡Si le hubiera dicho a Gloria que se había ofendido por el asunto de la cena!

Todas nosotras podemos quedar atrapadas en momentos por el túnel de viento de la amargura que lleva directo a la ira. Sin importar que la amargura sea contra una hermana, contra una amiga, contra una compañera de trabajo o contra el cónyuge, debemos soltarla antes de que crezca.

Al primer indicio de una brisa de amargura, cúbrete (como en la tormenta de lluvia) con el parabrisas de la oración. Ora. "Señor, ayúdame con estos pensamientos de amargura. Quítamelos y reemplázalos con amor y perdón, así como tú me amas y me perdonas. Y muéstrame si necesito ir con mi amiga y decirle como me siento".

Cuando el viento comience a soplar, asegúrate de estar parada sobre el firme sustento de la Palabra de Dios. En 1 Corintios 13:5 se nos recuerda que el amor "no hace nada indebido, no busca lo suyo, no se irrita, no guarda rencor". ¡Tu amor quizá no sea perfecto, pero el amor de Dios por medio de ti sí! Nuestra responsabilidad está claramente definida en Colosenses 3:8: "Pero ahora dejad también vosotros todas estas cosas: ira, enojo, malicia, blasfemia, palabras deshonestas de vuestra boca". Pablo nos dice más adelante en los versículos 12 y 13: "Vestíos, pues, como escogidos de Dios, santos y amados, de entrañable misericordia, de benignidad, de humildad, de mansedumbre, de paciencia; soportándoos unos a otros, y perdonándoos unos a otros si alguno tuviere queja contra otro. De la manera que Cristo os perdonó, así también hacedlo vosotros" (Colosenses 3:12-13). Soportar y perdonar son las armas que vencen a la amargura. Vístete de estas cualidades piadosas.

Así como con el diluvio de la envidia, la clave para vencer los vientos de amargura es guardar tu boca. Es tan fácil dejar salir acusaciones ofensivas cuando estamos dándole lugar a la amargura y al resentimiento. ¡Ten cuidado! "Airaos, pero no pequéis" (Efesios 4:26). Mantén tu lengua firmemente amarrada y anudada cuando sepas que los vientos de amargura estén soplando.

Y una vez más mira las cosas a través de Jesús. Cambia tus lentes oscuros de ira por los lentes transparentes del amor y del perdón de Dios. En cuanto pongas tus ojos en Jesús no podrás evitar ver su amor abundante y su perdón hacia a ti. Y eso hace que sea mucho más fácil vivir Hebreos 12:14-15: "Seguid la paz con todos, y la santidad, sin la cual nadie verá al Señor. Mirad bien, no sea que alguno deje de alcanzar la gracia de Dios; que brotando alguna raíz de amargura, os estorbe, y por ella muchos sean contaminados".

El ciclón del chisme

La furia de un tornado es veloz, poderosa y, en muchas ocasiones, letal. Es una de las fuerzas más poderosas de la naturaleza. Pero tan destructivo como pueda ser un ciclón en el plano físico, el chisme es tanto o más destructivo en el plano social. Tanto el tornado como la lengua pueden producir una destrucción tremenda.

Por eso es que ya lo hemos mencionado dos veces: ¡Guarda tu boca! No solo de las palabras de ira o de envidia, sino de la tendencia a hablar de los demás. En Santiago 3:3-10 leemos:

He aquí nosotros ponemos freno en la boca de los caballos para que nos obedezcan, y dirigimos así todo su cuerpo. Mirad también las naves; aunque tan grandes, y llevadas de impetuosos vientos, son gobernadas con un muy pequeño timón por donde el que las gobierna quiere. Así también la lengua es un miembro pequeño, pero se jacta de grandes cosas. He aquí, ¡cuán grande bosque enciende un pequeño fuego!

Y la lengua es un fuego, un mundo de maldad. La lengua está puesta entre nuestros miembros, y contamina todo el cuerpo, e inflama la rueda de la creación, y ella misma es inflamada por el infierno. Porque toda naturaleza de bestias, y de aves, y de serpientes, y de seres del mar, se doma y ha sido domada por la naturaleza humana; pero ningún hombre puede domar la lengua, que es un mal que no puede ser refrenado, llena de veneno mortal.

Con ella bendecimos al Dios y Padre, y con ella maldecimos a los hombres, que están hechos a la semejanza de Dios. De una misma boca proceden bendición y maldición. Hermanos míos, esto no debe ser así.

¿Qué provoca que algunas personas utilicen su lengua para el mal, mientras que otras usan su lengua para bien? ¿Por qué algunas mujeres son dadas al chisme, mientras que otras son dadas a levantar a los demás? Lo clásico es que el ciclón del chisme comience a soplar cuando alguien no está dispuesta a dejar ir la envidia, la amargura o la ira, como ya hemos visto. Pero otras cosas pueden ayudar a leudar la masa. Por ejemplo, una mujer insegura quizá quiera hacerse pasar por una persona importante compartiendo la información o las noticias de otra. Quizá no siente que tenga algo positivo que decir de ella misma. Por lo menos con el chisme, cree que tiene asegurado su público.

Cual sea la razón para el chisme, podemos estar seguras de una cosa: Si alguien habla en nuestra presencia de una amiga en común, esa persona no dudará en hablar de *nosotras* cuando no estemos.

Como dice el dicho en inglés: "No hables de ti; ¡eso lo haremos cuando te vayas!". Nos sonreímos cuando lo leemos, pero solo porque sabemos lo cerca que está de la realidad.

Cuando se trata de decidir qué decir o qué no decirles a las demás, hemos encontrado tres preguntas útiles: ¿Es cierto? ¿Es bueno? ¿Es necesario? Si la respuesta a cualquiera de las tres es "no", ¡entonces no lo digas!

Tinieblas contra la luz de Cristo

Cuando veamos caer las gotas de lluvia de la envidia, sintamos que los vientos de la amargura y de la ira comienzan a incrementar su velocidad o sintamos que es probable que comience un ciclón de chisme, necesitamos reconocer la fuente de esas tormentas malignas: nuestra propia naturaleza de pecado. La Escritura señala que las obras de la carne están en conflicto directo con el Espíritu de Dios. Y cuando estamos en conflicto con Dios, ¡las tormentas de destrucción son inevitables! Nuestra única esperanza para vencer la oscuridad del pecado es alzar la vista a Dios y permitir que la luz de Cristo la disipe.

Medita en los versículos siguientes y observa la diferencia entre las oscuras obras de la carne y la luz de la verdad de Dios:

Y como ellos no aprobaron tener en cuenta a Dios, Dios los entregó a una mente reprobada, para hacer cosas que no convienen; estando atestados de toda injusticia, fornicación, perversidad, avaricia, maldad; llenos de envidia, homicidios, contiendas, engaños y malignidades; murmuradores, detractores, aborrecedores de Dios, injuriosos, soberbios, altivos, inventores de males, desobedientes a los padres, necios, desleales, sin afecto natural, implacables, sin misericordia. (Romanos 1:28-31)

Porque toda la ley en esta sola palabra se cumple: Amarás a tu prójimo como a ti mismo. Pero si os mordéis y os coméis unos a otros, mirad que también no os consumáis unos a otros [...] Y manifiestas son las obras de la carne, que son: adulterio, fornicación, inmundicia, lascivia, idolatría, hechicerías, enemistades, pleitos, celos, iras, contiendas, disensiones, herejías, envidias,

¡Yo no repito los chismes, así que pon atención! —Anónimo

homicidios, borracheras, orgías, y cosas semejantes a estas; acerca de las cuales os amonesto, como ya os lo he dicho antes, que los que practican tales cosas no heredarán el reino de Dios. Mas el fruto del Espíritu es amor, gozo, paz, paciencia, benignidad, bondad, fe, mansedumbre, templanza; contra tales cosas no hay ley. (Gálatas 5:14-15; 19-23)

Porque nosotros también éramos en otro tiempo insensatos, rebeldes, extraviados, esclavos de concupiscencias y deleites diversos, viviendo en malicia y envidia, aborrecibles, y aborreciéndonos unos a otros. Pero cuando se manifestó la bondad de Dios nuestro Salvador, y su amor para con los hombres, nos salvó, no por obras de justicia que nosotros hubiéramos hecho, sino por su misericordia, por el lavamiento de la regeneración y por la renovación en el Espíritu Santo. (Tito 3:3-5)

Claramente, las obras de las tinieblas, que son provocadas por nuestra naturaleza pecaminosa, son fuerzas que destruyen cualquier amistad. Pero las acciones que provienen de que Dios derrame la luz de Cristo en nosotras fortalecen y edifican las relaciones. Nosotras escogemos. ¿Le vamos a permitir al amor de Dios que fluya a través de nosotras, o vamos a apagar su amor por medio del pecado y del egoísmo?

Tomar la decisión correcta es más fácil a las primeras señales de mal clima. Una tormenta de envidia, ira y chisme totalmente desarrollada es más difícil de contrarrestar y podemos comenzar a producir daños antes de que nos demos cuenta. Así que vigila el clima. Mantente alerta a las señales de diluvios, vientos y ciclones y toma las precauciones necesarias. Hemos hablado de estas precauciones a lo largo del capítulo, pero aquí las resumimos.

1. Cúbrete en oración, pidiéndole a Dios su fuerza y ayuda para amar a las demás con su amor perfecto.

2. Escóndete en el cimiento firme de la verdad de Dios. Llena tu mente con la Escritura y con todo lo verdadero, lo honesto, lo justo, lo puro, lo amable y lo que es de buen nombre (Filipenses 4:8).

3. Guarda tu boca. Solo di lo que sea de edificación, útil, que anime, que sea verdadero y que sea necesario.

4. Mira las cosas por medio de Cristo y mantén tus ojos en Él y no en las circunstancias. Reconoce que Dios tiene un plan eterno para tu vida y la vida de tus amigas.

Como amigas positivas, tomemos las precauciones necesarias para guardar, proteger y alimentar nuestras amistades más queridas. Por el bien de nuestras amigas, como del nuestro, decidamos mirar las circunstancias de la vida desde la perspectiva de la fidelidad, el poder y el plan de Dios, más que de nuestro limitado punto de vista. Veamos las cosas por medio de Cristo y permitamos que la hermosa luz del amor de Dios llene nuestro corazón y reboce en amistades positivas con las demás.

Punto de Poder

🌼 **Lee:** Génesis 16:1-12; 21:1-20. Lucas 1:5-45 (nuevamente). Cuatro mujeres, cuatro bebés; dos historias diferentes. ¿Qué probabilidades había de que se levantaran nubes negras de envidia, amargura y chisme? ¿Cómo manejó la situación cada mujer? ¿Quiénes vieron las cosas por medio de Cristo?

💗 **Ora:** ¡Grande y misericordioso Padre, me regocijo en tu amor perfecto! Que está lleno de paciencia, benignidad, bondad y misericordia. Que estas cualidades maravillosas reboquen de mis palabras y acciones hacia las demás al mismo tiempo que yo sea renovada por tu amor. Alértame de las semillas de envidia, amargura o chisme para que las pueda quitar con facilidad de mi corazón y de mi mente. Guárdame de destruir mis amistades por medio de mi propia ira y egoísmo. Ayúdame a siempre edificar y a nunca derribar a las que amo, a medida que dependo de tu Espíritu Santo para que obre en mí y a través de mí. Te lo pido en el nombre de Jesús, amén.

🌷 **Recuerda:** Colosenses 3:8-12: "Pero ahora dejad también vosotros todas estas cosas: ira, enojo, malicia, blasfemia, palabras deshonestas de vuestra boca. No mintáis los unos a los otros, habiéndoos despojado del viejo hombre con sus hechos, y revestido del nuevo, el cual conforme a la imagen del que lo creó se va renovando hasta el conocimiento pleno, donde no hay griego ni judío, circuncisión ni incircuncisión, bárbaro ni escita, siervo ni libre, sino que Cristo es el todo, y en todos. Vestíos, pues, como escogidos de Dios, santos y amados, de entrañable misericordia, de benignidad, de humildad, de mansedumbre, de paciencia".

☺ **Practica:** Ponte de pie y camina hacia un espejo. Mira firmemente tu rostro en el espejo, y luego pregúntate si has sido culpable de chisme, de la amargura o de la envidia. Pídele al Señor que te ayude a verte a ti misma con claridad. Luego pídele que te ayude a vencer los pecados que te revele. Decídete a, incluso, pedirles perdón a otras si es necesario. Sobre todo, arrepiéntete. Dale la espalda a tus patrones destructivos, mira las cosas por medio de Cristo y decide comenzar a ver las cosas desde una perspectiva eterna.

Ciclos de amistad
Tiernas despedidas y frescas bienvenidas

Sé lento en escoger un amigo, sé todavía más lento en cambiarlo.

—Benjamín Franklin

¿Recuerdan esa canción que muchas de nosotras cantamos de niñas cuando nos preparábamos para regresar del campamento de verano? Nos reuníamos con las demás y celebrábamos nuestras nuevas amistades con esta frase: "Haz nuevas amigas, pero mantén a las antiguas. Una es plata y la otra es oro".

Comparar a las nuevas amigas con la plata y a las viejas amigas con el oro suena bien. La plata y el oro son metales preciosos y nuestras amistades también son preciosas. Pero el hecho es que los metales, incluso los metales preciosos, pueden mancharse y oxidarse. La plata, por ejemplo, pierde su brillo e incluso se oscurece cuando no se le da el mantenimiento adecuado. Incluso el oro puede perder su lustre a medida que va cubriéndose de polvo y de mugre. Sabemos por experiencia que casi dos décadas de fijador para el cabello pueden dañar un anillo de bodas.

Las amistades se parecen mucho al metal. Requieren mantenimiento si es que van a conservar la brillantez que da vida y que alimenta el alma. Necesitamos considerar a conciencia nuestras amistades para determinar si necesitan una pulida. Quizá algunas de nuestras relaciones han comenzado a oxidarse; algunas quizá al punto en que la amistad ha quedado verdaderamente inservible.

Esa vieja canción de campamento nos hace preguntarnos: ¿Es posible mantener todas nuestras viejas amistades al mismo tiempo que edificamos nuevas amistades? En el avance normal de la vida, quizá seamos bendecidas con amigas de por vida. Pero otras amistades quizá vayan y vengan en el ir y venir natural de la vida. Decir adiós y dejar ir ciertas amistades no es necesariamente algo negativo. Las amistades tienen ciclos. No es que esperemos que las relaciones se disuelvan o se debiliten; pero cuando sucede de forma natural tenemos espacio para que florezcan nuevas amistades.

Proverbios 18:24 nos recuerda que tener una gran cantidad de amigas no es necesariamente positivo: "El hombre que tiene amigos ha de mostrarse amigo" [Nota del traductor: La versión en inglés de la Biblia NASB traduce este versículo como: "El hombre que tiene *demasiados* amigos, *cae* en la ruina"]. ¿Por qué fue que Salomón escribió esto? Quizá se estaba refiriendo al hecho de que la profundidad de la amistad es más importante que la cantidad de amigas. Como mencionamos en un capítulo anterior, las mujeres con ciertas personalidades tienen la tendencia natural de tener muchas amigas, simplemente porque tratan de ser amigables con toda la gente. Pero todas nosotras podemos llegar a un punto en el que tengamos más amigas de las que podemos mantener. Y tratar de conservar cientos de buenas amigas puede ser abrumador. Terminamos dando vueltas y corriendo en vano para tratar de agradar y de servir a todas. O nos convertimos en personas desequilibradas y en amigas agotadas, o nos conformamos con llevar amistades superficiales sin verdadera profundidad o calidad.

Algunas veces las mujeres que tienen círculos de conocidas y de amigas demasiado grandes pueden sobrevivir porque son como camaleones. Como sabes, un camaleón literalmente cambia el color de su piel con el fin de adaptarse a distintos ambientes. Recuerda tus años de juventud. Igual que nosotras, cuando tenías entre diez y diecisiete años probablemente conociste a ciertas niñas que actuaban de cierta manera cuando estaban frente a un grupo de amigas y de otra manera cuando estaban con otro grupo de amigas. Ajustaban la manera en que hablaban y que caminaban conforme a lo que ellas pensaban que el grupo esperaba o exigía. Con el fin de ser aceptadas no se mantenían fieles a quienes eran ellas realmente.

Lo triste es que algunas de estas niñas se han convertido en mujeres inseguras que sienten la necesidad de acumular una gran cantidad de amigas, incluso a expensas de sacrificar su sentido de identidad.

En el capítulo 15 vamos a tratar más a fondo con el concepto de llevar "máscaras" con el fin de protegernos o esconder nuestros sentimientos. Por ahora, es suficiente decir que sacrificar quienes somos en aras de adquirir nuevas amistades cobra un alto precio. Puede llevarnos a establecer lazos de amistad innecesarios e incluso probablemente dañinos.

Nuestra meta debería ser desarrollar amistades profundas, perdurables y positivas, no solamente amasar una multitud de amigas superficiales. Como dijo en cierta ocasión Ben Johnson, un contemporáneo de Shakespeare: "La verdadera felicidad no consiste en la multitud de tus amigos, sino en su valor y distinción".[1] Necesitamos hallar ese delicado equilibrio, ese fluir saludable, del ciclo de la amistad en nuestra vida. Necesitamos aprender cómo y cuándo mantener ciertas amistades, dejar ir otras y desarrollar otras nuevas a lo largo de la travesía de la vida.

De eso es de lo que se trata este capítulo. Queremos ayudarte a que encuentres la libertad de traer nuevas amigas a tu vida y, cuando sea necesario, dejar ir algunas antiguas, al mismo tiempo que mantienes un puñado de esas amistades de por vida que son tan preciosas.

Ciclos circunstanciales

Nos guste o no, las circunstancias afectan nuestras amistades. Digamos que decides ofrecerte como voluntaria en una organización de servicio comunitario. El primer día conoces a Anne, una mujer que va a estar sirviendo contigo en cierto proyecto. Las dos parecen conectarse desde el principio, y las siguientes dos semanas hablan todos los días por teléfono acerca de lo que se tiene que hacer. Con el tiempo tú y Anne se vuelven amigas, compartiendo cada vez más detalles de su vida. A medida que ríen juntas y vencen los desafíos del trabajo, se forma un lazo entre ustedes.

Pero cuando terminan el proyecto, y sus caminos ya no se cruzan de manera regular, ¿siguen siendo amigas?

Quizá sí, o quizá no. Depende de la prioridad que tú (y Anne) le hayan asignado a su amistad. Sería sumamente natural que la amistad desapareciera, y no sería algo malo. Simplemente considerarías a Anne una bendición durante el tiempo que fue parte de tu vida. Por otro lado, con un poco de esfuerzo, podrían lograr mantener su

Si un hombre no hace nuevos amigos a medida que avanza por la vida, pronto se va a encontrar solo. Un hombre, señor, debería mantener sus amistades en reparación constante. —Samuel Johnson

amistad fuerte y vibrante. Si deciden que esta es una amistad que les gustaría mantener, entonces necesitan establecer un momento, digamos una vez al mes, para reunirse o para llamarse por teléfono con el fin de "actualizarse".

Otra circunstancia que podría cambiar la dinámica de una amistad es mudarse. Es doloroso cuando una buena amiga o una amiga del alma se muda.

Karol reflexiona: Recuerdo a mi amiga Barbara. Compartimos un deseo común por comenzar un grupo de estudio bíblico en nuestro barrio. Así que comenzamos a orar, a conversar y a planear cómo podríamos invitar a nuestras vecinas a que asistieran al estudio. No mucho después ya nos estábamos reuniendo con un grupo especial de damas de la comunidad, animándolas y enseñándoles la Palabra de Dios.

Como te podrás imaginar, Barbara y yo nos volvimos muy cercanas a medida que trabajamos, compartimos y oramos juntas. Nuestra amistad creció rápida y profundamente. Éramos un equipo.

Luego lo inevitable sucedió.

Ya que el marido de Barbara trabajaba en una gran empresa, siempre existía la posibilidad de que ella se tuviera que mudar algún día. Y como sabíamos, llegó el día en que se tuvo que mudar, y yo sabía que nuestra amistad cambiaría. Barbara fue un regalo de Dios para mí en muchos sentidos mientras estuvo aquí. Me ayudó cuando nacieron mis dos hijas, Grace y Joy, y en los primeros años como mamá, porque sus hijos ya eran mayores y ella tenía experiencia trabajando en guarderías. Me inspiró y me animó mientras yo enseñaba en el grupo y ella se encargaba de la organización. Ella me dio la valentía y la fuerza para alcanzar a mis vecinas para Cristo cuando no tenía suficiente seguridad en mí misma para hacerlo sola.

Al principio Barbara y yo nos manteníamos al tanto a través de cartas, llamadas ocasionales y, por supuesto, tarjetas navideñas. Los años han traído más mudanzas para Barbara, y en este punto solo somos "amigas de tarjeta navideña". Ella tiene un lugar especial en mi corazón, y le doy gracias a Dios por la bendición que ha sido en mi vida. Hubo una época para nuestra amistad cercana. Es cierto que nos podríamos haber esforzado más para mantenernos en contacto más cercano, pero las ocupaciones de la vida nos llevaron en direcciones distintas. A veces pasa. Necesitamos aceptar el hecho de que no todas las amistades van a ser de por vida. Hay un ciclo natural para las amistades, y eso está bien.

El exceso de actividades por sí mismo puede ser una circunstancia extenuante que provoque que algunas amistades se desvanezcan, se vuelvan distantes o mueran. Es probable que hayas decidido cargar con responsabilidades adicionales durante cierto periodo. Nació un nuevo hijo o el ritmo de la vida familiar se acelera o tu nuevo trabajo requiere que salgas de viaje. Algunas veces no se puede evitar estar ocupado y como es natural las amistades serán afectadas. En otras ocasiones, llenamos nuestras agendas con chupadores de tiempo innecesarios, atestando nuestro tiempo de calidad que le pertenece a los que son importantes para nosotros. Ese tipo de exceso de actividades se *puede* evitar. Necesitamos revisar continuamente la manera en que administramos el tiempo para asegurarnos de que no estamos alejando de nosotras a nuestras amigas innecesariamente.

El momento de decir "adiós"

Tanto como nos moleste la idea, no obstante, hay ocasiones en las que terminar con una amistad de manera deliberada es lo correcto. Ciertas amigas pueden ser una mala influencia e incluso ser dañinas para nosotras. Necesitamos manejar estos casos con cuidado; hay una línea delgada entre mantenernos leales a una persona en las buenas y en las malas y terminar con una amistad dañina. ¿Cómo sabemos cuando es tiempo de decir adiós?

Antes de que respondamos esa pregunta, tenemos que ser claras: Estamos hablando de amistades: conocidas, buenas amigas, posiblemente incluso de amigas del alma. ¡PERO *no* estamos hablando de cónyuges! Las amistades pueden ir y venir, pero el matrimonio es un pacto y un compromiso de por vida entre un esposo y su esposa. No confundamos las cosas. Aunque ciertas situaciones puedan ser razón suficiente para una separación o un divorcio, no estamos hablando de eso en este contexto. Estamos hablando de amistades con otras mujeres. Y algunas veces esas amistades necesitan terminar.

Los coartadores de amistad

Podemos identificar que una amistad ha dejado de ser saludable y ha llegado a ser posiblemente dañina cuando uno de los siguientes "coartadores de amistad" está presente en la relación:

1. Mentalidad antisabiduría. La Escritura y la visión realista de la vida señalan hacia el hecho de que hay dos sistemas que pelean por nuestra mente y nuestro corazón. El sistema pecaminoso de este mundo que es diametralmente opuesto al sistema piadoso de vida delineado en la Biblia. En las palabras de la Escritura vemos la sabiduría de Dios, que bendice y llena nuestra vida. Pero la Escritura también es clara en que los caminos de este mundo no son sabios sino necios, que al final traen tristeza y destrucción. Son lo opuesto a la sabiduría de Dios. Nos gusta llamar a esta mentalidad mundana "antisabiduría".

Lamentablemente, la antisabiduría puede infectar nuestras amistades. Salomón nos da una pista acerca del daño que nos puede causar una amiga necia, antisabia en Proverbios 13:20: "El que anda con sabios, sabio será; mas el que se junta con necios será quebrantado". Si detectamos que una amiga o una compañera está haciendo o diciendo necedades que se oponen a los caminos de Dios; si al parecer esa amiga no tiene un sano temor de Dios; ¡necesitamos avisparnos! Las amigas necias pueden llevarnos a hacer cosas necias también.

Las amigas necias dan malos consejos. Nos conducen por el camino equivocado. Nos aconsejan antisabiduría que obra en contra de los principios morales de Dios y la sabiduría de la Palabra de Dios. La antisabiduría dice: "Ay, no te preocupes por las consecuencias. Puedes hacerlo solo esta vez". O: "Eres mucha pieza para tu marido. Te mereces algo mejor. ¿No has pensado divorciarte?". Si tienes a una amiga necia que constantemente escupe este tipo de antisabiduría, es tiempo de que pienses en abandonar su amistad.

2. Un patrón de pecado. Otro coartador de amistad es un patrón obvio de pecado en tu amiga. Esta amiga tiene un historial de malas

El hombre que tiene amigos ha de mostrarse amigo; y amigo hay más unido que un hermano. —Proverbios 18:24

decisiones morales en el pasado y continúa escogiendo un estilo de vida de pecado en lugar de la justicia. De las amistades de este tipo Pablo dijo en 1 Corintios 15:33: "No erréis; las malas conversaciones corrompen las buenas costumbres".

Lo típico es que lo malo corrompa lo bueno. ¡Nos encantaría que fuera al revés! Pero las más de las veces, cuando pensamos: *Seré una buena influencia para ella,* nos estamos engañando a nosotras mismas. A pesar de nuestras mejores intenciones, una mala compañía puede influenciarnos para decir y hacer cosas que quizá nunca habíamos considerado antes.

Probablemente estés pensando: *Pero si dejo a esta amiga, ya no tendrá buenas influencias en su vida.* Si sientes que la persona necesita de tu ayuda, pero que no está abierta a recibir consejo para ir en la dirección correcta, por todos los medios, conserva la relación; solo mantén tu distancia. Mantente en contacto, pero no anden juntas por todos lados como mejores amigas.

3. Una tendencia a facilitar. Facilitar es una palabra popular en la actualidad. Significa tener un papel preponderante o incluso animar a otra persona para que continúe en una adicción destructiva o estilo de vida destructivo. Si detectas que una amiga te está usando para reforzar una conducta equivocada, necesitas ponerle un alto a la situación. Lo que necesitas es amor firme. Quizá requieras separarte de esta amiga y luego darle consejos piadosos y sabios a distancia. En otras palabras, es probable que necesites dejar de socializar con esta persona y solo contactarla con un propósito en mente: animarla a tomar decisiones sabias.

En algunas situaciones, una amistad requerirá ser cortada durante un tiempo; y que ese corte provenga de una intervención necesaria. Considera la siguiente historia tomada de la vida real:

Cathy, Melanie y Chris eran amigas. Como sus hijos asistían a la misma escuela, se turnaban llevarlos en las mañanas y recogerlos en las tardes. Durante años, las idas y traídas funcionaron sin problemas. Luego Chris comenzó a presentar excusas para recoger en la tarde a los niños. Algunas veces ni siquiera llegaba, dejando a los niños solos hasta que la secretaria de la escuela llamaba a otra de las mamás para que los recogieran.

La verdad finalmente salió a flote cuando la paciencia de sus amigas se terminó: Chris, una alcohólica que había estado sobria durante diecisiete años había comenzado a beber de nuevo. Su adicción había llegado al punto de que estaba empezando a quedarse inconsciente por las tardes. Algunas veces ni siquiera se daba cuenta de que era hora de recoger a las niñas. Cierto día en particular llegó a la escuela intoxicada e insistía en que los niños se subieran al coche. Gracias a Dios las maestras a cargo del servicio de entrega de niños no permitieron que los niños se fueran con ella.

Tan pronto como Cathy y Melanie se dieron cuenta de lo que estaba sucediendo, dejaron de permitir que Chris recogiera a sus hijos. Pero un día tras otro, Chris dejaba a su hijo de once años, Dustin, en la escuela sin poder regresar a casa. En el último minuto llamaba a Cathy o a Melanie; y día tras día, semana tras semana, una de las dos llegaba al rescate. Después de todo, razonaban, no era culpa de Dustin. En raras ocasiones, Chris se presentaba para recoger a su muchachito y parecía estar perfectamente bien. Pero la mayoría del tiempo ella dependía de Cathy y de Melanie para que recogieran a Dustin.

Durante mucho tiempo, las dos amigas se mostraron cooperativas, preocupadas por Chris, pero felices de poder ayudar. Finalmente, se cansaron. Le dijeron a Chris que ya no podían recoger a Dustin. También le llamaron al esposo de Chris, Eric, a su oficina y le informaron de lo que había estado sucediendo durante más de dos meses. Chris estaba furiosa. Sorprendentemente, había podido mantener el asunto en secreto delante de su esposo hasta ese momento. Su trabajo le exigía que viajara mucho, así que no había estado lo suficientemente cerca como para darse cuenta de lo que estaba pasando.

"¿Cómo pudieron traicionar mi confianza de esa manera?", les gritó.

Pero Cathy y Melanie no tenían de qué disculparse. Se dieron cuenta de que habían estado facilitando la conducta peligrosa e irresponsable de Chris durante semanas. Gracias a Dios, le pusieron fin a la facilitación y forzaron a Chris a buscar la ayuda que necesitaba, aunque les costó terminar con la relación.

No queremos jamás utilizar el temor a facilitar como una excusa para no ayudar a alguien en necesidad. Por otro lado, necesitamos estar seguras de que estamos ayudando de una manera sabia y prudente. Quizá necesitemos forzar un rompimiento en la relación si detectamos que nuestra amiga depende de nosotras de maneras poco sanas.

Cómo decir adiós

Digamos que reconoces que cierta amiga es una influencia negativa y destructiva en tu vida. ¿Cómo vas a decirle en amor que es tiempo de despedirse? Estos cuatro pasos te pueden ayudar a cerrar una relación poco sana:

1. Comienza a distanciarte. No llames para conversar; no la invites a comer; no hagan planes juntas. Esto va a comenzar a proveer el rompimiento natural para liberar la relación.

2. Planea un anuncio breve en el que expliques por qué sientes que lo mejor es que ya no salgan juntas. No lo intentes sin buscar al Señor en oración. Pídele que te dé las palabras. Pídele que te ayude a ser humilde, amorosa, veraz y firme. Quizá digas algo así: "Jenny, hay muchas cosas que me gustan de nuestra amistad, pero últimamente me han molestado cada vez más los comentarios negativos que sigues haciendo acerca de mi matrimonio. El matrimonio a veces es difícil; pero estoy comprometida a resolver mis problemas con Jim, y tú no pareces apoyarme en esto. Aunque me simpatizas, no puedo seguir pasando el tiempo contigo en este momento. Creo que lo mejor es que ya no sigamos frecuentándonos".

3. Decide si necesitas dar este mensaje de manera directa o solo tenerlo a la mano. Todas las amistades son diferentes por lo cual necesitan métodos distintos. Necesitas discernir si la situación requiere un encuentro directo y una despedida explícita, o si puedes simplemente dejar morir la relación de manera lenta y silenciosa. En algunos casos, es difícil saber qué escoger. Por lo cual es bueno que estés preparada con el mensaje del punto número dos.

4. Que sea breve y sencillo. Entre más palabras uses, es más probable que te metas en problemas, te caigas en un agujero o comiences en una discusión. No añadas una lista de disculpas o trates de explicar tus explicaciones. Mantente concisa y al grano, manteniendo un tono amoroso, pero firme.

La meta

Al cerrar este capítulo, queremos recordarte que nuestra meta no es animarte a despedirte de tus amistades; más bien es ayudarte a reconocer los hermosos ciclos de la amistad. En un jardín encontramos gran variedad de flores. Algunas florecen una vez al año. Están allí por un tiempo. Tienen un propósito y un lugar. Le añaden belleza y color durante un breve periodo, así como algunas amigas le añaden gozo a nuestra vida durante una temporada. Otras flores son perennes. Florecen año tras año. Quizá se mantengan adormecidas durante un tiempo, pero luego vuelven a la vida y florecen nuevamente. Como ciertas amigas, son fieles y sinceras.

Las yerbas también aparecen en los jardines, muchas veces apareciendo como hermosas flores. No obstante, poco después, pierden su atractivo y comienzan a amontonarse sobre el resto de la vegetación, ahogando a otras plantas sanas. Eso es lo que pasa cuando una amistad se echa a perder. Necesitamos tomarnos el tiempo para desyerbar nuestros jardines de la amistad por medio de revisar a menudo nuestras relaciones. ¡Tomar tiempo para "desyerbar y fertilizar" es lo que hace de un jardín una maravillosa vista que contemplar!

Algunas veces las flores emergen por medio de haber plantado semillas que hemos alimentado hasta su madurez a lo largo del tiempo. Otras veces las flores se plantan ya crecidas y abiertas. De cualquier forma, el resultado es hermoso. Las amistades pueden ser así. En muchas de nuestras amistades importantes, las conocidas se convierten en una amiga del alma tras muchos años de cuidados perseverantes. En otras amistades cercanas, instantáneamente somos atraídas por un interés común o por un incidente que provoca que nuestro corazón se entreteja.

Por naturaleza, un jardín está en continuo movimiento. Llegan las nuevas y las antiguas se marchitan, como un bello recuerdo. Las amistades tienen un ciclo armónico similar. Necesitamos familiarizarnos con los cambios, siempre cultivando el crecimiento de nuevas amistades positivas, mientras mantenemos la belleza y la vitalidad de las más antiguas y de las que duran para toda la vida.

Y mientras estamos en eso, no nos olvidemos de desyerbar para que nuestro jardín se mantenga vibrantemente saludable y fragante.

Punto de Poder

Lee: Hechos 15:36-39. ¿Qué descubriste de Pablo y de Bernabé? ¿Se echó a perder la obra de Dios? ¿Alguna vez te has encontrado en una situación semejante en la que acordaste estar en desacuerdo? Lee Colosenses 4:10 y Filemón 1:24 para ver como terminó el asunto.

Ora: Maravilloso Señor, gracias por las estaciones de la vida. Gracias por la fresca primavera del nuevo crecimiento. Gracias por la cosecha. ¡Eres un Dios de renovación y de redención, y te alabo por la belleza de tu obra! También gracias por las temporadas de la amistad y por el hermoso jardín de amigas que has plantado en mi vida. Dame el discernimiento para saber cuando una amiga me esta dañando y la valentía y la sabiduría para despedirme de ella si es necesario. Lo más importante, ayúdame a disfrutar de las amigas positivas que has puesto en mi vida, sin importar si seremos amigas mucho o poco tiempo. En el nombre de Jesús, amén.

Recuerda: Proverbios 18:24: "El hombre que tiene amigos ha de mostrarse amigo; y amigo hay más unido que un hermano".

Practica: Reflexiona en algunas relaciones que han venido y que se han ido de tu vida a lo largo de los años, y toma un momento para orar por esas amigas especiales que estuvieron contigo durante una temporada. Ahora, piensa en tus amistades actuales. ¿Hay algunas que necesiten desvanecerse por que son negativas o poco sanas? ¿Hay algunas relaciones que están en flor que necesitan ser cultivadas? ¿Te ha estado molestando el hecho de que ya no eres tan cercana a cierta amiga como lo solías ser? Entrégale esa relación a Dios y pídele al Señor que te dirija con respecto a esa amistad así como con las otras.

EL P🌸DER DE LOS LAZ☺S ESPÍRITUALES

Habiendo oído de vuestra fe en Cristo Jesús, y del amor que tenéis a todos los santos.

—Colosenses 1:4

Y el Señor os haga crecer y abundar en amor unos para con otros y para con todos, como también lo hacemos nosotros para con vosotros, para que sean afirmados vuestros corazones, irreprensibles en santidad delante de Dios nuestro Padre, en la venida de nuestro Señor Jesucristo con todos sus santos.

—1 Tesalonicenses 3:12-13

12

Amigas llenas de fe
La dulce comunión de las creyentes

Querido Señor: Mis amigas han sido para mí
intérpretes del amor divino,
y en su bondad he visto
brillar tu misericordia eterna.

—Martha Shell Nicholson

El estudio bíblico y la oración fueron las marcas de la vida de Barbara Kinder. Fue una amorosa esposa, madre devota y una orgullosa abuela. Sus amigas la conocían como una guerrera de oración. Aunque no disfrutaba hablar delante de la gente, cuando se le pidió que fuera la maestra asistente de un grupo local de estudio bíblico, después de considerarlo en oración, aceptó. Fue un paso de fe para Barbara, pero ella amaba la Palabra de Dios y confiaba en que el Señor le daría la habilidad de compartirla. La mayoría de las amigas más queridas de Barbara la conocieron gracias a su participación en este grupo de estudio bíblico.

Una amiga suya del estudio bíblico (también llamada Barbara) se convirtió en su compañera de oración. Las dos Barbaras se reunían fielmente cada semana y oraban por cada (realmente por *cada*) aspecto de su vida. Los esposos y los hijos de estas dos mujeres sabían que ellas estaban orando fielmente por ellos en cada evento de su vida, desde dar discursos a presentar exámenes.

La rutina diaria de Barbara Kinder incluía una vigorosa caminata matutina. Caminaba varios kilómetros por la mañana y le encantaba utilizar ese tiempo para orar. Solía toparse con un grupo de mujeres a lo largo del camino que al parecer salían juntas a caminar todos los días a la misma hora. Finalmente, le pidieron a Barbara que las acompañara. Muchas de nosotras hubiéramos dicho que sí con suma facilidad, porque nos fascina la compañía. Pero para Barbara la invitación presentaba un dilema, porque le encantaba caminar y hablar con el Señor.

Cuando llevó el asunto delante de Dios, sintió que el Señor la estaba instando a caminar con las otras mujeres y a compartir el amor de Dios con ellas. Ella no sabía exactamente su estado espiritual, pero se dio cuenta de que se le estaba ofreciendo una gran oportunidad para comunicar el amor y la verdad de Dios. Así que aceptó la invitación de las mujeres. Y, por lo tanto, comenzó un maravilloso viaje en el que les habló acerca de su familia, de sus amigas y de su fe todas las mañanas durante los años siguientes.

Algunas mañanas Barbara necesitaba caminar más temprano que las demás. Eran los días en que asistía a su estudio bíblico y preparaba su clase. La mañana del 30 de octubre de 1990 fue una de esas mañanas. Barbara se levantó temprano, leyó la selección del día de su devocional *En pos de lo supremo* de Oswald Chambers, y luego salió mientras todavía era oscuro y comenzó a caminar. Estaba en el último tramo de su caminata camino a casa cuando comenzó a brillar el amanecer. Barbara sabía que tenía que ponerle los últimos toques a su lección del día; era su turno de enseñar al grupo de más de cien mujeres.

Cuando Barbara llegó a la calle La Manga (una calle no muy ancha de dos carriles) vio un vehículo deportivo utilitario detenido esperando la luz verde. Asumió que el conductor también la había visto. Pero no era así. Por la razón que sea, cuando comenzó a cruzar la calle, el vehículo avanzó. El conductor ni siquiera se dio cuenta de que le había pegado a alguien hasta que escuchó un grito.

Un conductor que solía ser amable y cuidados cometió un error inusual, y Barbara Kinder quedó tirada en la calle con el cuerpo lastimado y sangrante. El conductor se detuvo, y la gente, en su mayoría personas que habían salido también a caminar o a correr, comenzaron a juntarse. Barbara estaba muriendo.

Lo interesante es que todos en la escena recuerdan con claridad haber visto a un hombre de cabello gris (que no era el conductor del vehículo) abrazando a Barbara y acariciando su cabeza llena de sangre cuando dio su último aliento. Los testigos dijeron que nunca habían visto a alguien demostrar tanta compasión y misericordia. Pero nadie volvió a ver o a escuchar del hombre de cabello canoso después del accidente. Algunos dicen que era un ángel. Otros que era un doctor. Quienquiera que haya sido fue con toda certeza la provisión tierna y amorosa de Dios para Barbara durante sus últimos momentos.

Barbara muchas veces le dijo a su familia: "Espero que cuando el Señor esté listo para llevarme a casa lo haga rápidamente. No quiero tardarme ni ser una carga para nadie". Dios le permitió a esta mujer santa morir de la manera en que deseaba. Los que le sobrevivimos en la tierra pensamos que fue demasiado pronto que nos dejara. Pero para Barbara su muerte fue simplemente irse temprano a casa con una recompensa.

Se hizo el anuncio esa mañana en el grupo de estudio bíblico de que Barbara Kinder se había ido a casa con el Señor esa mañana. El orador leyó una cita de la hija de Barbara que decía: "A mamá le encantaba caminar y orar. Supongo que estaba teniendo una gran conversación con Dios cuando tuvo una pequeña interrupción y terminó su conversación cara a cara". Las mujeres en el grupo de estudio bíblico fueron reconfortadas al saber que Barbara estaba sin duda en la presencia del Señor.

El esposo de Barbara, Garry, estaba de viaje cuando sucedió el accidente. Tan pronto se enteró de las noticias comenzó a buscar frenéticamente un vuelo de regreso a casa. Mientras tanto las hijas de Barbara se hicieron cargo de la casa mientras las amigas comenzaron a llegar a la casa de los Kinder a ofrecer su amor y su apoyo.

Aunque Barbara fue una persona humilde, del tipo que siempre está detrás de las cámaras era rica en amigas. El funeral, unos días después fue un testimonio de una mujer piadosa y una bendición a todos los que asistieron. El gran auditorio se llenó de gente de la iglesia, del grupo de estudio bíblico y de la comunidad que vinieron a rendirle tributo. Y a lo largo de los días y semanas que siguieron, Garry, recibió cientos y cientos de tarjetas y cartas de gente diciendo como Barbara los había bendecido con el amor y la bondad de Dios.

En lado de la cama de su esposa, Garry encontró el libro devocional que Barbara había estado leyendo la mañana en que murió. La reflexión de ese día estaba basada en un versículo de Job 13:15: "He aquí, aunque él me matare, en él esperaré". Ciertamente la esperanza de Barbara estaba en su Señor eterno. Su vida estaba basada en su fe en Él. Sus amistades más cercanas estaban basadas en un amor común por Él. Dios era su todo en todo.

Karol reflexiona: Les puedo relatar esta historia acerca de Barbara Kinder con un profundo amor, respeto y emoción porque Barbara Kinder fue mi madre. Soy bendecida continuamente por el fundamento espiritual que estableció en mi vida, y soy igualmente bendecida de ver como su fe influenció a otras personas. Hasta la fecha, más de una década después, la gente todavía me dice lo mucho que amaban y apreciaban a mi madre. Ella era una amiga llena de fe.

Una vida de fe

¡Ay, el poder de la fe! Define el color con el que vemos nuestro mundo y nos da propósito más allá de lo que nos podamos imaginar. Nos atrae a otras en dulce y preciosa comunión como amigas. No hay un lazo más profundo que podamos compartir con otra persona que el lazo de la fe en Cristo.

¿Y tú? ¿Dónde te encuentras en tu travesía de fe? Podemos comparar los diferentes niveles de amistad que vimos en el capítulo 3 con los niveles de nuestra relación con Dios. Considera dónde estás en las siguientes tres categorías.

Conocidas de Dios

Mucha gente ha escuchado de Jesús. Celebran su cumpleaños en Navidad y su resurrección en semana santa, pero solo saben *acerca* de Él; no lo conocen realmente. Incluso van a la iglesia los domingos, pero nunca se han acercado a Dios en una relación importante. Para ellos, Dios es un conocido. Reconocen que existe, pero ahí se quedan.

Jesús habló acerca de este nivel de relación de conocidos en Mateo 7:21-23, que es parte del Sermón del Monte. Expone a las personas que aparentan ser religiosas pero que realmente no tienen una relación con Él. Este es el pasaje:

> No todo el que me dice: Señor, Señor, entrará en el reino de los cielos, sino el que hace la voluntad de mi Padre que está en los cielos. Muchos me dirán en aquel día: Señor, Señor, ¿no profetizamos en tu nombre, y en tu nombre echamos fuera demonios, y en tu nombre hicimos muchos milagros? Y entonces les declararé: Nunca os conocí; apartaos de mí, hacedores de maldad.

¡Qué barbaridad! ¿Sí lo entendiste? Dios quiere que lo conozcamos, no solo que aparentemos que lo conocemos. Conocer a Dios es tener una relación con Él más allá del nivel de conocidos.

Buenas amigas de Dios

En cierto punto llega el momento ajá con una conocida que convierte a esa persona en una de nuestras preciosas buenas amigas, y nace una relación. De manera similar, es probable que hayamos comenzado conociendo acerca de Jesús; pero, luego, en cierto momento ajá, nos damos cuenta de que Él es más que un Dios distante. Él es el amado de nuestra alma. Él tomó la semejanza de la carne humana para ofrecer su vida por nosotras en la cruz y para resucitar, dándonos la esperanza de la vida eterna. Entramos en una relación con este amoroso Dios cuando tomamos un paso de fe y le confiamos nuestro corazón y nuestra vida.

Jesús nos llama a que seamos más que conocidos dominicales. Él nos llama a que seamos sus amigas, a que caminemos con el día con día. Unámonos a una sesión que tuvo Jesús con sus discípulos la noche de la última cena y escuchemos lo que les dijo acerca de la amistad con Él:

> Si guardareis mis mandamientos, permaneceréis en mi amor; así como yo he guardado los mandamientos de mi Padre, y permanezco en su amor. Estas cosas os he hablado, para que mi gozo esté en vosotros, y vuestro gozo sea cumplido.
> Este es mi mandamiento: Que os améis unos a otros, como yo os he amado. Nadie tiene mayor amor que este, que uno ponga su

vida por sus amigos. Vosotros sois mis amigos, si hacéis lo que yo os mando. Ya no os llamaré siervos, porque el siervo no sabe lo que hace su señor; pero os he llamado amigos, porque todas las cosas que oí de mi Padre, os las he dado a conocer (Juan 15:10-15).

Claramente, Jesús quiere tener una relación más allá de lo casual con nosotras. Su intención es que entremos en una relación de cercana comunión con Él por medio de la fe, y a través de permanecer en Él por medio de la obediencia.

¿Has llegado a ese momento ajá con Cristo? ¿Has puesto tu fe y tu confianza en Jesús y has avanzado a tener una relación con Él que va más allá del nivel de ser conocidos? Si no, ¿por qué no tomas un momento para comenzar está relación más profunda? Agradécele que haya venido a la tierra a morir por tus pecados y pídele que te perdone y que te ayude a caminar en obediencia a Él. Dile que crees que murió y resucitó, dándote la promesa de vida eterna.

Considera lo que dijo Santiago acerca del patriarca del Antiguo Testamento, Abraham: "Y se cumplió la Escritura que dice: Abraham creyó a Dios, y le fue contado por justicia, y fue llamado amigo de Dios" (Santiago 2:23). Cuando le creemos a Dios, tomamos un paso de fe para tener una relación más profunda con Él y caminamos en obediencia a Él día con día, también somos sus amigas.

Amigas del alma de Dios

Las amistades más plenas se encuentran en el nivel de intimidad que llegan a tener las verdaderas amigas del alma. En Juan 15:5-9, Jesús anima a sus seguidores a tener este nivel de amistad con Él:

Yo soy la vid, vosotros los pámpanos; el que permanece en mí, y yo en él, éste lleva mucho fruto; porque separados de mí nada podéis hacer. El que en mí no permanece, será echado fuera como pámpano, y se secará; y los recogen, y los echan en el fuego, y arden. Si permanecéis en mí, y mis palabras permanecen en vosotros, pedid todo lo que queréis, y os será hecho. En esto es glorificado mi Padre, en que llevéis mucho fruto, y seáis así mis discípulos. Como el Padre me ha amado, así también yo os he amado; permaneced en mi amor.

¿Cómo podemos permanecer en el amor de Jesús? La palabra *permanecer* también puede ser traducida como *morar, habitar, vivir.* Cada día, momento a momento, podemos habitar, morar y vivir en Cristo por medio de orar y morar en su Palabra, la Biblia. El Hermano Laurencio, el monje del siglo XVII, le llamaba a esto "practicar su presencia". Personalmente hemos encontrado que es útil memorizar versículos de la Biblia para que podamos literalmente llevar la Palabra en nosotras a dondequiera que vayamos. Por eso sugerimos un versículo para recordar en la sección de Punto de poder al final de cada capítulo. A medida que caminemos en obediencia a Dios, pasemos tiempo con Él en oración, y lo escuchemos hablarnos por medio de su Palabra, nuestra relación con Él crecerá en intimidad y profundidad. ¡En realidad nos volvemos amigas del alma del Dios todopoderoso del universo!

Verdadera comunión

La comunión es lo que experimentan las amigas cuando su fe las conecta. La verdadera comunión con otras creyentes nos lleva a relaciones más profundas y permanentes porque compartimos un lazo eterno común. No solo nuestra mente se conecta con otras cristianas, sino también nuestro corazón y nuestra alma. Nuestro interés en la otra va más allá de la superficie a los asuntos eternos que realmente importan.

Karol reflexiona: Terry Ann y yo experimentamos ese tipo de comunión en nuestra amistad en nuestros primeros años de universidad. Somos verdaderas hermanas espirituales. A lo largo de nuestra vida, Dios nos ha dado otras amigas espirituales también que nos han ayudado y nos han animado en la travesía de la fe.

La conexión bíblica

¿Cómo es que puede comenzar una relación de esta naturaleza? En el caso de Barbara Kinder, sus mejores amistades se desarrollaron por medio de su participación en estudios bíblicos. Como cristianas no podemos evitar conectarnos con otras mujeres cuando estudiamos juntas la Biblia y aplicamos el rico tesoro de la Palabra de Dios a nuestra vida de manera regular.

¿Cómo puedes encontrar un grupo de estudio bíblico a tu medida? Quizá quieras comenzar a buscar en tu propia iglesia primero. ¿Tiene uno o más grupos de estudio bíblico? Si es así, unirte a uno de ellos podría ser una manera increíble para interactuar con nuevas amigas más allá de los breves saludos dominicales.

Siguiente, considera revisar una organización nacional de estudio bíblico que quizá tenga un grupo en tu comunidad. El grupo al que asistía Barbara era de este tipo. Estos grupos ofrecen oportunidades excelentes para crecer en la Palabra de Dios con tus amigas. La mayoría de estos grupos tienen grupos de estudio por las noches para mujeres que trabajan así como los típicos grupos matutinos. Muchas, muchas amistades permanentes han nacido en grupos como estos. Requieren una asistencia fiel y realizar deberes en casa durante la semana pero bien vale la pena el esfuerzo y los corazones se unen con facilidad.

Una organización que junta a las mujeres en la comunión de Cristo son los Christian Women's Clubs (Clubes de mujeres cristianas), organizados por Stonecroft Ministries, Esta extraordinaria organización ofrece una comida mensual con oradoras interesantes así como pequeños grupos de estudio bíblico y círculos de oración. Puedes encontrar un Club en la mayoría de las comunidades. Navega a stonecroft.org para encontrar uno cerca de ti.

También recomendamos Moms in Touch (Madres Unidas para Orar), una organización maravillosa que reúne a mujeres cuyos hijos asisten a la misma escuela. Las mamás se reúnen semanalmente en un lugar fuera de las instalaciones escolares para orar por las necesidades de los niños, del profesorado y de la administración escolar. Revisa el sitio en la red de Moms in Touch (momsintocuh.org) para ver si ya hay un grupo en la escuela de tu hijo. Si no considera comenzar uno nuevo.

Muchas amistades profundas pueden crecer en un ambiente de oración común. Ambas tenemos varias amigas con las que nos reunimos a solas periódicamente para orar por nuestras actividades y las necesidades de nuestras familias. También hemos tenido épocas en las que nos reunimos con cierto grupo para orar de manera regular.

Karol reflexiona: Cuando mi amiga Pam necesitaba oración por su hija que tenía la enfermedad de Crohn, Dana, Susan, Carol y yo comenzamos a reunirnos con ella todas las semanas para orar. Al transcurrir el tiempo, surgieron nuevos problemas y el grupo siguió orando unido por una multitud de necesidades, heridas y preocupaciones. No solo tuvimos la dicha de ver nuestras oraciones contestadas, sino que desarrollamos un amor profundo y permanente entre nosotras. Nos confiábamos los detalles más íntimos de nuestra vida porque íbamos juntas con el Padre.

La conexión del ánimo

Las amigas en la fe son la mayor fuente de ánimo que este mundo tiene que ofrecer. El apóstol Pablo era alguien que animaba, y les imploraba a los primeros cristianos que también fueran personas que infundieran ánimo. Observa sus palabras en 1 Tesalonicenses 5:9-11: "Porque no nos ha puesto Dios para ira, sino para alcanzar salvación por medio de nuestro Señor Jesucristo, quien murió por nosotros para que ya sea que velemos, o que durmamos, vivamos juntamente con él. Por lo cual, animaos unos a otros, y edificaos unos a otros, así como lo hacéis".

Como nuestra esperanza está en el Señor Jesucristo y la salvación que Él provee, somos personas de esperanza que nos podemos animar entre nosotras con la Palabra de Dios, con el consuelo de Dios y con la fuerza de Dios. Tenemos una conexión con otras creyentes que va más allá de cualquier conexión mundana. Es una conexión del corazón, porque nuestros corazones se inclinan juntos hacia el Señor y su obra.

Se relata la historia de un doctor estadounidense que estaba de viaje en Corea y que sabía apenas lo necesario del idioma como para sobrevivir. Un día en particular, mientras iba en un tren, un anciano coreano subió a bordo y se sentó frente a él. El anciano llevaba un paquete envuelto en una tela blanca. Pronto el hombre comenzó a hablar con el doctor, derramando una abundancia de palabras que el doctor no comprendía.

Finalmente el doctor habló con una de las pocas frases en coreano que había memorizado. Que traducido significa: "No sé hablar coreano". Pero el hombre persistió en la conversación y el doctor persistió igualmente en repetir su frase.

En el río de palabras del coreano, el doctor notó una palabra que le parecía familiar. ¿Estaba el hombre diciendo algo acerca de Jesús? Toda duda se desvaneció cuando en el hombre señaló al doctor y le preguntó: "¿Yesu? ¿Yesu?". El doctor asintió con la cabeza y sonrió diciendo: "Yesu, Yesu".

El anciano brillaba de alegría de oreja a oreja cuando desenvolvió su paquete y con orgullo le mostró una Biblia en coreano. Luego amorosamente abrió su querida Biblia y puso su dedo en un versículo. Por supuesto, el doctor no podía leerlo, pero buscó en su propia Biblia el mismo versículo en 1 Juan 3:14: "Nosotros sabemos que hemos pasado de muerte a vida, en que amamos a los hermanos".[1]

Es claro que no hay un lazo mayor que el que los creyentes tienen en Cristo. Va más allá de cualquier barrera natural y humana, ¡incluyendo el idioma!

La conexión de la fe

Las amigas en el Señor son verdaderos regalos. Ofrecen más que amistad; ofrecen esperanza eterna y una perspectiva eterna. Necesitamos preguntarnos: *¿Estamos siendo esta clase de amigas para las demás? ¿Estamos animando a nuestras amigas en la fe de manera regular? ¿Hablamos de nuestro deleite en el Señor toda la semana, o reservamos esas conversaciones solo para las mañanas dominicales? ¿Cuando nuestras amigas tienen problemas, les recordamos el cuidado y el amor infalibles de Dios? ¿Sabemos cómo ofrecer consuelo por medio de un versículo bíblico o de una oración?*

La clave para ser una amiga espiritual positiva es asegurarnos de que nuestra fe es vibrante y cada vez más profunda. Cuando nuestra fe está viva y activa, naturalmente nos conectamos con otras en la fe. Y a medida que seguimos edificando nuestra relación con Cristo, y que Él trabaje en nuestra vida podemos edificar lazos profundos y permanentes con otras hermanas en Cristo.

Terminamos este capítulo con un poema de Anne Peters que refleja la profundidad del lazo espiritual que compartimos con otras creyentes en Cristo.

Hermanas en Cristo

Tú eres mi hermana, eso lo sé, porque el Padre me lo ha dicho

Tu amorosa bondad en mi vida ha sido para mí un sacrificio.

Te tomaste el tiempo de ayudarme a atravesar el terrible dolor que cierta vez enfrenté.

Esta hermandad que compartimos demuestra lo mucho que nuestro Padre se preocupa por nosotras.

Tú eres mi hermana, eso lo sé, porque el Padre me lo ha dicho.

Nos envió su plan perfecto para que podamos estar aquí hoy de la mano.

Pero más sorprendente es su amor que cambió nuestro corazón para que fuera como uno solo.

Te envió a mí en su nombre y nunca volveré a ser la misma.

Tú eres mi hermana, eso lo sé, porque el Padre me lo ha dicho.

Gracias por el amor que has mostrado para que el Padre pueda ser dado a conocer.

Es en las pequeñas cosas que hacemos que tenemos una probada de lo que el cielo traerá:

Una corona de gloria como premio de lo alto para recompensar el amor de una hermana.

Tú eres mi hermana, eso lo sé, porque el Padre me lo ha dicho.

¡Su precioso Hijo pagó el precio para que pudiéramos ser hermanas en Cristo![2]

Punto de Poder

⚙ **Lee:** Colosenses 3:12-17; 4:2-18. ¿Qué características ves en estos versículos que describen el verdadero amor cristiano y la comunión? ¿Qué ves en las salutaciones de Pablo al final del capítulo 4?

♡ **Ora:** Glorioso Señor, tú eres mi fuerza y mi salvación. ¡Mi esperanza eres tú! Gracias por permitir que la humanidad tenga una relación contigo por medio de Jesús. Gracias porque a causa de Jesús me puedo acercar más a ti. Ayúdame a permanecer en ti por medio de tu Palabra y la oración cada día. También te agradezco por mis amigas llenas de fe. Que nuestra amistad continué haciéndose más profundiza a lo largo del tiempo a medida que nos animamos y nos edificamos en el viaje de la fe. Úsame para inspirar a mis amigas espiritualmente y para consolarlas emocionalmente. Gracias por el lazo profundo de la fe en ti sobre el que hemos basado nuestra amistad. En el nombre de Jesús, amén.

💡 **Recuerda:** Colosenses 3:16: "La palabra de Cristo more en abundancia en vosotros, enseñándoos y exhortándoos unos a otros en toda sabiduría, cantando con gracia en vuestros corazones al Señor con salmos e himnos y cánticos espirituales".

☺ **Practica:** Toma un paso de fe para acercarte más a Dios. Determina permanecer en Él por medio de apartar un tiempo regular para orar y leer la Biblia. Si no formas parte de un grupo de estudio bíblico o de convivencia, comienza a buscar uno al que te puedas unir, comienza un grupo de oración que se ajuste a tu horario. Busca a otras creyentes con las que te puedas conectar por medio de su mutuo amor por el Señor.

Vívelo

Maneras creativas de expresar el amor de Cristo

*Yo no daría mucho por nuestra religión a menos de que se pueda
ver. Las lámparas no hablan, pero alumbran.*

—Charles H. Spurgeon

En 1984, Home Sweet Home Records publicó *Vital Signs* (Signos vitales), un álbum de la banda cristiana WhiteHeart. Escondida en el lado B del álbum hay una canción que lleva el título de "We are his hands" (Somos sus manos). Poéticamente describe la verdad de que debemos reflejar el Espíritu de Cristo de una manera tangible y visible a las personas que entran y salen de nuestra vida. La multicitada expresión: "Nuestra vida quizá sea la única Biblia que algunas personas van a llegar a leer", es sumamente verdadera. La gente a nuestro alrededor está lastimada y en dolor, y necesitan desesperadamente un toque de la mano del Maestro. No quieren que se les sermonee sobre el pecado que les provocó la herida y el dolor a menos que la persona sermoneándolos primero los haya amado en su tiempo de necesidad. El amor auténtico se preocupa mucho más de la persona que del estilo de vida que lleva.

Muy a menudo subestimamos el poder de una sonrisa, de un abrazo, de un cumplido genuino, de darles toda nuestra atención o del más pequeño acto de bondad. Todos estos actos de amor tienen el potencial de cambiar una vida. Considera esta historia, que recibimos recientemente por correo electrónico.

Un pequeño quería conocer a Dios. Sabía que el camino hasta donde Dios vivía era largo, así que llenó una maleta de pastelillos y seis latas de refresco y comenzó su viaje. Cuando acababa de caminar unas tres cuadras, vio a un anciano sentado solo en el parque, mirando las palomas. El niño se sentó junto al hombre y abrió su maleta. Estaba a punto de tomar un sorbo de refresco cuando notó que el anciano se veía hambriento, así que le regaló un pastelillo.

El hombre agradeció el obsequio y le sonrió al muchacho. Su sonrisa era tan agradable que el niño quería verla de nuevo, así que le pasó una lata de refresco. Nuevamente el hombre le sonrió. ¡El muchacho estaba feliz! Los dos terminaron sentados en la banca toda la tarde, comiendo y sonriendo sin decir una sola palabra.

Comenzó a caer la tarde y el muchacho se dio cuenta de que estaba cansado. Se levantó para irse, pero antes de haber dado unos cuantos pasos, se dio vuelta corrió hacia el anciano y lo abrazó. El hombre le dio una de sus mayores sonrisas.

Cuando el muchacho abrió la puerta de su casa unos momentos después, su madre estaba sorprendida por la mirada de gozo en su rostro.

—¿Qué es lo que te ha hecho tan feliz? –le preguntó.

—Comí con Dios –dijo el niño. Y antes de que su mamá le pudiera responder añadió– ¿Y sabes qué? Tiene la sonrisa más hermosa que he visto.

Mientras tanto, el anciano regreso radiante de alegría a su casa. Su hijo se quedó perplejo por la mirada de paz en la cara de su padre.

—Papá, ¿qué hiciste hoy que te hizo tan feliz? –le preguntó su hijo.

—Comí pastelillos en el parque con Dios –dijo el anciano. Y antes de que su hijo pudiera responder añadió– ¿Y sabes qué? Es mucho más joven de lo que me imaginaba.[1]

¿Cómo es Dios? No estamos seguras, pero lo que sabemos es que ¡debemos parecernos a Él! La vieja expresión "de tal palo tal astilla" describe a Jesús perfectamente. Por supuesto, Él era literalmente Dios en la carne, así que verse como Dios le salía natural. Nosotras, por otro lado, no somos Dios; y por nosotras mismas, en nuestra propia fuerza, ni siquiera nos asemejamos a nuestro Padre celestial. Necesitamos permitirle a Dios, por medio de su Espíritu Santo que viva a través de nosotras. Luego, igual que Jesús, podemos tener el corazón de Dios; y la sonrisa de Dios que ilumina el mundo para todos los que nos rodean.

El poder de Dios obrando por medio de nosotras

Un incidente registrado en Marcos 9:14-29 nos da un indicio de nuestra responsabilidad como seguidoras de Cristo para tocar vidas para Dios. Jesús, Pedro, Jacobo y Juan acababan de regresar de una experiencia en la cima de la montaña (¡la transfiguración!) y se encontraron al resto de los discípulos discutiendo con los doctores de la ley. Cuando Jesús les preguntó a los discípulos: "¿Qué disputáis con ellos?", un hombre de la multitud respondió: "Maestro, traje a ti mi hijo, que tiene un espíritu mudo [...] y dije a tus discípulos que lo echasen fuera, y no pudieron" (v.v. 17-18).

Jesús de inmediato echó fuera el espíritu del muchacho. Más tarde sus discípulos le preguntaron en privado por qué no lo habían podido hacer. Jesús les respondió: "Este género con nada puede salir, sino con oración y ayuno" (v. 29).

Aparentemente, los discípulos no habían podido reconocer que el poder que toca vidas no era inherente en ellos. Era un poder que Dios les había otorgado y que se los había dado por medio de la oración. Como los discípulos, sin oración no tenemos poder para producir un impacto en los demás. Pero cuando comenzamos el día pasando tiempo con Dios, la vida raras veces es ordinaria. Nuestros oídos, nuestros ojos y nuestro corazón se sintonizan con más exactitud con las necesidades de las personas a nuestro alrededor. Podemos discernir mejor cuando nuestro marido y nuestros hijos tienen problemas. Estamos más abiertas a nuestras conocidas e incluso a extrañas y por lo tanto estamos más dispuestas a decir una palabra amable o a prestar nuestro oído.

¿Alguna vez has estado orando y te viene a la mente el nombre de una amiga sin ninguna razón aparente, y cuando la llamas descubres que realmente necesita una palabra amorosa en ese momento? ¡Así es Dios! Él siempre se encuentra con nosotras en nuestro momento de necesidad, y muchas veces utiliza a una de sus hijas para extender su amoroso abrazo.

Disfrutar de la compañía de Dios por medio de la oración y del estudio de la Palabra va a hacer que comencemos un viaje que puede alterar nuestra vida de una manera positiva, así como a las personas a las que toquemos. Pero si vamos a producir un impacto como Dios quiere, necesitamos dejar de estar agradando a las personas y comenzar a agradar a Dios. Necesitamos estar dispuestas a salir de nuestra zona de comodidad cuando Dios nos lo pida, ver más allá de nuestros propios intereses y acercarnos a otras.

Terry Ann reflexiona: Recientemente fui con mi hermana Julie a una boutique para ver un vestido que estaba pensando comprarse. Mientras estaba en el vestidor, la vendedora se me acercó y le dije que era hermana de Julie.

—Tengo que decirle que su hermana ha producido un verdadero impacto en la vida de alguien –me dijo la mujer.

Por supuesto, yo era toda oídos. La vendedora me comentó que cuando Julie estaba viendo lo que había en la tienda varios días antes, otra clienta también estaba de compras en ese mismo lugar. La clienta era frágil y había perdido casi todo su cabello. Julie comenzó a conversar con ella y la mujer le explicó que estaba batallando con el cáncer.

En el curso de su conversación la mujer le dijo que le gustaba mucho un brazalete que llevaba Julie; una hermosa pieza de joyería adornada con cristales brillantes. Julie le agradeció el cumplido y siguió conversando con ella.

Más tarde, cuando la mujer se preparó para irse de la tienda, Julie se quitó el brazalete y discretamente se lo puso a su nueva amiga en la mano. "Voy a estar orando por ti", le dijo Julie.

La vendedora sonrió al relatarme la historia. Y luego añadió: "Esa mujer vino a la tienda ayer con la esperanza de que yo supiera el nombre de su hermana. Quería poder agradecerle. Dijo que por primera vez en mucho tiempo, tenía esperanza".

Julie fue Jesús para esa mujer ese día.

No para nuestra gloria

La Biblia dice que el Señor recompensa las cosas buenas que hacemos en secreto. En Mateo 6:1-4 leemos:

Guardaos de hacer vuestra justicia delante de los hombres, para ser vistos de ellos; de otra manera no tendréis recompensa de vuestro Padre que está en los cielos.

Cuando, pues, des limosna, no hagas tocar trompeta delante de ti, como hacen los hipócritas en las sinagogas y en las calles, para ser alabados por los hombres; de cierto os digo que ya tienen su recompensa. Mas cuando tú des limosna, no sepa tu izquierda lo que hace tu derecha, para que sea tu limosna en secreto; y tu Padre que ve en lo secreto te recompensará en público.

¡Qué fácil es ayudar a alguien cuando sabemos que vamos a recibir el crédito o la gloria por nuestros estupendos servicios! Es mucho más difícil bendecir a alguien en secreto, sabiendo que Dios es el único que va a ver lo que hagamos.

Recientemente, se transmitió en nuestra región un episodio interesante de *Spy TV* (TV espía). En un segmento en particular, los actores, vestidos como chóferes de limusina, llegaron en una larga limusina a una casa escogida al azar en un típico barrio suburbano. Se acercaron a la puerta y llamaron. Cuando el propietario llegó a la puerta, los chóferes le dijeron que traían a una estrella de cine muy famosa que necesitaba ir al baño. No podía aguantarse más, dijeron. ¡Por supuesto, el propietario no solo se sintió obligado sino sorprendido de que esta persona tan famosa quisiera entrar a su casa y usar sus instalaciones!

En una manera indirecta, el programa resaltaba que todos tendemos a hacer "acepción de personas". Si un tipo ordinario hubiera llegado sin avisar a usar sus instalaciones, el propietario no hubiera sido tan hospitalario. En otras palabras, sentimos que ciertas personas son más valiosas, más importantes y más trascendentales que otras.

Este concepto se opone diametralmente con las enseñanzas de Cristo. Una vez cuando Jesús estaba viajando con sus discípulos, los escuchó discutir entre sí. Cuando les preguntó de qué estaban discutiendo, la Escritura dice que "ellos callaron; porque en el camino habían disputado entre sí, quién había de ser el mayor" (Marcos 9:34). ¿No se parece mucho a las comidillas que se escuchan en nuestro hogar y en nuestra iglesia? Jesús respondió diciendo: "Si alguno quiere ser el primero, será el postrero de todos, y el servidor

Toda creencia correcta en Dios se refleja visiblemente en una conducta correcta hacia los hombres. —Geoffrey B. Wilson

de todos" (Marcos 9:35). Luego llamó a un niño a que viniera con Él. Cargando al niño en sus brazos continuó: "El que reciba en mi nombre a un niño como este, me recibe a mí; y el que a mí me recibe, no me recibe a mí sino al que me envió" (Marcos 9:37).

Jesús no podía haber sido más claro. ¿No te das cuenta de que todos sus discípulos agacharon la cabeza en vergüenza? ¿No deberíamos hacerlo también nosotras? ¿Cuántas veces tratamos de impresionar a los que consideramos de un mejor nivel social?

Recientemente, escuchamos una historia maravillosa acerca de uno de nuestros funcionarios de gobierno más importantes. Estaba en un evento para levantar fondos cuando se le acercaron una mujer y su hijo adolescente. La mujer le dijo al funcionario que era cristiana y que estaba orando por él mientras él trabajaba a favor de los ciudadanos.

El funcionario miró al hijo de la señora y le preguntó: "¿Tú también eres creyente?". Cuando el joven respondió que no estaba seguro, el funcionario le preguntó si podía hablar unos minutos con él acerca del Señor. Y luego procedió a guiar a este joven a Cristo. Sorprendente, ¿no? Este líder nacional hizo a un lado su evento "importante" y a la gente "importante" con el fin de hacer lo que Jesús ordenó: recibir a los niños en su nombre. Demostró ser un verdadero líder porque buscó servir y no ser servido. No buscó recibir la gloria; buscó servir al Dios de gloria.

Queremos dejar un legado

Escribir este libro ha traído a nuestra memoria un recuerdo tras otro de las enseñanzas de nuestros padres acerca de la importancia de vivir nuestra fe de tal manera que la gente sea atraída al amor de Cristo demostrado en nosotras. Queremos asegurarnos de pasarles este legado a nuestros hijos. ¡Ambas sentimos de manera sumamente fuerte que les debemos dejar a nuestros hijos mucho más que un estado de cuenta bancario! Sobre todo, queremos dejarles un ejemplo de fe evidenciado en el servicio a los demás, así como nuestros padres lo hicieron con nosotras.

Terry Ann reflexiona: Cuando estaba en la universidad mi papá experimentó un revés inmenso en su carrera. Por supuesto, no podía haber llegado en un pero momento. Mis papás estaban tratando de hacer que sus dos hijas terminaran la universidad, y la situación de trabajo de papá lo estaba llevando a vivir y a trabajar en otra ciudad. Esto significaba que pasaría mucho tiempo lejos de mamá durante este difícil periodo de estrechez financiera. Papá estaba literalmente viviendo en la oficina fuera de la ciudad porque no podía pagar dos viviendas.

Periódicamente, papá visitaba una librería cristiana local para mirar. Un día vio una imagen hermosamente enmarcada que capturó su mente y su corazón. Era un cartel de un hombre de negocios angustiado sentado en su escritorio con la cabeza entre las manos. Había un periódico abierto sobre el escritorio. Quizá lo había perdido todo en una baja abrupta del mercado de valores. Probablemente acababa de perder a su familia. Sin importar qué había provocado su angustia, se veía que era grande. Pero ahí, arrodillado a sus pies estaba Jesús. Jesús, nuestro Señor y Consolador estaba lavando los pies de este hombre de negocios cuya vida estaba hecha pedazos.

Mi papá quería comprar la fotografía, pero dada la presión financiera en la que se encontraba, sabía que no podía gastarse los doscientos y tantos dólares que valía. Así que de vez en cuando, iba a la tienda solo para reflexionar en la fotografía. Le daba paz en medio de su propia prueba.

En cierta visita a la tienda, una joven vendedora se le acercó y le preguntó:

—¿Puedo ayudarlo?

—No –respondió–. Simplemente vengo a admirar la fotografía.

Ella asintió con la cabeza y se quedó a su lado:

—Me gusta ver esta fotografía todos los días. Me da fuerza –dijo ella.

Ella comenzó a relatarle su historia. Ella y su esposo tenían dos niños pequeños, y ella siempre se había quedado en casa para cuidarlos. Pero un año atrás su marido había perdido su empleo. Ahora ella estaba trabajando en la librería cristiana para tratar de juntar suficiente dinero para no perder su casa.

Mientras tanto, su marido había perdido la esperanza. Casi cada vez que iba a una entrevista de trabajo, lo rechazaban diciendo que su único defecto es que estaba sobrecalificado. Mes tras mes de rechazo lo habían dejado desolado. Ya no deseaba seguir tratando de encontrar empleo. Su matrimonio y su familia se estaban desmoronando.

Cuando la vendedora terminó de contarle su historia triste, le agradeció a mi papá que la hubiera dejado llorar en su hombro siendo un extraño. Luego, se ocupó atendiendo a otro cliente. Fue entonces cuando mi papá escuchó la voz de Dios en su corazón. Obedientemente, se escabulló a la caja y en un susurro le dijo a otro vendedor que quería comprar la fotografía. Luego, con lágrimas en los ojos, le entregó la fotografía a la joven, diciéndole que era un obsequio para su esposo.

—Él necesita saber que el Señor no solo se preocupa por Él, sino que tiene un plan para su vida –le explicó papá.

La mujer no lo podía creer. ¡Un completo extraño, alguien que también se encontraba en necesidad, la estaba bendiciendo en el momento que más lo necesitaba! Mi papá no quería el crédito o la alabanza, porque sabía que solo había hecho lo que Dios le había pedido que hiciera. Al haber comprado con gran sacrificio la obra de arte ungida, había sido obediente a la voz de Dios.

Mi padre fue tan discreto acerca de lo sucedido que no me enteré del asunto sino hasta varios años después, cuando mi mamá me lo relató. ¡Pero que impacto tan profundo produjo su obediencia y su compasión en mi vida! Yo quiero tocar vidas de esa manera, ¿y tú?

Karol reflexiona: Mi madre era una talentosa costurera (un arte perdido en nuestra sociedad actual). Elaboró mucha de nuestra ropa cuando mis hermanas y yo éramos jóvenes. Todavía recuerdo los momentos en que nos probaba el vestido que nos estaba haciendo que siempre iban acompañados de gritos de "No te muevas", y nos colocaba con alfileres los pedazos de tela.

Recuerdo un verano en particular cuando mi madre utilizó su talento como costurera para expresar el amor y la compasión de Dios. Yo estaba en mis primeros años de adolescencia, y noté que mi madre estaba cosiendo un vestido nuevo. No me pareció que lo estuviera haciendo para ninguna de nosotras así que le pregunté para quién era.

"Algunas de las niñas del orfanato necesitan vestidos nuevos", me dijo, "y estoy haciendo varios para regalárselos".

¡Nunca voy a olvidar el gozo que sentí un domingo cuando una de las niñas del orfanato entro a mi clase dominical llevando un vestido que mi mamá había hecho! Se veía hermosa y parecía más segura que nunca. Me llegó un sentimiento cálido y maravilloso cuando me di cuenta de que mi madre había tenido una parte importante en hacer sentir a esta niña digna y especial. Cuando terminó la clase no podía esperar a decirle a mi mamá lo que había visto. Cuando se lo dije, sonrió con satisfacción sabiendo que Dios había usado sus habilidades para compartir su amor.

Mi madre disfrutó ese tipo de generosidad a lo largo de su vida. Cierto invierno cuando vivíamos en Ohio, un camión escolar se descompuso justo frente a la casa. Mi mamá invitó a todos los niños a la casa a tomar chocolate caliente con galletas. A mi mamá también le gustaba llevar postres hechos en casa a la estación de bomberos en la época navideña. Lo interesante fue que estos mismos paramédicos fueron los que llegaron a su auxilio cuando la atropellaron.

Estás en sus manos

Si tú eres como nosotras, en algunos momentos te sientes atrapada por la rutina. Día tras día, tu vida avanza en un patrón monótono. Si estás casada, saludas a tu marido (si es que a eso le podemos llamar *saludar*) en el mismo tono de voz todas las tardes. Si trabajas, te vas a la oficina con la misma expresión apagada en tu cara todos los días. Cuando le llamas a tus amigas puedes predecir lo que te van a decir porque así ha sido muchas veces antes.

Además de encontrarte atrapada en una rutina en tu *vida*, también puedes quedar atrapada en una rutina con tus *amistades*. Tus esfuerzos por producir un impacto positivo en la vida de las que están a tu alrededor parecen no tener fruto. Quizá tu pozo espiritual está seco. El agua viva de Dios, que literalmente nos sostiene y nos da vida, no está burbujeando dentro de ti, y por lo tanto, no tienes qué derramar en tu familia y en tus amigas.

Para poder compartir el amor de Cristo con las demás, primero necesitamos experimentarlo nosotras mismas en una manera tangible y profunda. Debemos preguntarnos: *¿Qué tipo de vida de oración estoy llevando? ¿Estoy leyendo a menudo la Palabra de Dios? ¿Me estoy alejando de las cosas que sé que son pecado? ¿Me estoy rodeando de otras personas que piensan como yo acerca de las cosas espirituales?*

Las respuestas a estas preguntas son reveladoras. Porque, como puedes ver, todas nosotras estamos en uno de tres lugares en nuestra vida. Quizá estamos experimentando un andar con Dios enriquecedor, pleno y que impacta a las demás. O, probablemente, aunque estemos en el buen camino, sintamos después de meditar en las preguntas anteriores, que tenemos algunas áreas en las que estamos pobres y que necesitamos esforzarnos. O es posible que estemos en la tercera categoría: nuestra vida definitivamente no está produciendo un impacto en las demás con el gozo, la paz y el poder que solo Dios puede traer, porque no estamos viviendo en amistad con Dios.

Tener como amigo al Dios del universo es algo sorprendente. Juan 3:16 nos dice: "Porque de tal manera amó Dios al mundo, que ha dado a su Hijo unigénito, para que todo aquel que en él cree, no se pierda, mas tenga vida eterna". Si Dios dio un regalo, entonces necesitamos recibirlo para poseerlo. ¿Pero qué es exactamente lo que incluye este regalo? Bueno, para empezar, incluye la promesa de vivir con Dios para siempre después de que muramos. Pero más que eso, incluye la promesa de su presencia y de su amistad en nuestra vida diaria.

¿Cómo recibimos este regalo increíble que puede cambiar nuestra vida? Lo recibimos por medio de creer que Jesús es el Hijo perfecto de Dios y por medio de reconocer que en su muerte en la cruz, cargó en sí mismo el castigo que merecíamos por vivir vidas que no le agradaban.

Cuando tenemos una amistad con Dios (el tipo de amistad que nos mantiene en constante comunicación con Él) entonces con toda naturalidad deseamos satisfacer las necesidades espirituales en la vida de nuestras conocidas, de nuestras buenas amigas y, por supuesto, de nuestras amigas del alma. Nuestros ojos se abren para encontrar

Así alumbre vuestra luz delante de los hombres, para que vean vuestras buenas obras, y glorifiquen a vuestro Padre que está en los cielos. —Mateo 5:16

maneras creativas en las que podemos bendecir espontáneamente a las demás en la rutina diaria. ¡Bendecir a las demás de manera espontánea se convierte en nuestra segunda naturaleza!

Pero sin importar lo maravilloso que es ser espontáneas, también es importante que nos tomemos el tiempo de pensar en otras maneras de expresar el amor de Cristo a nuestras amigas. Estas son algunas maneras concretas y tangibles para bendecir a otras que hemos descubierto a lo largo de los años.

Escribe una nota de ánimo

Hazte el propósito de escribir una o dos tarjetas de ánimo para tus amigas y tus seres queridos cada noche, justo antes de apagar la luz. Conviértelo en un hábito. Guarda en el cajón de tu mesita de noche tarjetas o papel, timbres postales, una pluma y tu directorio para tenerlos a la mano. Si tu esposo se acuesta a dormir temprano, usa una lámpara especial para libros para hacer que tu correspondencia nocturna sea práctica y que no cause molestias.

Llévate a una amiga

Cuando decidas asistir a un evento edificante como un concierto cristiano o una comida para damas en tu iglesia, piensa en alguien a la que pudieras bendecir pidiéndole que te acompañe. Si se necesitan comprar los boletos con anticipación, compra dos y luego pregúntale al Señor a quién debes invitar. ¡Luego llámala y vayan!

Organiza un grupo de estudio bíblico

Abre tu hogar para un evento de un día o para un estudio de seis a ocho semanas. Si no te sientes segura de dirigir el grupo, pídele al Señor que te guíe a otra mujer que pueda enseñar. Hay mucho material disponible en las librerías cristianas locales. Escoge un estudio basándote en el nivel de madurez espiritual de las que planees invitar.

Da regalos que animen espiritualmente

Si les das regalos de cumpleaños o de Navidad a tus amigas, considera comprar Biblias, libros cristianos, diarios espirituales, joyería u otros artículos que lleven un mensaje espiritual. Los regalos "sin razón" siempre son divertidos; así que busca regalos significativos que puedas comprar o hacer, y abre tus ojos y tu corazón para ver quién necesita recibirlos. ¿Por qué no llevas algunos de ellos en tu coche? Nunca sabes a quién pondrá el Señor en tu camino durante el día.

Comienza una cadena de oración

Pídeles a varias amigas que formen parte de una cadena de oración. Haz un directorio y repártelo a cada participante. Diles a tus amigas que te llamen cuando surja algo que requiera oración en su vida. Cuando llegue la llamada, ora por la necesidad, y luego llama a la siguiente mujer de la lista.

Estas ideas tienen el propósito de hacer arrancar tu creatividad. Añádele a esta lista más maneras creativas para bendecir a las buenas amigas que Dios ha traído a tu vida. ¿Recuerdas las palabras del amado himno antiguo "Let Others See Jesus in You" (Permite que los demás vean a Jesús en ti), escrito por B. B. McKinney en 1922? La cuarta estrofa resume la importancia de compartir nuestra fe con otras personas de manera excelente: "Entonces vive para Cristo tanto de día como de noche, se fiel, se valiente y sincera. Y conduce a los perdidos a la vida y a la luz; permite que los demás vean a Jesús en ti"[2] Como amigas positivas, asegurémonos de que nuestra fe brille con fuerza por medio de nuestras palabras y acciones en todas nuestras relaciones. Queremos que nuestras amigas vean a Jesús en nosotras.

Punto de Poder

Lee: Hechos 9:36-43, la historia de Tabita (también llamada Dorcas). ¿Qué evidencia ves de que esta mujer vivía su fe? ¿Tocó la vida de la gente? ¿En qué manera te pareces a ella?

Ora: Glorioso Señor y Salvador, gracias por dar tu vida por mí, y gracias por llenarme de tu amor, de tu calidez y de tu paz. ¡Tú eres la luz de mi vida! Brilla con fuerza en todas mis palabras y acciones para que tu amor a través de mí pueda tocar a otras. Abre mis ojos para ver a las que necesitan saber que tu las amas, y muéstrame maneras en las que puedo ser una amiga positiva. Permite que mi fe en ti y que mi amor por ti sean obvios para todas las personas que conozca. Te lo pido en el nombre de Jesús, amén.

💡 **Recuerda:** Mateo 5:16: "Así alumbre vuestra luz delante de los hombres, para que vean vuestras buenas obras, y glorifiquen a vuestro Padre que está en los cielos".

🙂 **Practica:** Hazte tres preguntas: *¿Pueden las demás ver la realidad de mi fe por medio de mis palabras y de mis acciones? ¿Habrá cambios que necesite hacer en mi vida o pecados de los que me tenga que arrepentir? ¿Qué es lo que puedo hacer hoy para vivir mi fe en casa, en la iglesia o en la comunidad?* Toma un paso hacia adelante y haz lo que el Señor te haya mostrado, y pídele a Dios que te fortalezca y que te guíe en el proceso.

EL PODER DE LA HONESTIDAD

La honestidad significa ser íntegros en todo. La honestidad significa ser completos y enteros; significa ser verdaderos en todo: en palabra y en obra.

—Orison Swert Marden

Porque nada podemos contra la verdad, sino por la verdad.

—2 Corintios 13:8

14

Confronta con amor
La importancia de rendir cuentas y ser abiertas

*El mejor amigo y el más fiel es el que nos dice honestamente la
verdad acerca de nosotros mismos incluso cuando sabe que no nos
va a gustar. Los amigos falsos son los que esconden esas verdades
de nosotros y lo hacen con el fin de conservar nuestro favor.*

—R. C. H. Lenski

Michelle y Trisha se conocieron siete años atrás cuando
Trisha se mudó al vecindario de Michelle. Michelle llegó a
la puerta de Trisha con una sonrisa y un paquete de galletas
recién horneadas en su mano. Por en medio del tiradero y de
las cajas abiertas de la mudanza Trisha llevó a Michelle a un sofá
acogedor y su amistad comenzó. Tenían tanto en común. Sus hijos
tenían casi las mismas edades. Ambas trabajaban medio tiempo. Las
dos participaban en las actividades de su iglesia. Sus maridos trabajaban por su cuenta. Y lo mejor de todo, sus personalidades se
conectaron.

Era verano y estas amigas pasaron horas riendo y conversando
mientras veían a sus hijos nadar o mecerse en los columpios del parque. En solo pocos meses, se estableció una profunda amistad del
corazón. Luego llegó la escuela y sus horarios familiares llenos de
actividades no dejaban que se vieran tanto. Aun así sus rápidas visitas mutuas siempre fueron significativas y placenteras.

Ese otoño, el esposo de Michelle, Bill, comenzó a pasar cantidades considerables de tiempo trabajando fuera de la ciudad. Michelle
se quedaba en casa con las manos llenas mientras trataba de encar-
garse de los niños, de su trabajo y de la redecoración de su casa sin
mucha ayuda. Con el tiempo, Trisha notó que su amiga ya no era la

Por lo cual, desechando la mentira, hablad verdad cada uno con su prójimo; porque somos miembros los unos de los otros. —Efesios 4:25

persona gozosa que solía ser. La gran energía y la pasión por la vida que caracterizaban tanto a Michelle habían sido reemplazadas por descontento y agotamiento.

Trisha también notó que los viajes de Bill cada vez eran más largos y que Michelle lo mencionaba cada vez menos. Y no pudo evitar darse cuenta de otra cosa: de manera insólita Michelle había comenzado a hacerse amiga del encargado de la redecoración de su casa. Casi todas las veces que Trisha miraba por la ventana principal, veía el coche del contratista en la entrada del estacionamiento de Michelle, algunas veces incluso tarde en la noche.

Trisha tenía pesadez en su corazón. Sabía que Michelle en lo profundo de su corazón creía en las verdades de la Palabra de Dios. Sabía que su amiga creía en el plan de Dios para el matrimonio. Sabía que estaba comprometida con su familia. Así que Trisha oró y luego amó a Michelle lo suficiente como para confrontarla con sus preocupaciones.

Con lágrimas corriendo por sus mejillas, Trisha le preguntó a Michelle acerca de su visitante nocturno. Michelle, sin sentir condenación de parte de su amiga derramó su dolor, sus heridas y su soledad de lo profundo de su ser. Le confió a Trisha que el "nuevo hombre" en su vida la hacía sentirse especial y valorada, pero que solo era un "buen amigo". La tomaba de la mano y la abrazaba, pero nada más.

Pero esa explicación no fue suficiente para que Trisha se sintiera satisfecha. Amorosa pero firmemente le señaló a su amiga que estaba jugando con fuego. Animó a Michelle a que le cerrara la puerta en las narices a la tentación y que se asiera del consuelo que solo el Señor le puede dar a un corazón solitario y herido. Sus palabras fueron duras, pero su corazón hacia Michelle era tierno. Trisha valoraba su amistad tanto que estuvo dispuesta a sacrificar su relación con el fin de hacer lo que era mejor para su amiga.

No es fácil pero es necesario

¿Puedes recordar cuando tus padres te decían antes de disciplinarte: "Esto me duele más a mí que a ti"? Ambas juramos que nunca le diríamos eso a nuestros hijos. ¿Y sabes qué? No hemos podido contar las veces que hemos usado esas mismas palabras antes de aplicarles una disciplina amorosa a nuestros hijos.

En nuestras amistades nos gusta más ser animadoras que guardia correccional. Pero si verdaderamente amamos a nuestras amigas entonces queremos lo mejor para ellas (y algunas veces ese "mejor" requiere confrontación y disciplina). ¡Como dice el dicho: "Es un trabajo duro, pero alguien tiene que hacerlo"! Como amigas positivas tenemos que ser ese "alguien".

Jesús fue un maestro en confrontar a la gente. Él no se acobardó para decir las cosas como son. Muchas veces en la Escritura nos da ejemplo de que la corrección piadosa tiene el poder de transformar una vida y potencialmente muchas otras mediante su efecto multiplicador.

Juan 4 nos narra la historia de cuando Jesús, que era judío, se hace amigo de una mujer de Samaria, De acuerdo con las normas sociales de la época, esta mujer contaba con varios "strikes" en su contra. Primero, era una mujer, lo cual significaba que tenía poco valor social. Segundo, era samaritana, lo que la hacía "inmunda" e inferior a los ojos de los judíos. Y el tercer "strike" había provocado que ella fuera menospreciada no solo por los judíos, sino también por las mujeres de su propio pueblo: era una mujer inmoral.

Ninguna de estas características afectó a Jesús en lo más mínimo. Él venía de viaje y se detuvo en un pozo a descansar. La Biblia nos dice: "Vino una mujer de Samaria a sacar agua; y Jesús le dijo: Dame de beber. Pues sus discípulos habían ido a la ciudad a comprar de comer. La mujer samaritana le dijo: ¿Cómo tú, siendo judío, me pides a mí de beber, que soy mujer samaritana? Porque judíos y samaritanos no se tratan entre sí" (Juan 4:7-9).

Jesús prosiguió y habló con esta mujer acerca del don de agua viva que podía satisfacer su sed espiritual: "La mujer le dijo: Señor, dame esa agua, para que no tenga yo sed, ni venga aquí a sacarla" (Juan 4:15). Entonces algo sorprendente sucedió. Jesús respondió a su petición por medio de señalarle primero el pecado en su vida.

Le dijo que fuera y que llamara a su marido. Cuando le dijo que no tenía marido, Jesús le dijo: "Bien has dicho: No tengo marido; porque cinco maridos has tenido, y el que ahora tienes no es tu marido; esto has dicho con verdad" (Juan 4:17-18).

La muchacha del pozo de seguro se sorprendió. Este hombre de Dios (que le estaba cayendo en cuenta que *era* Dios) la amaba a pesar de su falta de moral y prosapia. La estimaba lo suficiente como para confrontar su pecado al mismo tiempo que cuidó de su dignidad y valor. Observa que Jesús la confrontó cuando sus discípulos no estaban. No la humilló en público; más bien, habló con ella de su necesidad espiritual en privado.

Cuando los discípulos llegaron, la mujer regresó a su ciudad y le dijo a la gente: "Venid, ved a un hombre que me ha dicho todo cuanto he hecho. ¿No será éste el Cristo?" (Juan 4:29). No trató de repetir todo lo que le había dicho. Después de todo, no fueron las palabras lo que la afectó tan profundamente; sino el hecho de que Jesús la amó a pesar de que conocía sus secretos oscuros y feos. Su confrontación suave pero directa dio como resultado una vida transformada. Y su vida no fue la única que fue revolucionada ese día. Muchas personas en su aldea, después de ver el cambio en su vida, quisieron conocer al Maestro por sí mismas.

Convicción y no condenación

Cuando Dios dirige una confrontación, el resultado es convicción y no condenación. Considera la historia de Anne. Anne estaba en el último año de la universidad Midwestern. Cierta tarde, se encontró en una situación inusual: sola. Sus tres compañeras de cuarto no habían vuelto de sus actividades del día. Así que Anne decidió aprovechar su soledad arrodillándose a un lado del sofá a orar.

No acababa de comenzar su diálogo con Dios cuando se sintió fuertemente dirigida a orar por un compañero llamado Chad. Anne y Chad habían entrado juntos a la universidad y se habían vuelto amigos. Chad era uno de esos muchachos que lo tenía todo. Era bien parecido, atlético e inteligente, con la justa cantidad de guapeza para ser atractivo. Era un líder nato y la gente era atraída instantáneamente por su encanto carismático. Sus logros en la escuela media-superior y sus actividades habían sido muchas, incluyendo haber sido presidente de la asociación de atletas cristianos de su escuela.

Cuando comenzó la universidad, tenía un obvio compromiso con Dios. Pero al terminar su primer año y pasar al segundo, al tercero y ahora al último algo había cambiado. Sí, todavía era bien parecido, atlético, inteligente y un líder nato. Era el director de eventos sociales y presidente de su popular fraternidad. Pero algo le faltaba. Había perdido su pasión por Cristo en algún punto del camino.

Cuando Anne comenzó a orar fervientemente que Chad regresara a Dios, comenzó a llorar. A su mente venía un versículo tras versículo que hablaban de las decisiones pecaminosas que Chad estaba tomando en su vida. Sintió con fuerza que tenía que confrontarlo con la verdad de la Palabra de Dios. Pero ella siguió orando diciéndole a Dios todas las razones por las que no podía confrontar a su amigo, no obstante, el Señor persistió. Así que a pesar del hecho de que se estaba haciendo tarde, Anne fue al apartamento de Chad con su Biblia en la mano y con una pesada carga en su corazón.

Cuando Chad abrió la puerta estaba obviamente sorprendido de verla. Su amistad no era tan fuerte como había sido en los años previos.

"Vine para mostrarte algo que tengo en mi coche", le dijo Anne.

La siguió al coche y ambos se subieron. Fue cuando él vio que su amiga tenía lágrimas en los ojos. Anne tomó su Biblia y comenzó a leerle los versículos que hablaban de su pecado. Luego lo animó a utilizar sus dones de atracción física, inteligencia y liderazgo en beneficio del trono de Dios. Le rogó que volviera a una vida de rectitud.

Chad se quedó sin habla. Las palabras agudas de Anne penetraron profundamente su mente y su corazón. Él la escuchó porque podía sentir su amorosa preocupación por él.

Cuando Anne dejó a Chad esa noche, no supo qué respuesta tendría su mensaje lleno de lágrimas. Todo lo que sabía era que había sido obediente a Dios. Luego, varias semanas antes de graduarse, le llegó una carta. Cuando Anne leyó las palabras de Chad su corazón saltó de alegría:

Querida Anne:

Nunca vas a saber el impacto que produjiste en mi vida. Lo que estuviste dispuesta a hacer por mí resalta en mi mente como una de las mejores cosas que alguien haya hecho por mí. Gracias por

Un hombre honesto es la obra más noble de Dios —Alexander Pope

tu valentía y por preocuparte por mí. No quiero que nos vayamos cada cual por su camino sin que sepas que he regresado al Señor.

Sinceramente,

Chad

¿Por qué Chad no se ofendió con las fuertes palabras de reprimenda de Anne? ¿Por qué estuvo dispuesto a escuchar? Porque nunca se sintió condenado. La *condenación* lleva al desaliento y a la pérdida de la esperanza, que lleva a la ira, al resentimiento y a la negación. Por otro lado, la *convicción* lleva al remordimiento, al arrepentimiento, a la restauración y a la renovación. ¡Hay una gran diferencia! Cuando estamos dispuestas a obedecer a Dios para confrontar y corregir a alguien que amamos, nos convertimos en una herramienta en las manos de Dios para traer convicción y no condenación. Nos volvemos parte de su plan de redención para nuestro ser querido.

Las herramientas de la confrontación amorosa

Al confrontar a alguien la forma lo es todo. Muchas veces les decimos a nuestros adolescentes: "No es lo que dices sino cómo lo dices". Parece ser que todavía no lo entienden, ¡pero lo harán! Como adultas tenemos una mejor comprensión de lo importante que es decir las cosas duras de una manera tierna y amorosa. Sabemos por experiencia que el delicado y quebradizo contenido del corazón de una persona está marcado como: *frágil.* Necesitamos manejarlo con cuidado.

Cuando sientas que Dios te esté llevando a confrontar a una amiga o a un ser querido, hazlo amorosamente, utilizando las siguientes cinco herramientas:

La herramienta de la autoevaluación

Probablemente hayas escuchado a la gente decir que no asisten a la iglesia porque está llena de hipócritas. Bueno, tienen razón. Todas las iglesias están llenas de personas como nosotras, personas que creen en su corazón y profesan con su boca una cosa y luego, de vez en cuando, hacen algo completamente contradictorio que se llama pecado. Y, por supuesto, todas pecamos. Lo que empeora las cosas es que muchas veces fallamos en arrepentirnos, no obstante no perdemos tiempo en señalarles sus faltas a los demás.

Si vamos a ser usadas por Dios para ayudar a restaurar a una amiga que está tomando decisiones dañinas, primero necesitamos echar una mirada larga y dura a nuestra propia vida. No podemos confrontar a una amiga de manera efectiva acerca de una "ofensa" que haya cometido en nuestra contra sin primero pedirle a Dios que revise nuestro corazón y nos revele el pecado que permanece en lo profundo de nuestro ser.

En Salmos 139:23-24 el escritor declara: "Examíname, oh Dios, y conoce mi corazón; pruébame y conoce mis pensamientos; y ve si hay en mí camino de perversidad, y guíame en el camino eterno". Sí, nuestro amoroso Padre es el que juzga nuestros motivos y nuestras acciones, pero estamos equivocadas si pensamos que no debemos discernir nuestras propias malas acciones y nuestra conducta equivocada. Claramente necesitamos juzgar nuestra conducta basándonos en sí está alineada con la Palabra de Dios o no.

Antes de que vayamos por allí señalando las malas acciones de las demás, necesitamos primero prestar oídos a la instrucción de Jesús que se encuentra en Lucas 6:39-42:

> ¿Acaso puede un ciego guiar a otro ciego? ¿No caerán ambos en el hoyo? El discípulo no es superior a su maestro; mas todo el que fuere perfeccionado, será como su maestro. ¿Por qué miras la paja que está en el ojo de tu hermano, y no echas de ver la viga que está en tu propio ojo? ¿O cómo puedes decir a tu hermano: Hermano, déjame sacar la paja que está en tu ojo, no mirando tú la viga que está en el ojo tuyo? Hipócrita, saca primero la viga de tu propio ojo, y entonces verás bien para sacar la paja que está en el ojo de tu hermano.

Terry Ann reflexiona: ¡Podemos ser tan rápidas para juzgar! Recientemente escuché a una mujer de nuestra iglesia criticando la manera en que algunas niñas del grupo de jóvenes se vestían. Ahora admito ampliamente que estoy de acuerdo en que los jeans a la cadera, las ombligueras y las blusas escotadas pegadas no son apropiadas y violan la instrucción de parte de Dios con respecto a vestir con modestia. No obstante, la mujer que se estaba quejando venía embutida en un vestido que le estaba gritando al mundo: "Miren mi figura". Si hubiera confrontado ese día a las jovencitas acerca de su falta de modestia, su exhortación hubiera caído en oídos sordos.

No es maravilla que las adolescentes, y muchas del resto de nosotras, estemos confundidas. ¡Muchas veces en esencia lo que estamos diciendo es: "Haz lo que digo, no lo que hago"! Necesitamos utilizar la herramienta de la autoevaluación para revisar nuestros motivos, nuestras acciones y nuestras actitudes antes de que intentemos instruir a una amiga (o a cualquier otra persona) sobre cómo vivir.

La herramienta de la humildad

Carolyn y Jan tenían años de conocerse. Aunque nunca habían pasado mucho tiempo conviviendo, habían estado presentes en la vida de la otra porque habían servido juntas en muchos equipos de trabajo de la iglesia y eran maestras de los hijos de la otra en la escuela dominical. Cada mujer sabía que la otra tenía el deseo de vivir en una manera que honrara a Dios.

No obstante, con el correr del tiempo, Carolyn comenzó a notar que Jan ya no era tan amigable como antes. Pero como estaba ocupada dejó que el asunto siguiera durante varios meses. Además, pensaba que le estaba dando demasiada importancia a la falta de calidez de Jan.

Entonces un domingo por la mañana, Jan de plano rechazó el saludo de parte de Carolyn. Sorprendida y perpleja, Carolyn supo que tenía que confrontar a su amiga. Después de la escuela bíblica apartó a Jan y le dijo con mucha pena. "Jan estoy segura de que hice algo que te ofendió. He pensado y pensado, pero honestamente no sé que es. No obstante, extraño la relación que solíamos tener, por favor dime por qué te has retraído de nuestra amistad".

Finalmente se rompió el hielo. Al principio Jan no quería, pero luego comenzó a hablar del problema. Varios meses antes se había enterado de que Carolyn había promovido una petición para expulsar a uno de los líderes de la iglesia, un hombre que era amigo cercano del marido de Jan. Carolyn quedó perpleja. ¡El reporte era totalmente falso! Le explicó a Jan que no había dado inicio a la petición y que tampoco la había firmado; de hecho, ni siquiera la había visto. ¡El que la estuviera pasando sabía a qué se atenía si se la hacía llegar a ella!

¡Qué carga fue levantada del corazón de ambas mujeres que deseaban tener una relación correcta con Dios y con los demás! La disposición de Carolyn para acercarse a su amiga con humildad llevó a que su amistad fuera restaurada.

Observa que Carolyn primero miró dentro de sí para ver qué era lo que había hecho para ofender a Jan. La humildad le permitió asumir que, una de dos, o de manera accidental ella había causado la tensión entre ellas o había sucedido un malentendido.

El diccionario en inglés define la palabra *humildad* como: "Una opinión modesta de la importancia o del rango propio".[1] Cuando alguien nos corrige con un aire de superioridad, es difícil de aceptar. A nadie le simpatiza una sabelotodo. No obstante, cuando estamos dispuestas a humillarnos, admitir nuestras debilidades y errores, ya no somos una amenaza para las demás. La humildad tiene la forma de cortarle la mecha a una situación de confrontación. Permite que la persona que estamos confrontando se sienta aceptada e incluso apreciada.

Dios valora la humildad. En Lucas 18 Jesús dio una lección acerca de la humildad a un grupo de líderes religiosos que necesitaban una fuerte dosis de esa virtud en particular. Lo interesante es que utilizó un método indirecto y les narró una historia para confrontar a estos líderes acerca de su conducta y su actitud de creerse justos. ¡Jesús era un experto en el aspecto de la confrontación! Su método siempre era distinto dependiendo de la situación y de las personas a las que iba dirigido. Esta es la historia que Él relató:

Dos hombres subieron al templo a orar: uno era fariseo, y el otro publicano. El fariseo, puesto en pie, oraba consigo mismo de esta manera: Dios, te doy gracias porque no soy como los otros hombres, ladrones, injustos, adúlteros, ni aun como este publicano; ayuno dos veces a la semana, doy diezmos de todo lo que gano. Mas el publicano, estando lejos, no quería ni aun alzar los ojos al cielo, sino que se golpeaba el pecho, diciendo: Dios, sé propicio a mí, pecador. Os digo que éste descendió a su casa justificado antes que el otro; porque cualquiera que se enaltece, será humillado; y el que se humilla será enaltecido.

Lucas 18:10-14

Debemos ser como el publicano. Necesitamos reconocer que nada de lo que hagamos por nosotras mismas tiene valor; toda nuestra autoestima se basa en la obra de Dios en nosotras. Este reconocimiento nos lleva a ser humildes. Nos rehusamos a ponernos en una posición alta y ver a los demás hacia abajo. Confrontamos y corregimos a los que estimamos por obediencia a Dios, no porque nos sintamos superiores, sino más bien porque sentimos que nosotras también somos pecadoras que requieren la gracia de Dios. Cuando nuestros corazones son humildes, todo lo que queremos decir es más placentero. ¡Nunca confrontes sin un corazón humilde!

La herramienta de la oración

La oración es una herramienta importante que debemos usar al confrontar porque alinea nuestros corazones con Dios. Nos ayuda a discernir la verdad en una situación. Es la avenida por medio de la cual obtenemos dirección de parte de Dios.

No solo hay que hablar de la oración, debemos sumergirnos en ella. Recuerda que fue durante el tiempo a solas con Dios de Anne que Dios le dio la carga de confrontar a su amigo Chad. Nadie puede dudar de que su reunión con Chad fue de Dios. Se nos recuerda en Santiago 1:5 que pidamos sabiduría, y que Dios nos la va a dar generosamente. Dios le dio claramente a Anne la sabiduría que necesitaba. Necesitamos pedir sabiduría no solo para lo que hemos de decir, sino para cómo decirlo: "Señor, guía mi lengua. Guíame por tu verdad a decir lo correcto de la manera correcta".

También necesitamos pedirle a Dios que prepare el corazón de la persona. Si fuéramos jardineros, querríamos plantar nuestras semillas en tierra fértil, ¿no? Como el propósito de la confrontación es traerle semillas de verdad al corazón de una persona, debemos orar para que ese corazón esté abierto y listo para recibirlas. "Señor, dale oídos a mi amiga para oír y un corazón para comprender". Nuestra responsabilidad es llevar el mensaje, eso es cierto; pero también lo es orar porque sea bien recibido. Eso incluye orar para que Dios nos dirija acerca del momento y el lugar adecuados para hablar, de tal manera que tengamos la mejor oportunidad de ser escuchadas. Jesús sabía por ejemplo, que cuando se encontró con la mujer samaritana a solas en el pozo, el lugar y el momento eran los correctos para que ella escuchara la verdad acerca de su vida.

La herramienta de la verdad de Dios

En 2 Timoteo 3:16-17 se nos dice: "Toda la Escritura es inspirada por Dios, y útil para enseñar, para redargüir, para corregir, para instruir en justicia, a fin de que el hombre de Dios sea perfecto, enteramente preparado para toda buena obra". La Biblia debe ser nuestra línea de base cuando estemos considerando una confrontación de cualquier tipo, especialmente cuando la persona a la que estamos confrontando es una creyente en Cristo. Las cristianas podemos tener diferentes puntos de vista y opiniones acerca de asuntos que van desde beber, al largo del cabello y cómo administrar el dinero. No es nuestro lugar imponer nuestros puntos de vista en otras. No obstante, cuando estamos hablando de pasajes fundamentales, tenemos sustento para una confrontación, como Trisha cuando confrontó a Michelle en el relato al principio de este capítulo.

La Biblia no solo es una plomada para saber qué asuntos valen la pena confrontar, también es una herramienta que podemos usar en el proceso. La Palabra de Dios le habla al corazón de la creyente de una manera poderosa. Hebreos 4:12 dice: "Porque la palabra de Dios es viva y eficaz, y más cortante que toda espada de dos filos; y penetra hasta partir el alma y el espíritu, las coyunturas y los tuétanos, y discierne los pensamientos y las intenciones del corazón". Compartir la Escritura es una manera poderosa y efectiva para confrontar a una creyente que esté atrapada en el pecado. No tenemos el poder de cambiar a otra persona, pero el Espíritu de Dios obrando por medio de la Palabra de Dios sí puede.

Quizá te esté preguntando: *¿Y mis amigas del mundo? ¿Debemos juzgarlas de la misma manera en que lo hacemos con nuestras amigas cristianas y hacer que se alineen con la Palabra de Dios?* Pablo tocó este tema con la iglesia de los corintios. ¡La situación en la iglesia era detestable! No solo estaban permitiéndole a un hombre que estaba acostándose con la esposa de su papá que fuera parte de su grupo, ¡sino que se estaban ufanando del hecho! Pablo los confrontó, diciéndoles que su actitud no era la correcta y que necesitaban sacar de la iglesia al cristiano inmoral para "destrucción de la carne, a fin de que el espíritu sea salvo en el día del Señor Jesús" (1 Corintios 5:5).

Pablo continuó en los versículos 9-13:

Os he escrito por carta, que no os juntéis con los fornicarios; no absolutamente con los fornicarios de este mundo, o con los avaros, o con los ladrones, o con los idólatras; pues en tal caso os sería necesario salir del mundo. Más bien os escribí que no os juntéis con ninguno que, llamándose hermano, fuere fornicario, o avaro, o idólatra, o maldiciente, o borracho, o ladrón; con el tal ni aun comáis. Porque ¿qué razón tendría yo para juzgar a los que están fuera? ¿No juzgáis vosotros a los que están dentro? Porque a los que están fuera, Dios juzgará. Quitad, pues, a ese perverso de entre vosotros.

Es claro que nuestra responsabilidad no es confrontar a nuestras amigas no cristianas basándonos en los estándares bíblicos. Podemos ofrecerles consejo y sabiduría para ayudarlas a ver el beneficio de vivir de acuerdo con los principios de Dios, pero la confrontación bíblica está reservada para las creyentes, las que ya están bajo la autoridad de la Escritura.

No estamos diciendo que no debamos compartir la Palabra con las no creyentes. La Palabra de Dios es poderosa y puede tocar incluso los corazones más fríos. Frank M. Goodchild narra una historia acerca de un chino erudito que fue empleado para traducir el Nuevo Testamento a cierto dialecto chino. Al principio el esfuerzo de traducción no produjo ningún cambio en el erudito; pero después de un tiempo fue movido a exclamar: "¡Qué maravilloso libro!". Cuando el misionero le preguntó por qué, el hombre respondió: "Porque habla con exactitud acerca de mí. Sabe todo lo que está en mí. ¡El que hizo este libro de seguro me hizo también a mí!".[2]

La herramienta de la alabanza

La actriz Julie Andrews dio una actuación verdaderamente placentera cuando representó a la voluntariosa, pero amorosamente creativa nana de la película *Mary Poppins*. ¡Nuestros papás de seguro nos llevaron a ver esa película por lo menos una docena de veces en la década de 1960! Una de las melodías más memorables de la película iba así: "Con una cucharada de azúcar la medicina sabe mejor".

La corrección es para el que tiene un corazón espiritualmente enfermo, lo que la medicina es para un cuerpo enfermo. Allí es donde necesitamos la herramienta de la alabanza. La alabanza es el azúcar que ayuda que la medicina de la corrección sepa mejor. Para que podamos responder de una manera positiva a la corrección, primero necesitamos sentirnos apreciados y aceptados por quien nos está administrando la llamada de atención. ¡Una palabra positiva realmente ayuda! Como dice Dale Carnegie en su libro *Cómo ganar amigos e influir sobre las personas:* "Comenzar con alabanza es como el dentista que comienza su trabajo con novocaína. El paciente termina con la muela taladrada, pero la novocaína es un analgésico".[3]

Abraham Lincoln hizo un trabajo magnífico al utilizar la alabanza antes de dirigirle una fuerte palabra de corrección al general Joseph Hooker el 26 de abril de 1863, durante un periodo difícil de la guerra civil. El Ejercito de la Unión enfrentaba una derrota tras otra. La moral estaba baja e incluso Lincoln estaba al filo del desaliento. Sentía que era imperativo escribirle al general Hooker para señalarle ciertos errores que estaban afectando la forma en que estaba conduciendo la guerra. Observa lo diplomático, pero firme que fue Lincoln:

Lo he puesto a la cabeza del Ejército del Potomac. Por supuesto, lo hice a causa de que me parece que hay suficientes razones para ello, pero aun así, siento que es mejor que sepa hay algunas cosas respecto de las cuales no estoy del todo satisfecho con usted.

Creo que usted es un soldado valiente y hábil, quién, por supuesto, me simpatiza. También creo que usted no mezcla la política con su profesión, en lo cual usted hace lo correcto. Usted tiene confianza en sí mismo, cualidad valiosa si no es que indispensable.

Usted es ambicioso, lo cual, dentro de los límites de lo razonable, hace más bien que mal. Pero creo que durante el mando del general Burnside usted tomó consejo de su ambición y lo estorbó tanto como pudo, en lo cual usted le hizo un gran daño al país y a un hermano oficial de mucho merito y honor.

He escuchado, de tal forma que lo he llegado a creer, que usted recientemente ha dicho que tanto el ejército como el gobierno requieren un dictador. Por supuesto que no fue por esto, sino a pesar de esto que le di el mando.

Solo los generales que obtienen éxitos pueden establecerse como dictadores. Lo que ahora le pido es éxito militar, y asumiré el riesgo de la dictadura.

El gobierno lo va a apoyar hasta lo supremo de su habilidad, que no es más ni menos de lo que hemos hecho o haremos por todos los comandantes. Mucho temo que el espíritu que usted ayudó a infundirle al ejército, de criticar a su comandante y de negarle la confianza, ahora se está volviendo en su contra. Voy a ayudarlo, tanto como pueda, para apaciguar este sentir.

Ni usted, ni Napoleón, si volviera a la vida, podría obtener nada bueno de un ejército mientras ese espíritu prevalezca en él, y ahora tenga cuidado de los apresuramientos. Tenga cuidado de no apresurarse, pero con energía y con sobria vigilancia avance y dénos victorias.[4]

Aunque Lincoln corrigió a Hooker, lo hizo al mismo tiempo que lo alabó por sus muchos atributos. ¡Aparentemente nuestro décimo sexto presidente conocía el valor de una cucharada de azúcar!

El mejor método

El ejemplo de Lincoln nos lleva a un punto: hay variedad de modos de comunicación que podemos usar para confrontar a alguien. Creemos que siempre que sea posible la confrontación cara a cara es mejor. Podemos invitar a la persona a nuestra casa o a comer o a tomar un café para que podamos hablar en privado. En otros momentos escribir una carta puede ser una forma más apropiada y suave de expresar nuestras preocupaciones. Al poner nuestros pensamientos por escrito, podemos asegurarnos de expresarnos con precisión y con el tono adecuado. Además de que producimos un material al cual podemos referirnos tan a menudo como sea necesario. Solo recuerda, las cartas siguen existiendo mucho después de que el asunto sea resuelto. En algunos casos eso puede ser algo bueno, en otros casos quizá no.

¡Escoge con cuidado tu forma de comunicación! Una llamada puede estar bien en ciertas situaciones; pero nos perdemos las expresiones faciales que pueden revelarnos muchas cosas. Necesitamos orar y pedirle a Dios que nos dirija a la mejor manera.

Algo que nunca debemos hacer: permitir que otra persona se encargue de arreglar nuestras preocupaciones. Todas hemos visto parejas (las comedias de la televisión cuentan con una gran cantidad de ellas) que se rehúsan a hablarse entre sí, por lo cual, se comunican mediante recados con sus hijos. "Ve y dile a tu padre...". "Ve y dile a tu madre...". ¡De esa manera no se puede resolver nada! Si tenemos un mensaje que queremos que nuestra amiga reciba, entonces debemos amar y preocuparnos lo suficiente por esa amiga para entregarle el mensaje en persona. La confrontación se puede llevar a cabo por medio de una gran variedad de métodos, pero si vamos a ser amigas positivas necesitamos hacerlo directamente.

Haz las excusas a un lado

¿Por qué no queremos confrontar a los demás incluso cuando Dios nos ha invitado a hacerlo? Como dijimos antes, es un trabajo difícil. La confrontación es extraña e incómoda. Es más fácil ignorar una ofensa y cortar relaciones. Además, si confrontamos a una amiga, nuestra relación puede cambiar, y no necesariamente para bien.

No importa cuáles sean nuestras excusas, necesitamos hacerlas a un lado. Mateo 18:15-17 es muy claro acerca de lo que debemos hacer:

Por tanto, si tu hermano peca contra ti, ve y repréndele estando tú y él solos; si te oyere, has ganado a tu hermano. Mas si no te oyere, toma aún contigo a uno o dos, para que en boca de dos o tres testigos conste toda palabra. Si no los oyere a ellos, dilo a la iglesia; y si no oyere a la iglesia, tenle por gentil y publicano.

Si la persona que está siendo confrontada recibe la corrección y se arrepiente, entonces la relación puede ser restaurada. Pero la ofensora toma la decisión. Si te has acercado a tu amiga con un corazón verdaderamente motivado por el amor, y aun así encuentras que tus ruegos por arrepentimiento son respondidos con desdén o son rechazados, entonces es momento de seguir adelante sola. Ya hiciste lo que te tocaba. Ya no puedes hacer más que seguir orando para que un día tu amiga escoja la rectitud. Incluso Jesús animó a sus discípulos a que entraran a la ciudad, que presentaran la verdad del mensaje de salvación de Dios y que si sus palabras no eran recibidas que se limpiaran el polvo de los pies y se fueran a la siguiente ciudad (lee Mateo 10:14).

Debemos amar a Dios lo suficiente para seguir su mandamiento de confrontarnos en amor. De hecho, somos llamadas a amar a nuestras amigas a pesar de sus muchas faltas. Pero cuando surja una situación y sepas que Dios te está dirigiendo a que confrontes a una amiga, hazlo en su fuerza, su sabiduría y su integridad. Usa las herramientas que hemos descrito en este capítulo. Solo las tontas se apresuran a meterse en un pleito; las amigas sabias confrontan con amor y oración.

Punto de Poder

Lee: Efesios 5:1-21. ¿Qué principios de confrontación puedes obtener del pasaje? Haz una lista versículo por versículo de los principios que veas.

Ora: Glorioso Señor, estoy tan agradecida por tu amor perfecto. Te alabo por haber enviado a tu Hijo a morir por mis pecados y a resucitar para darme esperanza eterna. Examina mi vida y convénceme de mis caminos de pecado. Guíame en el camino eterno ¡Quiero tener mucho cuidado para confrontar a otras! Guíame y dirígeme, y ayúdame a decir solo lo que sea tu voluntad. Muéstrame claramente cuando sea el momento de confrontar a alguien, y dame la sabiduría de hacerlo con tu Palabra y tu gracia. En el nombre de Jesús, amén.

Recuerda: Efesios 5:15-16: "Mirad, pues, con diligencia cómo andéis, no como necios sino como sabios, aprovechando bien el tiempo, porque los días son malos".

☺ **Practica:** ¿Cuál es tu actitud hacia la confrontación? ¿Estás abierta a corregir a otras cuando sea necesario? Sobre todo, ¿estas dispuesta a ser corregida? ¿Habrá una amiga a quien el Señor te ha pedido que confrontes (por una razón basada en la Biblia)? Si es así, sé obediente, sigue los pasos de este capítulo para avanzar en el poder de su Dios y su gracia.

15

Las máscaras que usamos
Sé sincera con tus amigas

*Si eres honesto contigo mismo, entonces, tal y como la noche sigue
al día, no podrás ser falso con nadie.*

—William Shakespeare

Tratar de mantener cierta imagen puede desgastar a una persona. Por ejemplo, Nadia, siempre se había enorgullecido de su talento como anfitriona. Aunque verbalmente lo negaba con un humilde: "¡Ya quisiera!", en realidad le encantaba que la gente la comprara con una famosa conductora de TV llamada Martha Stewart. Cada trimestre organizaba una comida para mujeres en su casa, donde servía platillos tomados directamente de recetas de revistas de alta cocina y decorando la casa hasta el copete con el estilo apropiado de la temporada. Trabajaba durante semanas para preparar el evento siguiente. Su familia sabía que era mejor no molestar a mamá con necesidades o peticiones durante la semana de su comida especial.

Nadia competía consigo misma, siempre tratando de mejorar su esfuerzo anterior. Los centros de mesa, los recuerdos y los postres se convirtieron casi en una obsesión a medida que trabajaba por mantener su imagen de "anfitriona del año". Cierta Navidad en particular casi le cuesta la reputación. El día antes de la comida, su hija se enfermó. Este era el día en que Nadia había planeado salir a comprar las flores, los recuerdos y dar los toques finales, y ahora se había arruinado por una niña que necesitaba que le sonaran la nariz.

Nadia se aseguró de que todos en la familia se enteraran de lo inconveniente que había sido esta enfermedad para ella. Estaba molesta, incluso furiosa, sabiendo que su comida no iba a ser el evento perfecto que había sido en el pasado. Más le valía a su hija mejorar para el día siguiente, porque no iba a poder cocinar ni a recibir a tantas invitadas si iba a tener en casa a una niña enferma que necesitaba atención.

El día de la comida la hija de Nadia había mejorado (un poco), así que la envolvió en ropa abrigadora, le dio jarabe para la tos y la envió a la escuela. *Listo,* pensó. *Por lo menos ahora puedo hacer las preparaciones finales para mis botanas de queso suizo y la crema de tomate con albahaca.*

Estaba apurada cocinando y quejándose en silencio por no tener los recuerdos que siempre le gustaba dar cuando repicó el teléfono. Era de la escuela, que su hija necesitaba volver a casa; todavía tenía fiebre y se sentía terrible.

¡Ay no!, pensó Nadia. *¡No tengo tiempo para esto!*

De regreso a casa, Nadia expresó su frustración y su preocupación porque su fiesta iba a ser la peor de todas. Todo lo que su hija pudo hacer fue murmurar un avergonzado "lo siento".

Cuando llegaron a casa, Nadia le dijo a su hija que se metiera a la cama. Luego se apresuró a la cocina, terminó un poco más de botana, encendió algunas velas y comenzó a saludar a las invitadas en la puerta. Al saludar lo hacía con una sonrisa falsa (bueno, era más bien como una mueca). Cuando la gente la felicitó por otra comida fantástica, ella mintió: "No fue nada, de veras".

Todas nos podemos identificar de una manera u otra con Nadia. Cada una de nosotras hemos tenido la experiencia de esconder la manera en que realmente pensábamos o cómo nos estábamos sintiendo. Hasta cierto punto todas llevamos máscaras. Eso no es necesariamente algo malo. Una máscara puede ser saludable: como equipo de protección natural y prudente. Después de todo, simplemente no podemos compartirlo todo y revelarle todo a cada persona que nos encontremos. Necesitamos poder discernir a quien le compartimos los detalles oscuros de nuestra vida, porque no se puede confiar en todas las personas. Si permitiéramos que todas nuestras conocidas supieran todo acerca de nosotras, probablemente terminaríamos con sumamente pocas amigas, y los detalles de nuestra vida salpicarían por todos lados en chismes despiadados.

Un amigo es una persona con quien puedo ser sincero. Delante de él, puedo pensar en voz alta. —Ralph Waldo Emerson

Jesús les advierte a sus seguidores en Mateo 7:6: "No deis lo santo a los perros, ni echéis vuestras perlas delante de los cerdos, no sea que las pisoteen, y se vuelvan y os despedacen". No estamos siendo hipócritas cuando decidimos tener discernimiento en la manera en que compartimos con las demás. Simplemente estamos guardando nuestra vida y la vida de nuestra familia de daños innecesarios.

Las máscaras no son sanas cuando las usamos todo el tiempo para presentar cierta imagen que queremos que el mundo vea. Pensamos: *No puedo permitir que nadie sepa como soy realmente, así que me voy a poner este disfraz, esta fachada, este frente, para que la gente piense que soy mejor de lo que soy.* Una máscara de esta naturaleza evita que nos acerquemos a las demás, porque no podemos ser honestas o sinceras. No podemos ser amigas positivas y al mismo tiempo llevar máscaras todo el tiempo.

Las grandes actrices

La palabra *hipócrita* originalmente hacia referencia a los actores de teatro. Como las obras griegas exigían que los hombres representaran una gran variedad de papeles, los actores usaban máscaras para esconder su identidad verdadera y presentar las imágenes que querían que el público viera. A lo largo del tiempo *hipócrita* a llegado a ser un término que la gente utiliza para identificar a una persona falsa; alguien que pretende ser algo que no es. Específicamente se refiere a aparentar una identidad falsa al mostrar una imagen que le da a la gente la idea de que eres una cosa cuando en realidad eres otra sumamente distinta.

Jesús utilizó la palabra *hipócrita* para identificar a los fariseos, líderes religiosos que montaban todo un espectáculo para aparentar su piedad y devoción a Dios cuando de hecho eran celosos, mentirosos y engañadores. Demos una mirada a los que Jesús les dijo a los fariseos en Mateo 23:13-15 y 23-28. Advertencia: ¡Estás a punto de escuchar a Jesús dándoles su merecido! Sus fuertes palabras hacen obvio cuanto le disgusta guardar las apariencias:

Mas ¡ay de vosotros, escribas y fariseos, hipócritas! porque cerráis el reino de los cielos delante de los hombres; pues ni entráis vosotros, ni dejáis entrar a los que están entrando. ¡Ay de vosotros, escribas y fariseos, hipócritas! porque devoráis las casas de las viudas, y como pretexto hacéis largas oraciones; por esto recibiréis mayor condenación. ¡Ay de vosotros, escribas y fariseos, hipócritas! porque recorréis mar y tierra para hacer un prosélito, y una vez hecho, le hacéis dos veces más hijo del infierno que vosotros [...] ¡Ay de vosotros, escribas y fariseos, hipócritas! porque diezmáis la menta y el eneldo y el comino, y dejáis lo más importante de la ley: la justicia, la misericordia y la fe. Esto era necesario hacer, sin dejar de hacer aquello. ¡Guías ciegos, que coláis el mosquito, y tragáis el camello!

¡Ay de vosotros, escribas y fariseos, hipócritas! porque limpiáis lo de fuera del vaso y del plato, pero por dentro estáis llenos de robo y de injusticia. ¡Fariseo ciego! Limpia primero lo de dentro del vaso y del plato, para que también lo de fuera sea limpio.

¡Ay de vosotros, escribas y fariseos, hipócritas! porque sois semejantes a sepulcros blanqueados, que por fuera, a la verdad, se muestran hermosos, mas por dentro están llenos de huesos de muertos y de toda inmundicia. Así también vosotros por fuera, a la verdad, os mostráis justos a los hombres, pero por dentro estáis llenos de hipocresía e iniquidad.

—Mateo 23:13-15; 23-28

¡Sópatelas! ¡Jesús realmente les dio con todo! Pero, ahora, ¿que se puede decir de nosotras? ¿La imagen que presentamos en lo externo es un verdadero retrato de lo que está sucediendo en lo interno? Las palabras de Jesús son una llamada de atención que cada una de nosotras debemos tomar en cuenta para considerar nuestra propia hipocresía. Necesitamos preguntarnos: *¿Practico la doble moral en algún aspecto? ¿Tengo máscaras que necesitan ser removidas?* Seamos honestas, todas necesitamos un poco de limpieza en nuestro interior. Cada una de nosotras necesitamos que Cristo y la obra del Espíritu Santo limpien nuestra mente y nuestro corazón continuamente. Luego, a medida que nuestro interior esté limpio, esa pureza se reflejará automáticamente en el exterior.

Necesitamos guardar nuestro enfoque y nuestro propio corazón y no el corazón de las demás. Solo Dios sabe lo que hay en el corazón de las demás. Nosotras no. Con toda certeza, Jesús sabía lo que estaba en el corazón y en la mente de los fariseos cuando los expuso. ¡Por eso es que pudo hacerlo! Nosotras no podemos ser tan rápidas para juzgar porque no siempre sabemos qué tanto el interior de una persona hace juego con su exterior. Muchas veces podemos estar bastante equivocadas.

Karol reflexiona: Caso de estudio: Terry Ann y yo tenemos una personalidad del tipo sanguíneo. Ambas tendemos a ser más alegres y sonrientes que las demás. ¡Algunas incluso piensan que nos pasamos de la raya! Nos encanta estar con gente, y se nota. No obstante, en momentos, la gente ha cuestionado nuestra autenticidad ya que asumen que nuestra alegría es falsa. (Por cierto, el siguiente capítulo habla acerca del peligro de juzgar mal). Por supuesto, las dos constantemente necesitamos examinarnos para ver si nuestro interior y nuestro exterior caza. Pero las buenas noticias son que ninguna de nosotras titubea para llorar o entristecernos con la gente cuando estamos tristes o a enfadarnos cuando estamos frustradas. ¡No nos ponemos "máscaras de alegría" cuando nuestras emociones no denotan alegría!

No estamos diciendo que seamos perfectamente genuinas en todos los sentidos. Solo estamos señalando que es fácil juzgar mal a los demás.

El salón de las máscaras

¡Lo difícil de una máscara es que muchas veces no reconocemos que la traemos puesta! Vamos a dar una breve mirada a algunas de las máscaras más comunes que las mujeres tienden a llevar. Esta vista panorámica puede ayudarnos a detectar nuestras fachadas falsas favoritas.

La máscara de la perfección. Algunas personas no quieren bajar la guardia ni un solo instante. Llevan una máscara que dice que todo en su vida está perfectamente bien. Algunas veces es un asunto de orgullo; otras veces es que tienen miedo de que si son honestas acerca de sus heridas, se van a convertir en una carga para los demás.

La máscara de todo está bajo control. Esta es la máscara que llevan muchas maniáticas del control; no solo por su propia seguridad, sino también para demostrarles a las demás que tienen todo organizado y bajo control.

La máscara de pobre de mí. Muchas almas melancólicas llevan esta imagen lastimera. "Todo está mal y ustedes deberían tenerme lástima" es la canción favorita de estas personas.

La máscara de la esnob elitista. Esta es la máscara de: "Soy mejor que tú". Sin importar si la persona se presenta como superior en riqueza, en coches, en ropa, en notas o en belleza, se disfraza de pedantería.

La máscara del alma humilde. Lo extraño es que esta máscara está basada en egoísmo, aunque al principio no lo parece. La falsa humildad penetra en la gente bien intencionada cuando aparentan no recibir la gloria o el crédito. Pero la verdad es que están empapándose de la alabanza por dentro mientras están tratando de verse humildes por fuera. Casi todas somos culpables de llevar esta máscara de vez en cuando. La verdadera humildad es un regalo de Dios.

La máscara de la supermamá. En nuestra sociedad, hay una gran presión por ser la mejor mamá que críe a los niños más lindos y perfectos (con las notas más altas); que se ofrezca como voluntaria en todos los paseos; que transporte a estos artistas, atletas o músicos en flor a cualquier ensayo, entrenamiento o clase posible. Como ninguna mamá quiere ser de segunda clase, muchas mujeres se ponen esta máscara para mantener la imagen de supermamá.

La máscara del ama de casa perfecta. Es fácil quedar atrapada en el síndrome de La Casa Hermosa. Las mujeres que se ponen esta máscara hacen todo lo que pueden por ganarse el premio de decoración y limpieza. ¡El ama de casa perfecta no permite o no le gusta que nadie sepa que tiene que luchar con montones de desorden (como todas las demás)!

La máscara religiosa y santa: Esa máscara de piedad puede verse muy bien: asistencia perfecta a la congregación, participación en los comités de hospitalidad y administración, voluntariado en el comité de liderazgo del grupo de mujeres, y demás. Lamentablemente, las mujeres que llevan esta máscara tienen la tendencia de ver con malos

Digo, pues, por la gracia que me es dada, a cada cual que está entre vosotros, que no tenga más alto concepto de sí que el que debe tener, sino que piense de sí con cordura, conforme a la medida de fe que Dios repartió a cada uno. —Romanos 12:3

ojos el pecado de todas las demás, ¡con la agradecida "certeza" de que nunca harían algo así!

La máscara de todo lo puedo. Nuestra cultura nos ofrece miles de oportunidades. Eso es bueno. Pero algunas mujeres quieren demostrar que pueden tener una carrera, ser voluntarias activas, criar una familia, tomar clases y correr un maratón, todo al mismo tiempo. Pueden hacer juegos malabares con todo, ¡y si no pueden, se ponen la máscara que dice que sí pueden!

La máscara de no puedo. El reverso es la mujer que se queja en desaliento: "No puedo". En lo profundo sabe que es tan capaz como cualquiera. Pero tiene miedo de intentarlo, así que se pone una máscara y se dice a sí misma (y a todas las demás) que no tiene la habilidad.

La máscara de la seguridad. Esta fachada da la impresión de que la portadora se siente segura por completo. ¡Puede conquistar al mundo! Pero muchas mujeres que presentan esta imagen por dentro en realidad se mueren de miedo y temen que alguien encuentre los huecos en su armadura.

La máscara de la amargura. Cuando una mujer se pone su cubierta amarga y prepotente, le deja saber al mundo que ha sido herida y que no está dispuesta a dejarlo pasar ni a salir adelante. Además, es culpa de alguien más que ella sea así, o por lo menos es lo que ella dice, ¡y lo sostiene!

La máscara del mejor desempeño. La persona que lleva esta máscara cree que lo que haga debe hacerlo mejor que las demás. Sin importar que sea jugar tenis, vender chocolates para levantar fondos, organizar la fiesta navideña de la oficina, la gente tiene que ver que es la mejor. Lamentablemente, mantenerse en el mejor desempeño es cansado y causa algunas bajas de personas inocentes.

¿Reconociste una o dos de tus máscaras favoritas? Ciertamente, podemos añadirle muchas más a la lista. La mayoría de nosotras no llevamos una máscara, sino muchas, a lo largo de la vida. Por supuesto, raras veces nos las ponemos de forma deliberada, sino que nos las ajustamos casi por reflejo. Algunas veces cuando nos damos cuenta de que llevamos una máscara en particular, podemos aprender a liberarnos de ella, pero si no somos vigilantes, terminamos reemplazándola con una nueva.

¿Por qué máscaras?

El orgullo y la inseguridad parecen estar en la raíz de la mayoría de las máscaras. Quizá no reconozcamos el orgullo de inmediato; tiende a establecer su insidioso reinado en nuestro corazón y en nuestra mente aparentando ser algo más como humildad, servicio o incluso responsabilidad. Muchas veces el orgullo y la inseguridad se desarrollan en nuestro interior porque hemos quitado nuestros ojos de Dios y su amoroso plan para nuestra vida y los hemos puesto en otras personas que al parecer les va "mejor" que a nosotras.

En Salmos 73:1-9 vemos una descripción de personas que llevan máscaras. Observa que el salmista casi se tropieza con la envidia a medida que observaba a los orgullosos enmascarados:

Ciertamente es bueno Dios para con Israel,
Para con los limpios de corazón.
En cuanto a mí, casi se deslizaron mis pies;
Por poco resbalaron mis pasos.
Porque tuve envidia de los arrogantes,
Viendo la prosperidad de los impíos.
Porque no tienen congojas por su muerte,
Pues su vigor está entero.
No pasan trabajos como los otros mortales,
Ni son azotados como los demás hombres.
Por tanto, la soberbia los corona;
Se cubren de vestido de violencia.
Los ojos se les saltan de gordura;
Logran con creces los antojos del corazón.
Se mofan y hablan con maldad de hacer violencia;
Hablan con altanería.
Ponen su boca contra el cielo,
Y su lengua pasea la tierra.

La gente que esta siendo descrita por el salmista es del tipo que quiere que todos piensen que tienen todo resuelto; que sus vidas son perfectas. ¡Qué fácil es para nosotras querer que la gente piense que somos perfectas! ¿Notaste en el pasaje que la soberbia es la corona de los que aparentan que su vida es perfecta? El salmista continúa describiendo la manera en que la gente orgullosa suele terminar: "Ciertamente los has puesto en deslizaderos; en asolamientos los harás caer. ¡Cómo han sido asolados de repente! Perecieron, se consumieron de terrores" (Salmos 73:18-19).

Nos colocamos en terreno resbaloso cuando tratamos de llevar una máscara o de guardar una apariencia. El castillo de naipes finalmente se derrumba. Nadie puede mantener una imagen perfecta todo el tiempo.

El salmo 73 continúa con el llamado de una persona de corazón limpio, una persona que solo busca a Dios para obtener su identidad, su seguridad y su fuerza. Ay, si solo todas nos quitáramos nuestras máscaras de orgullo y dijéramos con el salmista: "¿A quién tengo yo en los cielos sino a ti? Y fuera de ti nada deseo en la tierra. Mi carne y mi corazón desfallecen; mas la roca de mi corazón y mi porción es Dios para siempre" (Salmos 73:25-26).

Terry Ann reflexiona: Recuerdo una época en la universidad cuando pensaba que no debía permitir que ni siquiera mis compañeras de cuarto se enteraran de cuando tuviera una herida emocional o me sintiera desanimada. Yo llevaba la máscara de "Todo está bien". Mientras que siempre estaba disponible para ayudar a las demás con sus problemas, nadie sabía cuando yo estaba luchando con algo. Mantenía una imagen "controlada" todo el tiempo, incluso con mis amigas cristianas cercanas.

Una tarde tranquila mi compañera de cuarto Julie y yo estábamos estudiando solas en nuestro apartamento. Como nuestras otras compañeras de cuarto habían salido, Julie decidió que era una buena oportunidad para hablar conmigo y expresarme sus preocupaciones: "Terry Ann, ninguna de nosotras sentimos que nos podamos acercar a ti", dijo Julie. "Nunca nos dejas ver tu lado flaco. ¿Cuáles son tus necesidades o desafíos o fracasos? Necesitamos saberlo".

Fue un momento de derramar muchas lágrimas para mí. Siempre había mantenido mi guardia arriba, pensando que si alguien veía que tenía dificultades sería un mal testimonio para Cristo. Esa noche Julie me ayudó a darme cuenta de que la vida cristiana no se trata de ser perfecta; sino más bien de ser transparente. Se trata de caminar en la fuerza de Dios y de verlo ayudarnos en medio de nuestras fallas y fracasos, al mismo tiempo que le permitimos a nuestras amigas que caminen a nuestro lado.

Compartir nuestros desafíos les permite a las demás que oren con nosotras y les da la oportunidad de ver el poder de Dios actuando en nuestras vidas. Tratar de aparentar perfección, por otro lado, solo produce frustración o envidia en la gente a nuestro alrededor. No podemos lograr mantener esa fachada todo el tiempo, así que ¿para qué intentarlo? Como dijo Salomón: "La soberbia del hombre le abate; pero al humilde de espíritu sustenta la honra" (Proverbios 29:23).

Lo que el mundo necesita ver

Como cristianas, la imagen que necesitamos que el mundo vea en nosotras es la de alguien cuya vida ha sido impactada por la redención y el poder de Cristo. Quizá no vean a una persona perfecta, pero deben ver a una persona perdonada por Dios que confía en la fuerza divina y no en la propia.

Es fácil caer en la trampa de pensar que necesitamos mantener una imagen perfecta y santa con el fin de ser buenas testigos de Cristo. No nos malentiendas; el estilo de vida es importante. Lo que decimos y hacemos es importante. La gente busca a los cristianos para ver cómo es el verdadero cristianismo.

Esperamos que lo que vean sean personas con amor, gozo y una vida de justicia. Pero también necesitan ver la realidad de que las cristianas lloran. Que se equivocan. Y que ellas también, necesitan ser perdonadas.

¡Estamos agradecidas de que Dios, que conoce nuestra pecaminosidad, nos sigue amando igual! Somos las receptoras agradecidas del abundante perdón, amor y poder de Dios. Esa es la imagen que el mundo necesita de nosotras.

En nuestras relaciones con nuestras amigas de confianza, necesitamos ser abiertas, honestas y auténticas. Las relaciones se estancan con las personas que deciden esconder quiénes son en realidad. A medida que desarrollemos amistades positivas y fieles, necesitamos compartir nuestras esperanzas y sueños y habilidades así como nuestras preocupaciones, angustias y desalientos. Nadie quiere ser la mejor amiga de personas perfectas y alegres. Lo que realmente queremos es una amiga con la que nos podamos identificar, una amiga que nos entienda.

Decidamos quitarnos la máscara y permitir que nuestra luz interna brille con este mensaje positivo: "¡Soy amada y perdonada por un maravilloso Salvador y Amigo! ¡No necesito una máscara, porque Él me ama tal y como soy!".

Punto de Poder

Lee: 2 Corintios 12:1-10. ¿De qué se gloriaba Pablo? (Revisa el capítulo 11 de 2 Corintios para mayor información.) ¿De qué manera Pablo muestra su vulnerabilidad en este pasaje? ¿Cuál es la verdadera imagen que Pablo quería que la gente viera en él, tal y como lo expresa en los versículos del 8 al 10?

Ora: ¡Te alabo, Señor, porque Tú eres real! Has sido honesto y abierto con la humanidad desde el principio de los tiempos. Te nos has revelado en tu Palabra y mediante el ejemplo de la vida de Cristo en la tierra. Gracias por permitirme conocerte y gracias que puedo confiar en ti. Muéstrame las máscaras que me pongo y guárdame de aparentar ser algo que no soy. Ayúdame a ser transparente con todos los que me conocen. Guíame a la hora de ser abierta, honesta y auténtica. Dirígeme hacia las amigas en las que pueda confiar y ayúdame a ser una amiga digna de confianza también. Te alabo por la manera en que obras en mi vida; porque cuando soy débil, Tú eres fuerte. En el nombre de Jesús, amén.

Recuerda: 2 Corintios 12:9: "Y me ha dicho: Bástate mi gracia; porque mi poder se perfecciona en la debilidad. Por tanto, de buena gana me gloriaré más bien en mis debilidades, para que repose sobre mí el poder de Cristo".

Practica: Revisa la lista de máscaras de este capítulo. ¿Ves alguna evidencia de estas máscaras en tu vida? Decide hoy remover la máscara y ponerla a los pies de Jesús. Pídele que te cubra con su imagen para que cuando la gente te vea, vean el poder redentor de Dios.

EL

PDER

DEL

PERDÓN

El perdón es renunciar a mi derecho de vengarme.

—Archibald Hart

Soportándoos unos a otros, y perdonándoos unos a otros si alguno tuviere queja contra otro. De la manera que Cristo os perdonó, así también hacedlo vosotros.

—Colosenses 3:13

Juegos mentales

Los peligros de juzgar y de llegar a conclusiones demasiado rápido

Trata a tus amigos como a tus cuadros y míralos con la mejor luz.

—Jennie Jerome Churchill

Un anuncio en una fábrica de gran tamaño decía: "Errar es humano; perdonar, no es política de la compañía".[1] ¿A quién le gustaría trabajar para una compañía que nunca perdona errores? No obstante, muchas personas llevan un letrero similar en el corazón: "Errar es humano; perdonar, no es mi política". ¿Quién querría ser amiga de una persona que nunca perdona las faltas?

Todas cometemos errores, y todas necesitamos ser perdonadas. Aun así todas batallamos a veces con dejar pasar las faltas de las demás. La crítica y el juicio (dos características que son letales para cualquier amistad) pueden fluir con demasiada facilidad de nuestro corazón y de nuestra mente.

Si vamos a ser amigas positivas, necesitamos aprender a perdonar las faltas y a ver lo mejor en la otra. En 1Corintios 13, a menudo llamado "el capítulo del amor", leemos que el amor "todo lo sufre, todo lo cree, todo lo espera, todo lo soporta" (1 Corintios 13:7).

No estamos sugiriendo que metamos nuestra cabeza en la arena y que ignoremos los problemas serios de nuestras amigas que necesitamos señalarles. De eso se trató el capítulo 14, de amar lo suficiente a nuestros seres queridos como para confrontarlos. Pero el reverso de la moneda de la confrontación es amar a nuestras amigas lo suficiente como para pasar por alto sus faltas y sus fracasos y ver lo mejor en ellas. Una amistad positiva (y eso incluye un matrimonio positivo) se basa en la comprensión mutua de que somos humanas. Todas tenemos debilidades y fracasos. Todas cometemos errores y nos equivocamos (algunas de manera más vistosa que otras). Como amigas positivas, necesitamos perdonarnos. Necesitamos dar por sentado lo mejor de la otra y no lo peor.

Conclusiones peligrosas

Era diciembre, y Debra estaba hasta el cuello. No solo tenía que enfrentar los asuntos normales que vienen con ser esposa y madre de dos niños durante las fiestas de fin de año, sino que estaba a la mitad de un proyecto que necesitaba entregar antes de Navidad. Además, se había ofrecido como voluntaria para dirigir el musical navideño en su congregación, y se habían programado varias noches de ensayo cada semana. ¡No es necesario decir que Debra se sentía un poco abrumada!

Mientras tanto, la más querida amiga de Debra, Suzette, estaba disfrutando de las fiestas a un ritmo más lento. Suzette trabajaba a medio tiempo como ejecutiva de ventas de cosméticos y servía como voluntaria en la escuela de sus hijos dos veces a la semana. Al acercarse la Navidad, Suzette dejó un mensaje en la contestadora automática de Debra preguntándole cuando podían reunirse para su comida mensual. Al no recibir respuesta de Debra durante un par de días, le envió una carta por correo electrónico con la misma petición.

Debra estaba tan distraída por el trabajo, los niños, la casa y la iglesia que se le olvidó devolverle la llamada a Suzette. Y aunque lo normal era que revisara su correo electrónico con regularidad, no había tenido la oportunidad de sentarse en la computadora varios días. Debra pensó que Suzette comprendería. Pero Suzette tenía su propia historia. *Debra debe estar enojada conmigo,* pensó Suzette, *y por eso no me ha contestado.* Suzette se rompía la cabeza pensando por qué Debra estaba enojada con ella.

Lo único que le vino a la mente fue que le había pedido a Debra unas semanas antes que invitara a sus amigas del trabajo a una demostración de cosméticos en su casa. Debra dijo que sí pero que sería hasta enero o febrero.

Apuesto a que Debra está enojada porque le quiero vender cosméticos a algunas de sus compañeras de trabajo, pensó Suzette. *Piensa que la estoy usando. ¡Eso es!* Suzette comenzó a enredar más el asunto. *Si Debra no apoya mi manera de trabajar, ¿cómo puede ser una amiga sincera? ¡Quizá no es la amiga que pensé que era!* Y siguió y siguió y siguió. Todo basado en una premisa falsa. Debra no tenía ni idea del problema que se estaba desarrollando; simplemente estaba demasiado ocupada para darse cuenta de que había un problema.

Antes de que juzguemos demasiado duro a Suzette tenemos que admitir que todas tendemos a llegar a conclusiones sumamente rápido acerca de las personas y las situaciones. Nuestro cerebro está constantemente tratando de resolver el valor de la X cuando nos faltan demasiadas variables como para llegar a una respuesta válida. A menudo nuestras conclusiones erróneas se basan en verdades parciales que creemos son toda la verdad. Una conclusión errónea acerca de una muchacha delgada lleva al chisme de que padece desórdenes alimenticios. Una miembro de la directiva de la asociación de padres de familia, después de orar, cambia de parecer acerca de un asunto y se piensa que es una persona de dos caras. Una vecina que conduce un coche lujoso es tachada de extravagante, mientras que otra vecina con un vehículo viejo y barato es etiquetada como una persona con problemas económicos.

Más que hacer preguntas y descubrir la verdad, nos colgamos de nuestras conclusiones falsas y permitimos que den vueltas en nuestra cabeza y que aumenten de peso y diámetro como una bola de nieve que rueda colina abajo. Muchas veces nuestras conclusiones prueban ser falsas, pero no sin antes salir de nuestra lengua en forma de chisme. Las relaciones se destruyen por razones que terminan siendo falsas.

La premisa básica

A nuestro enemigo, Satanás, le encantaría que nos alimentemos de verdades a medias y de conclusiones falsas. "Esos bocadillos son deliciosos", nos susurra, "¡y tomar uno es bastante fácil!". Recuerda el Huerto de Edén y el destructivo juego mental que jugó Satanás con Adán y Eva. El primer hombre y la primera mujer estaban disfrutando de una comunión perfecta con Dios en el huerto cuando se presentó Satanás en forma de una serpiente astuta. Le hizo una pregunta a Eva para echar a andar la conversación y hacer girar las conclusiones falsas: "¿Conque Dios os ha dicho: No comáis de todo árbol del huerto?" (Génesis 3:1). Observa que está jugando con verdades a medias.

Eva respondió con los hechos: "Del fruto de los árboles del huerto podemos comer; pero del fruto del árbol que está en medio del huerto dijo Dios: No comeréis de él, ni le tocaréis, para que no muráis" (Génesis 3:2-3). Hasta allí, todo bien.

Luego la serpiente declaró la falsa especulación: "No moriréis; sino que sabe Dios que el día que comáis de él, serán abiertos vuestros ojos, y seréis como Dios, sabiendo el bien y el mal" (Génesis 3:4-5). Eva la escuchó y su mente comenzó a pensar que Dios estaba tratando de restringirle algo bueno. ¡Cuán a menudo somos tentadas a perder de vista el amor perfecto de Dios por nosotras, y llegamos a la conclusión de que no se preocupa por nosotras o que no tiene un gran plan para nuestra vida! Qué tonta Eva. Qué tontas nosotras.

"Y vio la mujer que el árbol era bueno para comer, y que era agradable a los ojos, y árbol codiciable para alcanzar la sabiduría; y tomó de su fruto, y comió; y dio también a su marido, el cual comió así como ella. Entonces fueron abiertos los ojos de ambos, y conocieron que estaban desnudos; entonces cosieron hojas de higuera, y se hicieron delantales" (Génesis 3:6-7). Desde la perspectiva de Eva, el árbol parecía bueno. De lo que ella podía ver, el fruto no parecía ser mortal. Y basándose en las palabras de la serpiente, ella obtendría sabiduría si se lo comía. ¿Por qué Dios no le dejaba comérselo? ¡Por supuesto que no moriría! –pensaba ella–. Pero la muerte entró al mundo cuando ella pecó y comió del árbol prohibido. Desde ese día hasta ahora, toda persona ha nacido bajo la maldición del pecado y de la muerte, todo por la conclusión falsa a la que llegó Eva, que la llevó a dudar de su Creador y a desobedecerlo.

Herida por verdades a medias

Las verdades a medias y las conclusiones falsas son así; a menudo nos conducen a la muerte y a la destrucción. Las conclusiones falsas hicieron que el mercado de valores se colapsara en 1929.

Especulaciones falsas han comenzado guerras, demolido reputaciones y quebrado empresas. Las conclusiones falsas basadas en juicios equivocados provocaron que un hombre inocente, el Hijo de Dios, fuera clavado en una cruz.

Pero las conclusiones falsas no solo lastiman a otras personas. Nos lastimamos a nosotras mismas cuando creemos verdades a medias. ¡Podríamos ahorrarnos mucho dolor emocional si buscáramos toda la verdad y permitiéramos que nuestras conclusiones erróneas se disolvieran! Una mujer que pasa por el corredor no nos sonríe y llegamos a la conclusión de que no le simpatizamos. Alguien se inclina para susurrarle algo al oído de otra persona y pensamos que están hablando mal de nosotras. No nos contestan una carta y pensamos que el destinatario dejó de tenernos cariño. Nadie dice nada acerca de nuestro nuevo peinado y nos imaginamos que nos vemos horribles. Nos ofendemos; pero es nuestra culpa por creer nuestras propias premisas falsas.

Qué gracioso, ¿no? que muchas de nuestras conclusiones equivocadas sean acerca de nosotras mismas. De manera egoísta convertimos el comentario o la acción sin malas intenciones de alguien en una afrenta en nuestra contra. Si dos amigas susurran entre sí, deben estar diciendo algo negativo de nosotras ¿no? No puede ser que estén hablando de sus esposos, o del clima, o de la fiesta sorpresa que nos quieren hacer porque nos aman. Necesitamos reconocer la diferencia entre una conclusión errónea y la verdad, y estar en guardia constantemente en contra de nuestra tendencia a llegar a conclusiones con facilidad, especialmente a ofendernos, basándonos en una verdad parcial o en información defectuosa. Cuando se desate una batalla en nuestra cabeza tenemos que decidir qué queremos creer.

Nuestro grito de batalla puede ser 2 Corintios 10:3-5:

Pues aunque andamos en la carne, no militamos según la carne; porque las armas de nuestra milicia no son carnales, sino poderosas en Dios para la destrucción de fortalezas, derribando argumentos y toda altivez que se levanta contra el conocimiento de Dios, y llevando cautivo todo pensamiento a la obediencia a Cristo.

Nuestra responsabilidad es clara. Si queremos ser amigas positivas, debemos tomarnos de la verdad, de toda la verdad y de nada más que la verdad. Como Jesús proclamó: "Y conoceréis la verdad, y la verdad os hará libres" (Juan 8:32). Es fácil confundir en nuestra mente lo que es verdadero y lo que es una conclusión errónea. Nuestra responsabilidad es reunir todos los datos que podamos y pedirle a Dios que nos dé discernimiento de acuerdo con la verdad. Cuando comencemos a quedarnos atascadas en un pensamiento en particular necesitamos preguntarnos: *¿Es la verdad o es una conclusión equivocada?* Necesitamos pedirle a Dios continuamente que nos haga tener cuidado con los pensamientos defectuosos que pueden meternos una zancadilla con tanta facilidad.

Juzgar a las demás

Uno de los peligros de las conclusiones falsas es que nos pueden llevar con facilidad a juzgar a otra persona injustamente. Es tan fácil deslizarnos de una especulación o una conclusión errónea a juzgar. ¡De alguna forma nos hace sentirnos mejor cuando podemos encontrar algo mal en otra persona!

¿Por qué juzgamos a las demás con tanta facilidad? Primero que nada, por orgullo. El orgullo dice: "Qué bueno que yo no hago *eso*". "Yo nunca pecaría *así*". Cuando estamos llenas de orgullo, pocas veces vemos nuestro propio pecado porque estamos enfocadas en descubrir el pecado de las demás. Jesús nos advirtió acerca del peligro de juzgar en Mateo 7:1-5. Leamos este pasaje.

No juzguéis, para que no seáis juzgados. Porque con el juicio con que juzgáis, seréis juzgados, y con la medida con que medís, os será medido. ¿Y por qué miras la paja que está en el ojo de tu hermano, y no echas de ver la viga que está en tu propio ojo? ¿O cómo dirás a tu hermano: Déjame sacar la paja de tu ojo, y he aquí la viga en el ojo tuyo? ¡Hipócrita! saca primero la viga de tu propio ojo, y entonces verás bien para sacar la paja del ojo de tu hermano.

Cuando somos orgullosas y criticamos a otras, nos quedamos pegadas al pecado de esa persona, pensando lo terrible que es que haya pecado así. Incluso nos aferramos al recuerdo del pecado mucho tiempo después de que se ha arrepentido y salido adelante. Siempre que vemos a esa persona, vemos su pecado. Nunca pensamos en cómo podemos amarla, perdonarla o ayudarla.

¡Si solo viéramos a la gente con los ojos llenos de gracia de nuestro amoroso Padre celestial! Dios sabe que somos pecaminosas. Pero por medio de Cristo nos perdona y nos ayuda a dejar nuestro pecado. Cuando nos mira, no ve nuestro pecado; sino quienes somos en Cristo.

David nos da una bella imagen de la manera en que Dios nos ve en Salmos 103:1-14:

Bendice, alma mía, a Jehová,
Y bendiga todo mi ser su santo nombre.
Bendice, alma mía, a Jehová,
Y no olvides ninguno de sus beneficios.
El es quien perdona todas tus iniquidades,
El que sana todas tus dolencias;
El que rescata del hoyo tu vida,
El que te corona de favores y misericordias;
El que sacia de bien tu boca
De modo que te rejuvenezcas como el águila.
Jehová es el que hace justicia
Y derecho a todos los que padecen violencia.
Sus caminos notificó a Moisés,
Y a los hijos de Israel sus obras.
Misericordioso y clemente es Jehová;
Lento para la ira, y grande en misericordia.
No contenderá para siempre,
Ni para siempre guardará el enojo.
No ha hecho con nosotros conforme a nuestras iniquidades,
Ni nos ha pagado conforme a nuestros pecados.
Porque como la altura de los cielos sobre la tierra,
Engrandeció su misericordia sobre los que le temen.
Cuanto está lejos el oriente del occidente,
Hizo alejar de nosotros nuestras rebeliones.
Como el padre se compadece de los hijos,

Se compadece Jehová de los que le temen.
Porque él conoce nuestra condición;
Se acuerda de que somos polvo.

¿Si Dios nos mira y nos trata de una manera tan amorosa, cómo podemos hacer menos por nuestro prójimo; y especialmente por nuestras amigas? Dios conoce que somos polvo, y aun así nos perdona amorosamente y remueve nuestras transgresiones. Tristemente, no siempre somos tan generosas. Muchas cristianas incluso dicen actuar en nombre de Dios cuando acusan y condenan a otras. Tomarnos cuentas y ayudarnos a darle la espalda al pecado es una cosa, pero juzgarnos pensando que nosotras sí somos justas es otra cosa completamente distinta. La soberbia, la crítica y juzgar a otras no debe tener lugar en nuestra vida si queremos ser amigas positivas y verdaderos reflejos del amor de Dios.

Tampoco la envidia debe tener lugar en nosotras. Ya hablamos de la fuerza destructiva de la envidia en el capítulo 10; simplemente vamos a añadir que, además del orgullo, la envidia es una raíz fuerte que nos lleva a juzgar y a criticar a las demás. Reconocer nuestras propias envidias no siempre es fácil. Necesitamos revisar nuestro corazón de continuo para asegurarnos de que el "horrible monstruo verde" no se ha introducido en nuestro corazón y en nuestra mente y ha levantado su campamento.

¿Hay alguien a quien hayas estado criticando los últimos meses? ¿Te descubres a ti misma pensando que el éxito de cierta amiga es injusto? ¿Deseas haber tenido su cabello, sus rasgos faciales, su cuerpo (y demás)? ¿Tienes envidia de sus talentos, dones, habilidades o reconocimientos?

Si identificas que hay envidia en tu corazón, llévala delante del Señor en este momento. Confiésasela a Dios. Agradécele por la manera en que te ha hecho y los dones que te ha dado. Toma el siguiente paso y dale gracias a Dios por bendecir a tu amiga. ¡Sí, leíste bien! A medida que comenzamos a dejar a un lado nuestros sentimientos de envidia comenzamos a ver que nuestro amoroso Padre celestial tiene un plan para nosotras así como para nuestras amigas. No necesitamos perder el tiempo preocupándonos por el camino que Dios ha puesto delante de alguien más. Más bien, necesitamos mantener los ojos en Jesús y en el único y maravilloso camino que Él ha establecido para nosotras.

Reconoce las diferencias

Algunas veces juzgamos a otra no porque tengamos orgullo o envidia, sino simplemente porque somos diferentes. ¿Recuerdas los tipos de personalidad de las que hablamos en el Capítulo 2? La gente con personalidad distinta maneja las situaciones y reacciona a las demás personas de manera diferente. Es fácil tener un malentendido o juzgar a alguien que no hace las cosas igual que nosotras.

Por ejemplo tomemos a Maxine Melancolías, la organizadora de las comidas en el grupo de mujeres de la iglesia. Fue elegida para dirigir el comité porque es sumamente organizada, puntual y le encanta fijarse en los detalles. Dos meses antes de la comida, comenzó a programar juntas semanales que comenzaban a las 10:00 hrs. en punto todos los martes. Ella siempre llegaba al salón de juntas de la iglesia quince minutos antes. Pero una de las del comité, Sally Sanguínea, solía llegar todas las semanas cerca de las 10:15 con una historia pintoresca para explicar por qué había llegado tarde. Después de la cuarta semana de escuchar las excusas de Sally, Maxine estaba lista para explotar.

¿Por qué Sally no puede llegar a tiempo?, pensó. *Estas reuniones son un asunto serio. Deberían ser una prioridad para todas las participantes. Obviamente, Sally tiene sus prioridades mal enfocadas. ¡Necesita ordenar su vida!*

Para empeorar el asunto, mientras Maxine presidía las reuniones, Sally trataba frecuentemente de sugerir nuevas ideas creativas. Finalmente, Maxine dijo: "Sally, siempre hemos organizado la comida de esta forma. Así es como funciona mejor. No vamos a cambiar algo que funciona bien".

La sonrisa típica de Sally desapareció. *¿Quién escogió a Maxine como reina de la comida?*, pensó. *¿No puede pensar más allá de lo que siempre se ha hecho solamente un poco? Si orara al respecto, sé que reconocería que Dios hace las cosas de manera creativa.*

¿Puedes ver lo que está sucediendo? Sally estaba juzgando a Maxine mientras Maxine estaba juzgando a Sally. Ninguna de las dos estaba equivocada en la manera de organizar la comida; simplemente

El que no puede perdonar a otros destruye el puente sobre el que él mismo debe cruzar. —George Herbert estaban actuando de acuerdo a la manera en que fueron creadas. No obstante, en lugar de juzgarse entre sí, ambas mujeres podrían haber aprovechado los puntos fuertes de la otra y emplear los talentos que Dios les había dado de manera complementaria. Pero tristemente, estaban tan enfrascadas en juzgarse que se perdieron de la bendición potencial.

La venganza es del Señor

Cuando la gente nos hiere o nos ofende de alguna manera nuestra tendencia natural es tratar de que nos la paguen; pensamos que nuestra responsabilidad es cobrárnosla. ¿Aló? Como ya estamos jugando a la jueza; entonces lo único que nos falta es aplicar el castigo, ¿no? El deseo básico de venganza es tan común en la experiencia humana que ha sido el tema de incontables novelas a lo largo de los siglos, sin mencionar las películas modernas. Todas nos podemos identificar.

La venganza viene en muchos tamaños y formas. Joan no invita a Carla a la salida de mujeres porque la hija de Carla dejó a su hija fuera de su grupo en la escuela. Steve no compra en la ferretería de Tom, porque Tom no le compra los seguros. Nancy siempre parece ser linda con todas excepto con Rhonda, así que Rhonda le asigna a Nancy el peor horario de trabajo.

¿Qué es lo que dice la Biblia acerca de la venganza y de cobrarles a las demás? Romanos 12:17-20 nos habla claramente del tema:

No paguéis a nadie mal por mal; procurad lo bueno delante de todos los hombres. Si es posible, en cuanto dependa de vosotros, estad en paz con todos los hombres. No os venguéis vosotros mismos, amados míos, sino dejad lugar a la ira de Dios; porque escrito está: Mía es la venganza, yo pagaré, dice el Señor. Así que, si tu enemigo tuviere hambre, dale de comer; si tuviere sed, dale de beber; pues haciendo esto, ascuas de fuego amontonarás sobre su cabeza.

Pablo cierra Romanos 12 con estas palabras finales en el versículo 21: "No seas vencido de lo malo, sino vence con el bien el mal". ¿No debería ese ser nuestro lema para tratar con nuestras amigas así como con nuestras enemigas y con todas las demás? No seas vencida de lo malo (juzgar, llegar a conclusiones falsas, darle lugar a la envidia, vengarte) sino vence el mal con el bien. Bendice a la gente a tu alrededor. Ora por ellas. Sé amable con ellas. En resumen: velas como Dios las ve y ámalas como Dios las ama. Si haces eso, vas a ser una amiga verdaderamente positiva.

Punto de Poder

Lee: Mateo 9:1-13, 32-34. ¿Cuántas conclusiones falsas podemos inferir que se hicieron acerca de Jesús en estos pasajes? ¿Alguna de estas premisas estaba basada en la verdad? ¿Cuál piensas que era la raíz de estas conclusiones equivocadas?

Ora: Fiel y verdadero Padre celestial, gracias por tu perdón y tu amor. Ayúdame a extender ese mismo perdón y amor hacia las demás personas, especialmente hacia mis amigas. Guarda mi mente de llegar a conclusiones falsas. Guárdame de juzgar a las demás injustamente. Dame la sabiduría para ver las cosas claramente en todas mis amistades. Ayúdame a ser un agente de cambio en la vida de las demás por medio de ser una amiga fiel y perdonadora. Te lo pido en el nombre de Jesús, amén.

Recuerda: Mateo 7:1: "No juzguéis, para que no seáis juzgados".

Practica: Tómate unos momentos para examinar tu corazón y tu mente. ¿Has llegado a una conclusión falsa acerca de alguien que no está basada en toda la verdad? ¿Has juzgado a una amiga o conocida a causa de tu orgullo o de tu envidia, o simplemente porque esa persona es diferente a ti? Pon ese juicio en manos de Dios y permite que su amor y su gracia fluyan por medio de ti. Por otro lado, ¿alguien te ha acusado falsamente o ha llegado a conclusiones erróneas acerca de ti? Pídele a Dios que te ayude a perdonar a esa persona hoy.

17

Gracia recibida, gracia dada
El factor del perdón

Cuando perdonamos a alguien no lo cambiamos a él, sino a nosotros mismos. Nos liberamos de todas nuestras ataduras a la amargura continua. Esto no revierte el pasado. Pero cambia el presente y el futuro.

—Forrest Church

Las lágrimas rodaban por las mejillas pecosas de Nick a sus ocho años de edad. Por la ventana de la Explorer de su mamá, miraba como todos los compañeros de su salón se estaban subiendo al vehículo estacionado junto al suyo. Todos iban a la fiesta de cumpleaños de John, excepto él.

La mamá de Nick miraba todo con incredulidad detrás del volante. De seguro hubo un error. La invitación se perdió en el correo sin lugar a dudas.

"Quédate en el coche", le dijo su mamá a Nick con el corazón apesadumbrado. "Voy a entrar a hablar con tu maestra". Ella esperaba que la señora Kirkland pudiera aclararle un poco la situación.

La señora Kirkland escuchó a la mamá de Nick explicar lo que acababa de suceder en el estacionamiento.

"Sí, yo creo que hubo un error", le confirmó la maestra con la bondad que la caracterizaba. "John incluso oró en voz alta el día de hoy que todos los niños del salón se divirtieran en su fiesta. Además, Nick, es probablemente el muchacho más querido del salón", añadió. "Incluso es amable con las niñas, lo cual es sorprendente porque la mayoría de los niños de su edad creen que las niñas son 'fuchi'. Estoy segura de que John debería estar allá".

Rápidamente tomó el teléfono del salón para llamar a los padres de John. Pero cuando el papá de John contestó y la señora Kirkland le explicó el problema, dio una respuesta que nadie esperaba.

"Nuestra casa es sumamente pequeña", dijo con un tono de voz institucional. "Mi esposa solo invitó a siete de los nueve niños del salón".

Y ya. No dijo: "Discúlpeme". Ni: "No hay problema. Por favor que venga. Nunca fue nuestra intención lastimar a nadie". Nada. La señora Kirkland colgó el teléfono y con incredulidad le dio el mensaje a la mamá de Nick.

Solo una mamá puede entender la manera en que le dolía el corazón cuando iba de vuelta al coche. "Ayúdame, Señor", oró, "para decirle la verdad de una manera que lo ayude a entender algo que ni yo misma puedo comprender". Abrió la puerta del coche, se deslizó detrás del volante y se dio vuelta para enfrentar ese par de ojos llenos de esperanza.

"Nick", comenzó mientras contenía las lágrimas, "la casa de John es muy chica, así que no pudo invitarlos a todos. Estoy segura de que le simpatizas mucho...".

No pudo seguir. Ella vio como su esperanza se convirtió en desilusión y luego dio lugar al llanto. Rápidamente se acercó a él y lo abrazó con ternura. Una ola de furia la inundó. *¿Cómo puede alguien ser tan cruel, especialmente otra mamá?*

"¡Nunca voy a invitar a John a mi fiesta de cumpleaños!", dijo terminantemente Nick en medio de su llanto.

Su mamá tuvo la tentación de estar de acuerdo. Pero sabía que tenía que controlar su propia ira para ayudar a su hijo. "¿Qué es haría Jesús?", le pregunto con calma. "¿No crees que perdonaría a John?".

Nick no respondió.

El día terminó y no se mencionó nuevamente palabra acerca del incidente. A la mañana siguiente, con almuerzo en mano y la mochila al hombro, Nick salió a la escuela. Todo el día su mamá no pudo quitarse de la mente la imagen de su hijo llorando. A medida que cada hora pasaba, se enojaba más. Ella no quería que Nick se peleara con John, pero se encontró a sí misma esperando que por lo menos ignorara a su compañero o le impusiera la ley del hielo.

La vida me ha enseñado a perdonar mucho, pero todavía más a buscar ser perdonado. —Otto von Bismark

Imagínate la sorpresa cuando lo recogió de la escuela a las tres de la tarde y Nick entró al coche con la cara brillando.

"Mamá, ¿qué crees?", casi gritando. "Le pregunté a John si su fiesta había estado divertida. ¡Y me dijo que sí y luego jugó conmigo en el descanso! Le pregunté si quería venir a mi fiesta de cumpleaños cuando fuera mi cumpleaños y me dijo que sí".

La actitud de Nick hacia su amigo solo se puede explicar con una palabra: perdón. ¿Por qué los niños pueden amar con tanta libertad y de manera incondicional? Quizá tiene algo que ver con el hecho de que cuando son chicos no tienen propósitos escondidos; ellos toman todo como viene. No han acumulado un historial de dolor infligido por promesas rotas, tácticas por debajo del agua y motivos impuros. Por eso es que decimos que son *inocentes*. Su inocencia les permite ver una ofensa en un padre o en un amigo y decidir que el ofensor simplemente se equivocó.

No obstante, solo toma unos pocos años para que estos niños amorosos, perdonadores y confiados se vuelvan circunspectos. Lentamente se vuelven más listos (si lo queremos llamar así) y se dan cuenta de que el mundo no siempre es lindo. Comienzan a entender que la gente a su alrededor algunas veces es mala a propósito o por negligencia.

Esta nueva conciencia tiene algunos beneficios. Ahora pueden comenzar a analizar a la gente y las situaciones basándose en sus experiencias pasadas. Lo mejor es que pueden utilizar esta habilidad de discernimiento en desarrollo de una forma que les va a ayudar a tomar decisiones sabias. El peligro es que esta nueva conciencia acerca de los caminos del mundo los va a llevar a juzgar a la *gente* en lugar de su *conducta*. Cuando juzgamos a la gente en lugar de juzgar su conducta, dejamos poco espacio para el perdón.

Jesús pudo ver más allá de la conducta pecaminosa del individuo. Él odiaba el pecado, pero amaba al pecador. Se mantuvo firme y sin titubear en contra de los pensamientos y acciones que no eran santas, al mismo tiempo que con su muerte extendió un perdón inmerecido a todos los que se arrepientan. No podemos otorgarles perdón eterno a las demás; ese tipo de perdón que produce redención eterna solo puede ser otorgado por Dios. No obstante, podemos otorgar el tipo de perdón que permite que nuestras amistades sean restauradas; si es que restringimos nuestro juicio a la ofensa y no a la persona.

Hay otra razón por la que muchas de nosotras tenemos dificultades para perdonar, especialmente cuando el ofensor es una amiga o un familiar cercano. Tendemos a ver la ofensa como un ataque personal para coartar nuestro éxito y producirnos dolor. Nuestra perspectiva es limitada y pequeña. Fallamos en ver las circunstancias de la vida desde la perspectiva de Dios. En lugar de vivir la verdad de que "sabemos que a los que aman a Dios, todas las cosas les ayudan a bien, esto es, a los que conforme a su propósito son llamados" (Romanos 8:28), tendemos a tener la vista muy corta. Cuestionamos a Dios, preguntándonos por qué permitió que nos sucediera una circunstancia o un suceso injusto.

No está mal preguntarle por qué a Dios. Pero cuando permitimos que el cuestionamiento sea una mentalidad permanente, entonces nos hemos pasado de la raya. Porque de esa manera dudamos de la autoridad de Dios. Dudamos de su amor supremo y de su cuidado por nosotras. Es como si dijéramos: "¡Dios, yo sé lo que es mejor par a mi vida y no es lo que estoy viviendo ahora!".

José, un gigante del perdón

Uno de los ejemplos más agudos e ilustrativos de confiar en Dios en medio de la adversidad hasta el punto de perdonar a los que nos han ofendido se encuentra en el primer libro de la Biblia. El relato histórico de José en Génesis está lleno de intrigas, envidia, soberbia, traición, sufrimiento y dolor. También está lleno de confianza, lealtad, humildad, devoción, perdón y restauración.

Echemos una mirada rápida a la vida de alguien cuyo corazón estaba tan dedicado a Dios que incluso enfrentó el sufrimiento injusto con la completa confianza de que estaba en manos de Dios. Este conocimiento guardó a José de entregarse a la amargura y lo liberó para perdonar a los que habían querido destruir su vida.

José fue el décimo primer hijo de doce hijos que tuvo Jacob, quien fuera el nieto del gran patriarca Abraham. La Escritura nos dice que Jacob amaba a José más que al resto de sus hijos. Le demostró su favor de tal manera que los hermanos de José, como era de esperarse, se llenaron de envidia. (Aquí podemos aprender una gran lección acerca del favoritismo. No se presta para fomentar la unidad fraternal, por decir lo menos.)

En Génesis 37:3-4 leemos: "Y amaba Israel a José más que a todos sus hijos, porque lo había tenido en su vejez; y le hizo una túnica de diversos colores. Y viendo sus hermanos que su padre lo amaba más que a todos sus hermanos, le aborrecían, y no podían hablarle pacíficamente".

José tampoco ayudó a mejorar la situación cuando les narró uno de sus sueños. La Escritura dice: "Y soñó José un sueño, y lo contó a sus hermanos; y ellos llegaron a aborrecerle más todavía. Y él les dijo: Oíd ahora este sueño que he soñado: He aquí que atábamos manojos en medio del campo, y he aquí que mi manojo se levantaba y estaba derecho, y que vuestros manojos estaban alrededor y se inclinaban al mío" (Génesis 37:5-7).

En este punto los hermanos habían llegado a lo máximo de la rivalidad fraterna. Se hartaron del favoritismo de su padre, y de la arrogancia y soberbia de su hermanito presumido, según ellos lo veían. Su envidia le abrió la puerta al resentimiento, lo cual le dio entrada al odio, que finalmente los llevó al rechazo y a la traición. Nueve de sus hermanos conspiraron para matar a José; pero Rubén, el mayor, intervino y sugirió que mejor echaran a su hermano menor en una cisterna. ¡Qué lindo!

Si ser echado en una cisterna no fuera lo suficientemente malo, la vida de José estaba a punto de dar un terrible giro para mal; todo a manos de su propia sangre. Los hermanos decidieron vender a José a una caravana de mercaderes que pasaron por donde ellos estaban. Los mercaderes a su vez lo vendieron a un funcionario de alto rango en Egipto llamado Potifar.

José no se abandonó en su miseria ni permitió que la amargura lo paralizara. Confiando en Dios en medio de sus circunstancias, comenzó a trabajar para su nuevo amo como para el Señor. Pronto, Potifar estaba tan impresionado con el trabajo de José que lo puso a cargo de toda su casa.

Pero una vez más, José fue traicionado por aquellos en quienes confiaba. La esposa de Potifar decidió que necesitaba novio a pesar de su argolla de matrimonio y comenzó a tratar de llamar la atención de José. Pero el hombre de Dios se mantuvo firme y la rechazó. ¿Pero a dónde crees que lo llevó? Potifar creyó la historia de su esposa, de que José había sido el agresor, y lo envió de vuelta a un pozo; al pozo de la cárcel.

En ese punto, José, sorprendido, ofendido y, con toda seguridad, desanimado, hizo nuevamente lo extraordinario. Escogió vivir su vida como para el Señor a pesar de haber sido malentendido. Esta actitud de cara a la adversidad le ganó el favor del responsable de la prisión, quien puso a José a cargo del cuidado del resto de los prisioneros. Finalmente, por medio de una serie de eventos que solo pudieron haber sido orquestados por Dios, José fue liberado de la prisión y se convirtió en el gobernante de todo Egipto, ¡como segundo al mando de faraón mismo!

Cuando la hambruna llegó a la tierra de Canaán, la familia de José (Jacob y los hermanos que lo vendieron como esclavo) estaba en peligro de morir a causa del hambre. Sus hermanos se vieron obligados a viajar a Egipto para rogarle al gobernante egipcio que les diera alimento. Sin reconocer que José era su hermano perdido hacía ya tanto tiempo se inclinaron delante de él, justo como el sueño de la infancia de José lo había predicho, y le rogaron que los ayudara.

Había llegado la prueba máxima de perdón. Aunque José, a lo largo de los años, ya había aceptado el plan de Dios para su vida, se enfrentaba ahora cara a cara con los que habían traído tanto dolor sobre él. El destino de sus hermanos estaba ahora en sus manos, y él tenía que decidir.

Opción uno: Podía pagarles mal por mal. Tan solo pensar en la venganza de seguro le trajo deleite a José. A lo largo de los años, sin duda se imaginó como sería poder confrontar a los traidores. Pero José no permitió que esos pensamientos consumieran su mente y su corazón; si lo hubiera hecho, hubiera sido un instrumento inútil en las manos de Dios. Su mirada estaba puesta en confiar en Dios y en vivir para agradarlo.

Opción dos: Podía perdonar a los que lo habían ofendido tanto, reconociendo que su destino descansaba finalmente en las manos amorosas del Dios al que servía. José era sabio. Pudo recordar y ver que en medio de una variedad de circunstancias injustas marcadas por el rechazo, la separación, el dolor y la humillación, Dios había

Y cuando estéis orando, perdonad, si tenéis algo contra alguno, para que también vuestro Padre que está en los cielos os perdone a vosotros vuestras ofensas. —Marcos 11:25

estado trabajando activamente para elevar a José a un lugar en el que pudiera servirlo mejor.

Fiel a su carácter, José escogió la opción número dos y perdonó a sus hermanos. No solo los perdonó, sino que también escogió bendecirlos sobremanera. Económicamente, les dio todo lo que necesitaban y más. Pero hizo algo mucho más importante que solo satisfacer sus necesidades físicas: restauró su relación. Les dio un hogar y un lugar de honra en Egipto sin dobles intenciones, así como un hogar incondicional en su corazón.

¿Y tú? ¿Dónde te encuentras en tu peregrinar del perdón? ¿Tiendes a ver las ofensas que otros te han infligido desde la perspectiva de "pobre de mí"? ¿O eres capaz de entregarle a Dios los sentimientos lastimados, el enojo y el deseo de venganza para descansar en la voluntad de Dios para tu vida? ¡Como José aprendió, solo entonces somos capaces de darle nuestro corazón quebrantado, enojado y vengativo a Dios (Aquel que puede restaurar todas las cosas en su tiempo) y ser libres para perdonar!

El costo del resentimiento

No sabemos tú, pero nosotras en ocasiones hemos casi disfrutado aferrarnos a un espíritu de rencor. Si alguien ofende a uno de nuestros hijos o a nuestro cónyuge, se levanta una mentalidad en medio nuestro ser que dice: "¡Le voy a enseñar a esa persona que no puede meterse con mi familia!". Por un momento sentimos un poco de satisfacción, pero siempre es de corta duración. Hemos aprendido a lo largo del tiempo que un espíritu de resentimiento nos roba el gozo y la paz. Comienza a consumirnos con pensamientos de venganza. Si lo dejamos crecer sin supervisión, nos lleva al punto de ya no disfrutar los detalles sencillos y dulces de la vida que solían darnos placer. Un espíritu rencoroso es como un grillete y una bola de hierro emocional que llevamos todos los días. Su incómodo peso puede hacer que cualquier actividad se convierta en una carga.

Terry Ann reflexiona: Recientemente, mi suegra, Dixie, me compartió su propia travesía hacia el perdón. Comenzó hace casi veinte años cuando recibió una llamada tarde por la noche. Era la pesadilla de toda madre: su hijo mayor, Bob, el hermano mayor de mi marido, había sido asesinado. Bob había ido a una fiesta y un desconocido entró y le disparó sin una razón aparente.

Pasaron meses antes de que la policía pudiera capturar al fugitivo; y con cada día que pasaba, la negación de Dixie se convirtió en desaliento y finalmente en un sentimiento de furia y venganza. Se llegó a obsesionar con odio contra el asesino. Sin importar lo duro que luchaba por dejarlo ir, no podía liberarse de la prisión del resentimiento.

Logró dar un gran paso cuando una amiga sabia que la amaba, que le hizo a Dixie esta pregunta: "¿Si Dios obrara un milagro y quisiera darte la habilidad de perdonar al asesino de tu hijo, recibirías el regalo del perdón?". Dixie no podía responder. ¡Se dio cuenta de que no solo no podía perdonar a ese hombre, sino que no quería perdonarlo incluso si pudiera!

No obstante, frecuentemente meditaba en la pregunta de su amiga. Luego de mucha oración e introspección, llegó al punto en que estuvo lista para orar: "Señor, si tu puedes obrar el inmenso milagro de que yo pueda perdonar, lo aceptaré por fe".

Como José, Dixie tenía que decidir qué iba a hacer con sus sentimientos de odio y venganza. Su corazón seguía lejos del perdón, pero ya había tomado la decisión de perdonar como fuera. Estaba cansada de la lucha. Sabía que su enojo había cobrado un alto precio robándole años de vivir con gozo. Se volvió a Dios y recibió su regalo.

Los sentimientos del perdón no llegaron de un día para otro. Pero Dios fue fiel, y el gozo del Señor ahora reside en un corazón que en cierto momento fue el hogar de todas las emociones destructivas del rencor.

Probablemente no hayas tenido que luchar con perdonar una ofensa como la que tuvo que perdonar Dixie. Pero todas hemos sido heridas en un momento u otro por la familia, por una amiga o por una enemiga. La situación se resume en una sola palabra: decisión. Todas tenemos la misma opción. ¿Estamos dispuestas a permitirle a Dios que nos dé la gracia para perdonar? ¿Qué podemos perder? Cuando no estamos dispuestas a dejar ir nuestra amargura, no lastimamos a nadie sino a nosotras mismas. Las personas que nos ofendieron probablemente ni siquiera han perdido una noche de sueño por la ofensa; ¡y aquí estamos nosotras, corroyéndonos por dentro, hasta el punto de estar enfadadas día y noche!

Pero todavía hay una razón mayor para perdonar, además de para restaurar nuestro bienestar emocional. ¡Dios lo ordena! A lo largo de la Escritura hemos sido llamadas a perdonar a toda persona que nos ofenda. Vamos a considerar solo unos pocos mandamientos de Dios acerca del perdón:

> Quítense de vosotros toda amargura, enojo, ira, gritería y maledicencia, y toda malicia. Antes sed benignos unos con otros, misericordiosos, perdonándoos unos a otros, como Dios también os perdonó a vosotros en Cristo.
>
> Efesios 4:31-32

> Soportándoos unos a otros, y perdonándoos unos a otros si alguno tuviere queja contra otro. De la manera que Cristo os perdonó, así también hacedlo vosotros.
>
> Colosenses 3:13

> No juzguéis, y no seréis juzgados; no condenéis, y no seréis condenados; perdonad, y seréis perdonados.
>
> Lucas 6:37

El mandamiento de Dios para que perdonemos es claro, y también la razón: debemos perdonar porque Él en su misericordia y en su gracia, nos ha perdonado a nosotras. Pero fíjate en el versículo que acabamos de citar de Lucas 6. ¡Que nosotras seamos perdonadas depende de que perdonemos a otros! ¡Qué increíble! Jesús no pudo haber sido más explícito cuando dijo: "Porque si perdonáis a los hombres sus ofensas, os perdonará también a vosotros vuestro Padre celestial; mas si no perdonáis a los hombres sus ofensas, tampoco vuestro Padre os perdonará vuestras ofensas" (Mateo 6:14-15). ¡Nunca subestimes el poder del perdón!

Es verdad que tenemos opciones. Podemos obedecer a Dios, perdonar, ser perdonadas y vivir dentro del plan de Dios para nuestra vida; o podemos desobedecer, decidir no perdonar, ni ser perdonadas y vivir fuera del plan perfecto de Dios.

Perdonar no es fácil. Es una lucha para todas nosotras. Algunas veces tratamos de hacerlo más fácil al añadirle condiciones: "Bueno, creo que la voy a perdonar si me busca con lágrimas en los ojos y está realmente arrepentida. Después de todo, Dios me perdonó después de que vine a Él en arrepentimiento". Para muchas de nosotras, este tipo de mentalidad es perfectamente lógica. ¿No fue nuestro arrepentimiento una condición para ser perdonadas?

Vamos a ver lo que dice la Palabra de Dios. En Romanos 5:6-8 leemos: "Porque Cristo, cuando aún éramos débiles, a su tiempo murió por los impíos. Ciertamente, apenas morirá alguno por un justo; con todo, pudiera ser que alguno osara morir por el bueno. Mas Dios muestra su amor para con nosotros, en que siendo aún pecadores, Cristo murió por nosotros". ¡Dios proveyó nuestro perdón antes de que siquiera nos arrepintiéramos!

Es claro. Debemos perdonar a nuestros familiares, amigas e incluso a nuestros enemigos por dos razones: Porque Dios lo ordena, y porque nuestra salud emocional mejora cuando renunciamos a la amargura y a la venganza. Despojarnos de los sentimientos negativos que nos mantenían cautivas se vuelve más fácil cuando pensamos en el perdón inmerecido que Dios nos ha otorgado. Considera los pensamientos, deseos y actitudes pecaminosas que tenemos en nuestro corazón a diario. ¡Dios nos perdona por cada uno de ellos, y son los mismos pecados que clavaron a su Hijo perfecto en la cruz! ¿Cómo no perdonar a la vecina que no nos invitó a su comida o a nuestro jefe por no darnos el aumento que pensamos que nos merecemos?

Proyecto elefante

Todas pasamos momentos en los que necesitamos ser perdonadas; por Dios principalmente, pero también por los demás.

Terry Ann reflexiona: El recuerdo más vívido de mi propia necesidad de perdón se remonta a los días en que era una parlanchina niña de seis años con ojos brillantes, mejillas redondas y cabello rubio en el salón de primero de primaria de la señora Maxie. Fue cuando aprendí a leer. También cuando aprendí a sumar y a restar. Y fue cuando aprendí a llevarme mejor con los demás.

También aprendí otra cosa que fue más importante que todo lo anterior junto.

Cierto día en particular, la señora Maxie nos asignó una actividad que sonaba divertida. Se nos pidió que dibujáramos un elefante con una silla en el lomo. Bueno, pues, rápidamente quedé frustrada más de lo que podía creer, porque en mis seis años de vida no había desarrollado la habilidad de dibujar elefantes. Sabía que podía dibujar la silla y al hombre montado en ella, pero el elefante simplemente estaba fuera de mi alcance.

Miré el papel de mi pequeña compañera de junto, Robin. ¡Su elefante estaba increíble! No lo podía creer. Era verdaderamente una artista magnífica. Así que le pedí que dibujara mi elefante. No era mucho, después de todo, yo dibujaría el resto. Ella aceptó. Lo dibujó. Le di las gracias. Y el Proyecto elefante quedó terminado.

Luego vino el momento de la verdad. Algunos jueces sumamente distinguidos y selectivos entraron a nuestro salón de clases para escoger los mejores elefantes para exhibirlos en... me imagino que en un prestigioso museo de arte. Bueno, pues, ¿qué creen? Mi elefante fue seleccionado como uno de los mejores, y el de Robin no. Así llegó mi obra maestra a los corredores de la feria de arte, mi pase de entrada a las alturas de la comunidad artística. Cuando los meses pasaron y terminé el primer grado, fue con la reputación de ser una artista extraordinaria.

Ese verano mis hermanas y yo pasamos los días más cálidos yendo y viniendo a la piscina comunitaria en nuestra furgoneta con paneles de madera. Durante una de esas salidas a nadar yo iba en el asiento trasero y las sorprendí a todas al estallar de pronto en lágrimas diciendo:

—¡Ese no era mi elefante!

—¿Cuál elefante? –preguntó mamá mirándome por el espejo retrovisor.

—El que escogieron para la feria de arte, yo no lo dibujé, lo dibujó Robin.

Nunca voy a olvidar la mirada en la cara de mi madre. Era una combinación de horror, decepción y tragedia, todo en uno. Y luego pronunció las palabras que han quedado grabadas en mi alma durante treinta y cinco años:

—Vas a tener que ir con la señora Maxie cuando vuelvas a clases y confesarlo. Luego le vas a tener que pedir perdón por hacer trampa y por mentir.

No es necesario decir que el resto del verano lo viví temiendo comenzar segundo. Pero el día llegó. Todas volvimos a clases. Estábamos tomando el almuerzo y acababan de apagar las luces del comedor. (El director hacia esto cada vez que hacíamos demasiado escándalo.) Fue entonces cuando la vi: la señora Maxie estaba sentada con su grupo de niños siempre inmaduros de primero.

El temido momento estaba sobre mí. Me aproximé (en la oscuridad, recuerden) y caminé con decisión hacia mi antigua maestra. La toqué en el hombro y luego deje salir entre lágrimas las palabras: "No era mi elefante".

A pesar de mi llanto, la dulce señora Maxie entendió la razón de mi culpa y remordimiento. Recuerdo vívidamente su abrazo amoroso al extenderme el regalo del perdón. Finalmente mi corazón de seis años atacado por la culpa fue liberado.

¿Y tú? ¿Hay alguna persona a la que necesites pedirle perdón? ¿O eres la que necesita perdonar?

Como cristianas y como amigas positivas necesitamos cultivar un corazón verdaderamente perdonador. ¿Cómo podemos hacerlo? Finalmente, la respuesta es: por el poder del Espíritu Santo actuando en nosotras al reconocer lo mucho que hemos sido perdonadas por Dios. No obstante para ayudarnos, nos gusta la idea de Robert Muller de establecer un horario de perdón, que podría asemejarse a este:

Domingo: Perdónate a ti misma
Lunes: Perdona a tu familia.
Martes: Perdona a tus amigas y compañeras.

Miércoles: Perdona cruzando las barreras económicas dentro de tu nación.

Jueves: Perdona cruzando las barreras culturales dentro de tu propia nación.

Viernes: Perdona cruzando las barreras políticas dentro de tu propia nación.

Sábado: Perdona a otras naciones.[1]

Como no siempre es fácil, el perdón requiere disciplina y valentía. A veces queremos aferrarnos al rencor como a una mantita que nos da seguridad. Sentimos que si perdonamos, lo único que vamos a ganar es ser heridas nuevamente. Por eso Muller dice: "Solo los valientes saben perdonar. Un cobarde nunca perdona. No está en su naturaleza".[2]

Como amigas positivas, necesitamos ir a Dios y pedirle la valentía y la fuerza para perdonar. No hay un regalo más dulce que le podamos dar a una amiga o recibir de una amiga que el perdón. Necesitamos perdonar por causa de nuestras amigas, por causa de nosotras mismas y por causa de Cristo. El perdón construye puentes y obra milagros en la vida del que perdona y del que es perdonado. Y un corazón lleno de perdón le trae la gloria a Dios.

Punto de Poder

Lee: Mateo 18:21-35. ¿Qué tan a menudo debemos perdonar a alguien que haya pecado en nuestra contra? ¿Por qué fueron tan desagradables las acciones del siervo perdonado? ¿Alguna vez has sido como él? ¿Qué razón nos da esta pasaje para perdonar a otros?

Ora: Glorioso, amoroso y perdonador Padre celestial, te alabo por tu amor abundante y tu perdón poderoso. ¡Qué maravilloso y que liberador es saber que estoy perdonada a tus ojos! Gracias por el precio que pagaste por mi perdón: la vida de tu único Hijo. Estoy agradecida y me hace sentir humilde. Hiciste un sacrificio tan grande por mí, ¡que nunca le guarde rencor a otra persona! Libérame de la prisión de la falta de perdón y recuérdame si hay alguna persona a la que necesite pedirle perdón. Gracias por darme el poder y la fuerza para perdonar; especialmente cuando parece imposible. Te lo pido en el nombre de Jesús y por su causa, amén.

💡 **Recuerda:** Efesios 4:32. "Antes sed benignos unos con otros, misericordiosos, perdonándoos unos a otros, como Dios también os perdonó a vosotros en Cristo".

☺ **Practica:** Examina tu corazón. ¿Tienes resentimiento contra una amiga en particular? Rinde esa fortaleza en este momento y perdónala, sin importar que te haya pedido perdón o no. Pídele a Dios que te ayude a perdonar, y pídele que sane cualquier herida que permanezca como resultado de la ofensa.

¿Hay alguna amiga con la que necesites ir para pedirle perdón? Sin importar que la ofensa haya sucedido hace años, no te tardes en hacerlo. Hazlo hoy.

Conclusión

En busca de la amiga perfecta
¿Quién reúne todos los requisitos?

El amor de Dios hacia ti es como el río Amazonas fluyendo para regar solo una margarita.

—F. B. Meyer

 Un antiguo proverbio turco dice: "Aquel que busca amigos perfectos, sigue sin ellos". Es gracioso como la mayoría de nosotras en lo profundo esperamos encontrar una amiga que nos quede a la perfección y que no parezca tener fallas. Tenemos que aceptar que eso fue lo que hicimos cuando estábamos buscando marido, pero pronto nos dimos cuenta de que incluso la pareja (al parecer) perfecta puede tener algunos defectos sumamente grandes. Quizá piensas que porque escribimos un libro sobre la amistad positiva, de seguro nuestra amistad raya en la perfección. Lo mejor es que te aclaremos algo, han habido ocasiones en las que no fuimos amigas perfectas entre nosotras.

Terry Ann reflexiona: Hace ya muchos años, Karol me llamó y me dijo con mucha emoción que acababa de ser contratada por una gran editorial para escribir su primer libro. Yo estaba realmente asombrada de que mi mejor amiga por fin iba a escribir su primer libro. ¡Yo estaba feliz!

Para demostrar mi interés comencé a pedirle a Karol que me diera los detalles. ¿La editorial consideraba el libro una alta prioridad o era solo de relleno y no le daría mucha promoción? ¿La compañía invertiría una cantidad sustancial de dinero en la impresión? ¿El anticipo que ella recibiría sería un indicativo de lo mucho que la editorial creía en el manuscrito?

¿Puedes creer que le haya preguntado todo eso? Yo no era una experta, créeme. Pero sucedió que poco antes de que Karol me llamara, una conocida me había comentado acerca de la jerarquía que le dan las editoriales a sus libros y el asunto estaba fresco en mi mente.

Por otro lado, Karol no sabía acerca de la forma en que las editoriales clasifican sus libros, así que mis preguntas la alarmaron. Por medio de mi interrogatorio insensible (del cual, incluso al escribir esto me avergüenzo), decidí que el libro de Karol con toda probabilidad caería en el rango C de la clasificación ABC. Lo increíble es que se lo dije. ¿En qué estaba pensando? No tenía idea de que estaba pisando un terreno sensible para una escritora nueva. Pensé que como Karol y yo éramos amigas del alma, que ella sabría que le estaba preguntando todo esto para comprender mejor el mundo editorial.

Quizá sea difícil de creer pero yo en realidad estaba feliz por Karol, y no tenía idea de que mis preguntas la estaban ofendiendo. O sea, nunca me lo dijo. Reaccionó con un poco de perplejidad y en momentos el espacio largo entre mis brillantes preguntas y su respuesta de dos o tres palabras me pareció extraño. Karol no solía quedarse sin palabras, pero, ¿cómo iba yo a saber qué estaba pensando? Posiblemente estaba distraída con algo importante (¡quizá en cómo reprenderme severamente sin pecar!). Nunca actuó como si estuviera ofendida, aunque cortó la conversación demasiado pronto.

Varios meses después, Karol me llamó para ver si la podía ayudar. Karol había aceptado una invitación para dar una conferencia acerca del tema "La amistad en el carril de alta velocidad" en una congregación cercana, y luego se enteró de que su esposo había planeado un viaje para ellos dos solos esa misma semana. Así que me preguntó si podía reemplazarla.

Revise mi agenda y vi que tenía libre esa fecha. Le dije a Karol que la ayudaría con mucho gusto, pero le pedí de favor que me enviara sus notas para que no tener que empezar de cero. Le prometí que solo las leería para inspirarme.

No existe una posesión más valiosa que un buen y fiel amigo. —Sócrates

Sin reservas, Karol me envió sus notas y yo las leí con entusiasmo. El manuscrito estaba lleno de pensamientos excelentes acerca de la importancia de ser una buena amiga positiva. Yo lo estaba disfrutando completamente, hasta que llegué a un párrafo que me hizo detenerme por completo. Allí en blanco y negro estaba escrita esta frase: "Nunca voy a olvidar cómo tuve que perdonar la insensibilidad y los comentarios crueles de mi mejor amiga". En el siguiente enunciado vi mi propio nombre: "Cuando le participe a Terry Ann acerca de mi emocionante contrato para un nuevo libro, en lugar de alegrarse conmigo y animarme, prosiguió a cuestionar la importancia de mis escritos, y se aseguró de hacerme saber que mi libro era de muy poco valor".

Literalmente tuve que recuperar el aliento. De inmediato traté de reconstruir la conversación que habíamos tenido meses atrás. *¿Fue eso lo que le hice a Karol?* Me pregunté a mí misma. *¿Cómo es que ella sacó eso de nuestra conversación? No lo puedo creer, ¿fui de veras tan insensible?*

Claramente no había seguido el Principio poderoso #2. Fracasé en animar a mi amiga y ovacionarla desde las gradas. Pero yo no fui la única amiga imperfecta en el asunto. Karol había violado definitivamente el Principio poderoso #6 al no ser honesta conmigo. Ella no me confrontó con amor. Y solo en caso de que estén llevando la cuenta, también violó el Principio poderoso #7 que se refiere al perdón. Específicamente, sacó conclusiones erróneas acerca de mis intenciones y me juzgó basándose en esas conclusiones falsas.

Le gané por un punto, ¿no? ¡No! Ninguna de nosotras es una persona perfecta. Eso quiere decir que por mucho que nos esforcemos no somos amigas perfectas. ¡Pero por lo menos eso tenemos en común! Karol perdonó mi insensibilidad hace mucho tiempo, y yo también la perdoné. Hoy nuestra relación quizá es más fuerte a causa de la lucha por la que tuvimos que pasar para resolver la situación de una forma madura.

¿Positiva o perfecta?

Una amiga positiva no es una amiga perfecta. Ninguna de nosotras es perfecta. Pero aun así podemos tener amistades positivas. Una amistad positiva es aquella en que las dos personas pueden ayudarse mutuamente a través de sus palabras y acciones, y por medio de simplemente apoyarse entre sí. ¿Fracasan? ¡Claro que sí! ¿Tienen dificultades a veces? ¡Sin duda! Lo importante es que se aman y siguen edificando su relación utilizando los principios que hemos compartido en este libro.

Por ejemplo, basan su relación en lazos comunes. Tratan de animarse. Se esfuerzan por ser generosas, y no parasitas, aunque saben como recibir con gracia. Son leales en todas sus palabras y acciones. Se deleiten en la comunión que proviene de tener la misma fe en común. Buscan ser abiertas, honestas y auténticas y perdonar continuamente.

¿No sería genial que todas pudiéramos ser amigas positivas todo el tiempo? Pero cuando reconocemos que podemos fallar, ¿no es reconfortante saber que Dios nos puede levantar, sacudirnos y hacer que sigamos creciendo? Él no nos promete que seremos perfectas (por lo menos no de este lado del cielo), pero sí nos asegura que "todas las cosas que pertenecen a la vida y a la piedad nos han sido dadas por su divino poder, mediante el conocimiento de aquel que nos llamó por su gloria y excelencia" (2 Pedro 1:3). En realidad solo hay un amigo perfecto. Dios mismo es el único amigo perfecto, fiel y positivo que tendremos jamás.

Su naturaleza divina

Observa cómo Dios mismo encarna los principios de los que hemos hablado en este libro.

El poder del perdón

¡Qué glorioso es saber que Dios nuestro Padre celestial nos perdona de nuestros pecados! Todas necesitamos ser perdonadas; todas hacemos cosas que están mal. Pero Dios nos ofrece su poderoso amor y su gracia sanadora por medio del regalo del perdón. Efesios 1:7-8 habla de este regalo maravilloso: "En quien tenemos redención por su sangre, el perdón de pecados según las riquezas de su gracia, que hizo sobreabundar para con nosotros en toda sabiduría e inteligencia". Por medio de la sangre de Cristo, Dios con amor nos pone en la frente la etiqueta *perdonada*.

El poder de la honestidad

Deuteronomio 32:4 nos da una firme descripción de Dios: "El es la Roca, cuya obra es perfecta, porque todos sus caminos son rectitud; Dios de verdad, y sin ninguna iniquidad en él; es justo y recto". En el Nuevo Testamento Jesús declaró: "Yo soy el camino, y la verdad, y la vida; nadie viene al Padre, sino por mí" (Juan 14:6). Dios es un Dios de verdad. La honestidad es su naturaleza. Él no puede mentir. ¡Qué maravilloso es saber que podemos confiar en Él y en su Palabra!

El poder de los lazos espirituales

Obviamente, Dios es el origen de todos los lazos espirituales. Como tenemos a su Espíritu Santo obrando en nuestra vida, podemos conectarnos con Él con mayor profundidad, y no solo superficialmente. ¿Alguna vez has pensado en el maravilloso regalo que Dios nos ha dado en su Espíritu? No estamos solas para vivir en nuestras propias fuerzas o sabiduría, porque Dios nos ha dado su Espíritu que vive dentro de nosotras. Lee con gozo 1 Corintios 2:10-13:

Pero Dios nos las reveló a nosotros por el Espíritu; porque el Espíritu todo lo escudriña, aun lo profundo de Dios. Porque ¿quién de los hombres sabe las cosas del hombre, sino el espíritu del hombre que está en él? Así tampoco nadie conoció las cosas de Dios, sino el Espíritu de Dios. Y nosotros no hemos recibido el espíritu del mundo, sino el Espíritu que proviene de Dios, para que sepamos lo que Dios nos ha concedido, lo cual también hablamos, no con palabras enseñadas por sabiduría humana, sino con las que enseña el Espíritu, acomodando lo espiritual a lo espiritual.

Es una verdad espiritual maravillosa: Nos conectamos espiritualmente con Dios cuando ponemos nuestra fe en Cristo y permitimos que su Espíritu llene nuestra vida.

El poder de la lealtad

Dios tiene muchas cualidades extraordinarias, pero posiblemente la más reconfortante es que Él es fiel. David declaró: "Jehová, hasta los cielos llega tu misericordia, y tu fidelidad alcanza hasta las nubes" (Salmos 36:5). Deuteronomio 7:9 dice: "Conoce, pues, que Jehová tu Dios es Dios, Dios fiel, que guarda el pacto y la misericordia a los que le aman y guardan sus mandamientos, hasta mil generaciones". Él nunca nos va a abandonar o a dejarnos. Podemos confiar en Él. ¡Qué consuelo es saber que su amor perfecto permanece en nosotras para siempre! Ninguna amiga es tan leal, fiel y verdadera.

El poder de dar

Algunas personas ven a Dios como alguien que pide, asumiendo de manera ridícula que si le dan su vida a Dios, les va a quitar su dinero, sus placeres y la diversión de su vida. Pero Dios es un dador. Él dio a su único Hijo para que "todo aquel que en él cree, no se pierda, mas tenga vida eterna" (Juan 3:16). Él nos da perdón. Nos da esperanza eterna y la paz que sobrepasa todo entendimiento. Nos da propósito y significado. Nos da su perfecto amor. ¡Él es el que nos da todo lo bueno y todas las bendiciones eternas!

El poder del ánimo

La palabra *animar* significa dar fuerza. Dios les da a sus seguidoras fuerza para la travesía. Es un animador y no un desalentador. Escucha las palabras de ánimo que le dijo a Josué cuando se convirtió en el líder de las tribus de Israel: "Esfuérzate y sé valiente; porque tú repartirás a este pueblo por heredad la tierra de la cual juré a sus padres que la daría a ellos [...] Mira que te mando que te esfuerces y seas valiente; no temas ni desmayes, porque Jehová tu Dios estará contigo en dondequiera que vayas" (Josué 1:6, 9).

Esa es una dosis poderosa de ánimo proveniente del que puede realmente darnos fuerza. Y nos está diciendo las mismas palabras a nosotras hoy. "¡Esfuérzate! ¡Sé valiente! ¡Estoy contigo!". ¡Que recibamos su ánimo y que estamos agradecidas por el aliento que nos da por medio de su amor, su Palabra y las amigas que nos envía!

El mejor apoyo de un hombre es un amigo sumamente querido. —Cicerón

El poder de la hermandad

Probablemente te estés preguntando cómo nos vamos a conectar a Dios con el principio del poder de la hermandad. Pero en realidad es bastante fácil. Las mujeres se pueden comprender entre sí de maneras que los hombres ni siquiera pueden comenzar a sondear, ¿o no? (¡No hay problema, nosotras tampoco afirmamos entenderlos!). Bueno, Dios es nuestro diseñador y nuestro creador. Nadie conoce nuestras necesidades, nuestros deseos, nuestras esperanzas y nuestros sueños mejor que Él. Él nos puede comprender por completo e identificarse con nosotras; ¡incluso más que cualquier otra mujer en la tierra!

Podemos llorar con nuestras hermanas y con nuestras amigas, pero también podemos llorar con Dios. Nuestras amigas no siempre están disponibles; pero Dios, nuestro amigo perfecto, sí. Observa la emoción que David compartió con Dios en Salmos 142:1-5:

> Con mi voz clamaré a Jehová;
> Con mi voz pediré a Jehová misericordia.
> Delante de él expondré mi queja;
> Delante de él manifestaré mi angustia.
>
> Cuando mi espíritu se angustiaba dentro de mí,
> tú conociste mi senda.
> En el camino en que andaba, me escondieron lazo.
> Mira a mi diestra y observa,
> pues no hay quien me quiera conocer;
> No tengo refugio, ni hay quien cuide de mi vida.
>
> Clamé a ti, oh Jehová;
> Dije: Tú eres mi esperanza,
> Y mi porción en la tierra de los vivientes.

La amistad con Dios es nuestra porción. Es más completa que lo que puede ser la amistad de mujer a mujer.

¡Qué amigo tan perfecto tenemos en Dios! Cuando lo reconocemos, cuando comprendemos que Él es el único amigo que puede satisfacer nuestras necesidades, entonces no tenemos por qué aferrarnos o necesitar a otras personas. Jesús declaró que los dos mayores mandamientos eran: "Jesús le dijo: Amarás al Señor tu Dios con todo tu corazón, y con toda tu alma, y con toda tu mente [...] Y el segundo es semejante: Amarás a tu prójimo como a ti mismo" (Mateo 22:37, 39). Están en ese orden por una razón. A medida que aprendemos a amar a Dios a mayor plenitud y amplitud, ¡amar a las demás personas se vuelve algo mucho más sencillo!

Por eso es que, como amigas positivas, necesitamos enfocarnos en edificar esa relación con el Amigo perfecto primero. Cuando comenzamos a conocer a nuestro Dios perfecto, podemos aceptar que la gente no es perfecta, y podemos vivir con un poco más de amor, gracia y perdón hacía ella. Recibir el amor perfecto de Dios en nuestra vida nos enriquece con una abundancia de gozo y de paz que solo el perfecto amor puede dar. Somos amigas más fuertes cuando primero nos fortalecemos en el Señor.

Y eso es lo que te queremos transmitir. Convertirte en una amiga positiva no comienza por medio de seguir de manera tediosa todos los principios que te hemos expuesto en este libro. Comienza por medio de empezar una relación de amor con el Amigo Perfecto, con Dios mismo. A través del poder el Espíritu Santo obrando en tu vida, puedes llegar a ser la amiga positiva que siempre has querido ser. ¡No se trata de tu propio poder, sino del suyo!

Solo en caso de que todavía no lo conozcas

Si nunca has entrado en una relación con Jesucristo, queremos aprovechar esta oportunidad para presentarlos.

Romanos 3:22-25 dice:

La justicia de Dios por medio de la fe en Jesucristo, para todos los que creen en él. Porque no hay diferencia, por cuanto todos pecaron, y están destituidos de la gloria de Dios, siendo justificados gratuitamente por su gracia, mediante la redención que es en Cristo Jesús, a quien Dios puso como propiciación por medio de la fe en su sangre, para manifestar su justicia, a causa de haber pasado por alto, en su paciencia, los pecados pasados.

Como ves, Jesús vino a esta tierra por amor a ti y a mí. Entregó su vida voluntariamente, para que nuestros pecados fueran perdonados.

Podemos tener vida eterna, porque resucitó de los muertos. ¿Cómo empezamos? Cree en lo que Efesios 2:8-9 dice: "Porque por gracia sois salvos por medio de la fe; y esto no de vosotros, pues es don de Dios; no por obras, para que nadie se gloríe".

Si quieres recibir su regalo de salvación, comienza hoy por medio de reconocerlo como tu Señor. Quizá puedas orar así: "Señor Jesús, reconozco que soy una pecadora, y que no puedo hacer nada para ganarme la entrada al cielo. Gracias por ofrecerme el regalo de la salvación por medio de tu Hijo, Jesús. Yo creo que el murió en la cruz por mis pecados y que resucitó al tercer día. Gracias por perdonar mis pecados. Desde este día en adelante quiero comenzar a seguirte y ser tu amiga. Te lo pido en el nombre de Jesús, amén.

Si diste este paso de fe hoy, ¡qué alegría! Te animamos a que crezcas junto con otras amigas en la fe por medio de unirte a una iglesia local que crea en la Biblia, o a un grupo de estudio bíblico. Déjanos saber si podemos hacer algo para animarte en tu caminar con Él.

Punto de Poder

Lee: Juan 3:1-21. ¿Cómo entras en una relación con Dios? ¿Ya diste ese paso de fe? ¿Cuáles son algunas de las cualidades, palabras y acciones que debes apreciar en Jesús en estos pasajes?

Ora: Perfecto Padre celestial, ¡te adoro! Eres el Creador de las estrellas, los cielos, las montañas y los océanos, y aun así estás pendiente de mí. ¡Estoy asombrada y sorprendida de que quieras tener una relación conmigo! Qué privilegio es ir a ti, sabiendo que Tú me amas y me perdonas fielmente. Quiero acercarme a ti en una relación profunda y permanente. Gracias por ser mi fuerza, mi porción y mi Amigo Perfecto. ¡No hay nadie más que pueda satisfacer mis necesidades como tú! Ayúdame a ser buena amiga y a vivir los principios de la amistad positiva por medio del poder de tu Espíritu Santo. Te lo pido en el nombre de Jesús, amén.

Recuerda: Salmos 100:3: "Reconoced que Jehová es Dios; El nos hizo, y no nosotros a nosotros mismos; pueblo suyo somos, y ovejas de su prado".

Practica: Aparta una hora hoy para estar a solas con Dios. En esa cita especial, adóralo. Acércate a Él en una relación de amor. Búscalo como tu mejor amigo. Permítele satisfacer tus necesidades y darte un sentido de propósito y paz. (Si todavía no lo has hecho, programa un encuentro diario con Dios semejante a este. ¡Pasar tiempo regularmente en oración y estudiando la Palabra de Dios cambia tu vida de una manera positiva!)

En los siguientes días, repasa los capítulos de este libro y subraya los pasajes que sean más importantes para ti. Vuelve a leer los versículos para memorizar en cada Punto de Poder y recuérdate a ti misma el gran poder y amor de Dios hacia ti.

Notas

Introducción: Tesoros del cielo

1. John Cook, ed., *The Book of Positive Quotations* (El libro de citas positivas); Fairview Press; Minneapolis; 1993; p. 90.

Capítulo 1: Una verdadera amiga

1. Dr. Deborah Newman, *A Woman's Search for Worth* (La búsqueda de valía de la mujer); Tyndale House Publishers; Wheaton, Ill; 2002; p. 22.

Capítulo 2: La esencia de la vida

1. Tim LaHaye, *Temperamentos controlados por el Espíritu;* Editorial Unilit; 1986.
2. Cook; Positive Quotations; p. 107.
3. Louise Bachelder, ed., *On Friendship; A Selection* (De la amistad; una selección) Peter Press; White Plains, N.Y.; 1966; p. 26.
4. Roy B. Zuck; *The Speakers Quote Book* (El libro de citas para el orador); Kregel; Grand Rapids; 1997; p. 159.

Capítulo 4: De mujer a mujer

1. Mensaje recibido por correo electrónico con fecha del 8 de agosto de 2002. Anónimo.

Capítulo 5: Animadoras

1. Cheri Fuller, *The Fragrance of Kindness* (La fragancia de la benignidad); J. Countryman; Nashville; 2000; p. 114.

2. Cook; *Positive Quotations;* p. 91.

3. Utilizado con permiso de Jeannie Patterson de Colleyville, Texas.

Capítulo 7: Genera generosidad

1. Gary Chapman; *Los cinco lenguajes del amor;* Editorial Unilit; Miami; 30 de junio de 1992.

Capítulo 11: Ciclos de amistad

1. Ben Johnson, citado en Bachelder, ed.; *On Friendship; A Selection;* p. 8.

Capítulo 12: Amigas llenas de fe

1. Zuck; *The Speakers Quote Book;* p. 152.

2. Anne Peters; "Sisters in Christ" (Hermanas en Cristo); usado con permiso de Anne Peters; Plano, Texas, 2002.

Capítulo 13: Vívelo

1. Mensaje recibido por correo electrónico con fecha del 27 de junio de 2003. Anónimo.

2. B. B. McKinney, "Let Others See Jesus in You" (Permite que los demás vean a Jesús en ti); Copyright 1924, renovado en 1952; *Baptist Hymnal* (Himnario bautista); Convention Press; Nashville; 1975; p. 294.

Capítulo 14: Confronta con amor

1. *Webster's College Dictionary* (Diccionario universitario de Webster); "humility" (humildad).

2. Walter B. Knight; *Knight's Master Book of New Illustrations* (El libro maestro de nuevas ilustraciones de Knight); Eerdmans; Grand Rapids; 1956; p. 38.

3. Dale Carnegie, *Cómo ganar amigos e influir sobre las personas*; Sudamericana; Edición revisada; 7 de marzo de 2006.
4. Ibid.

Capítulo 16: Juegos mentales

1. Zuck; *The Speakers Quote Book;* p. 155.

Capítulo 17: Gracia recibida, gracia dada

1. Zuck; *The Speakers Quote Book;* p. 155
2. Ibid.

Acerca de las autoras

Karol Ladd, escritora de libros best seller, les ofrece esperanza, por medio de la verdad bíblica, a mujeres de todo el mundo con su serie de libros: *El poder de una persona positiva.* Karol es una talentosa comunicadora y una líder dinámica, fundadora y presidenta de Positive Life Principles, Inc., una compañía que ofrece estrategias para el éxito tanto en el hogar como en los negocios. Su personalidad vivaz ha hecho de ella una oradora popular en organizaciones femeniles, iglesias y eventos empresariales, además de que es invitada con frecuencia a programas de radio y de televisión. Es cofundadora de USA Sonshine Girls, un club de niñas para la edificación del carácter, y participa en varios comités educativos. Su papel más valioso es ser esposa de Curt y madre de Grace y Joy. Visita su sitio en la red en PositiveLifePrinciples.com

Terry Ann Kelly, la mejor amiga de Karol, tiene ana amplia experiencia como conferencista. Ha conducido de manera local, regional y nacional programas de radio para varias agencias de contenido y ha sido maestra de oratoria y comunicación empresarial en las universidades Baylor, Dallas Baptist y Belomont. Terry Ann inspira a su audiencia para que impacten su mundo para Cristo; además de que disfruta hablar en organizaciones y eventos femeniles acerca de temas que varían desde el hogar y la vida familiar a problemas morales y sociales. Ha aparecido en los programas de televisión *Politically Incorrect* y *Point of View* y escribe artículos para revistas y periódicos. Terry Ann encuentra su mayor realización en suplir las necesidades de su esposo y sus cinco hijos.